Collection dirigée par Philippe Pignarre

Si vous voulez être tenu au courant de nos publications, écrivez-nous :
INSTITUT SYNTHÉLABO
POUR LE PROGRÈS DE LA CONNAISSANCE
22, AVENUE GALILÉE
92352 LE PLESSIS-ROBINSON

Ariane chez les civilisés

DU MÊME AUTEUR

Rêves éveillés. L'âme sous le scalpel,
Institut Synthélabo pour le progrès de la connaissance,
Les Empêcheur de penser en rond, 1993.

Membres fantômes,
Institut Synthélabo pour le progrès de la connaissance,
Les Empêcheurs de penser en rond, 1998.

Catherine Lemaire

Ariane chez les civilisés

Institut Synthélabo
pour le progrès
de la connaissance

SOMMAIRE

Avertissement, par Isabelle Stengers 9

Une descente aux enfers

I. Deux hommes 19
II. Qu'est-ce que la raison ? 47
III. Le corps ? 85
IV. Des illuminés ! 107
V. De la Bête... 143
VI. A Dieu tout-puissant au paradis 181
Interlude 213
VII. Retour sous la couette 217

Une autre manière d'être ?

I. Chocs amoureux 271
II. Deux mythes 303

AVERTISSEMENT

par Isabelle Stengers

Rêves éveillés, le premier livre de Catherine Lemaire, était dédié « à deux hommes : le premier, en disant souvent oui, a éveillé mon désir, le second, en disant souvent non, a éveillé ma réflexion ». Belle dédicace. Comment la femme, ainsi doublement éveillée, n'aurait-elle pas été reconnue, accueillie dans le monde des civilisés ? Ce que célébrait une préface laudative : « Eveillés, nous rêvons d'une humanité toujours plus civilisée, conquérante non plus des autres espèces, comme le voulut jusqu'ici l'évolution, mais d'elle-même. Le progrès est une conséquence et un moyen de cet esprit de conquête. »

Lecteur, toi qui as accepté comme bienvenue cette image d'une femme rejoignant les rangs d'une humanité « civilisée », qui fait rimer progrès et conquête, sache-le, il ne faut jamais se fier aux femmes. Pour Catherine, aujourd'hui, celle qui écrivait *Rêves éveillés* s'appelle Cendrillon. Cendrillon armée d'un scalpel, convertie à la vérité-réalité, peut-être, mais d'abord et avant tout Cendrillon entrée en amour, amoureuse-addicte. Dépendante. Cendrillon aimant croire que cet homme qui lui disait « non », ce conquérant qu'elle adore, ce scientifique si bien organisé, si maître de lui-même, attendait, même à son insu, quelque chose d'elle. Cendrillon, se forçant à « assumer » la mise à distance sans cesse renouvelée comme une invite à se dépouiller de ses faiblesses. Une invite à apprendre. A devenir digne de lui... Pour qu'alors, peut-être, elle puisse, elle, lui apprendre à dire « oui ».

« Que va chercher l'hystérique chez son maître obsessionnel » ? Pourquoi les femmes s'attachent-elles à qui entreprendra de tuer à petit feu la vie en elles, de leur en faire honte ? Pourquoi les fils et les filles de la Terre acceptent-ils le sacrifice à la « Grande Œuvre des fils du Ciel » ? Ces questions, Catherine aurait pu, bien sûr, les poser seulement sur le mode qui sied à la recherche, en interrogeant textes et interprétations. Elle aurait alors été protégée de ce qu'elle craint le plus, de ce qu'elle a accepté pourtant de risquer en prenant le risque de s'exposer. Lecteur, ceci est un avertissement. Catherine la rigoureuse, l'intransigeante, l'une de ces rares dont un « c'est bien », approuvant un texte ou un exposé, vaut pour moi et quelques autres toutes les confirmations, s'est mise entre vos mains. Vous pouvez d'un mot, en confondant ce texte avec une histoire-confession, ou pire, avec un règlement de compte privé, détruire sinon elle, en tout cas ce possible qu'elle a pris sur elle de faire exister.

Il n'avait pas tout à fait tort, le vieux monsieur Lévi-Strauss, de craindre l'entrée des femmes dans une institution d'hommes. Et certes, Catherine n'est pas universitaire, elle n'a que faire de cet univers gris et soumis. C'est une femme qui cherche, qui sait employer les instruments de la recherche mais qui a su également entendre ce qui, à bas bruit, mettait en question ce culte de la liberté de penser à laquelle elle avait adhéré : « moi qui ne crois plus en rien, je défends la réflexion avec la même ténacité que j'ai défendu la mystique »... Et qui, aujourd'hui, ose rompre le tabou de la séparation entre le produit de la recherche, proposé aux autres, et le corps souffrant et pensant dont ce produit a été extrait. Ce faisant, elle force à penser ce tabou, qui protège tant l'auteur que le lecteur. Quel étrange privilège le lecteur revendique-t-il s'il en vient à se formaliser de ce que, ici, l'auteur ne le laisse pas libre de laisser vibrer les questions sur un mode spéculatif, libre d'oublier dans quel creuset de souffrance, de refus de renoncer, de honte d'espérer, de honte d'avoir honte, elles se sont forgées ? A quel étrange mensonge l'auteur se livrerait-elle si elle respectait cette règle qui veut que l'existence même de l'œuvre fasse office de « happy end » : souffrance il y a eu, peut-être, mais menée à bonne fin. Lecteur, Catherine refuse de te laisser entendre cet énoncé « civilisé », qui te laisserait libre de fictionner en paix : « Prends, lis, célèbre avec moi que je me sois conquise moi-même pour devenir capable d'écrire ceci, sans toi ».

Il n'y a pas de fin heureuse lorsque Cendrillon devenant Ariane, s'éveille chez les civilisés. L'auteur n'a rien oublié de la discipline qui, dans *Rêves éveillés*, l'avait faite chercheuse. Et le scalpel qu'elle manie est plus incisif que jamais. Mais il est tourné cette fois vers l'ensemble des mythes que les civilisés opposent au rêve. Mythe de l'œuvre au nom de laquelle il est juste et bon de sacrifier la relation, mythe de l'autonomie pour la conquête de laquelle il convient d'être en guerre sainte avec soi-même, mythe du paradis qui, d'être perdu, autorise « la peur de vivre et de dire : j'ai affectivement besoin des autres, de vous, de toi. »

Catherine-Ariane est une femme qui cherche. Elle ne refuse pas d'enfanter dans la douleur, mais non pas d'enfanter sa propre autonomie, sa royale solitude. Et si elle fait horreur aux civilisés, ce n'est pas parce qu'elle souffre, rage, colère, mais parce que de tout cela elle ne veut pas faire œuvre. Parce qu'elle ne fait pas de la recherche sa vocation. Elle est femme, elle mélange ce dont la vocation exige la séparation. Elle ne sert pas la recherche.

Servir, dans le vocabulaire de nos chasseurs, signifie mettre à mort. Quelque part, à un moment donné de sa recherche, Catherine-Cendrillon a été confrontée aux mots qui disent la jouissance des chasseurs : « Le cerf est libre. On récupère sa liberté... Vous prouvez que vous êtes plus fort qu'une certaine liberté apparemment inaccessible... ». Et cette découverte change beaucoup de choses : on peut donc être conscient d'un mythe tueur et continuer, sans gène aucune, à le jouer ! Si nous étions dans le domaine des sciences de laboratoire, on serait tenté de parler d'un « changement de paradigme », d'un point tournant où les anciennes hypothèses s'effondrent, où un nouveau possible prend forme. Mais ce possible, ici, n'ouvre pas la voie sereine à une nouvelle recherche méthodique. Il ouvre sur la panique. Le civilisé serait conscient de ce qu'il fait ? Vertige : « Me tuer sans me tuer tout à fait, pour m'éveiller à nouveau... Arrête de penser. Tu n'auras pas la colère nécessaire pour sortir de Tristesse. Et pour aller où ? » Encore une fois, pas de happy end : « Une femme de cinquante ans sous la pluie dans les rues de Saint Brieux ? L'horreur ! ». Mais pour que Cendrillon devienne Ariane, il fallait sans doute ce terrible sevrage : apprendre à arrêter d'avoir à chercher à le comprendre, à chercher à l'aimer tel qu'il est. « Et elle mettra des années à comprendre que sa neutralité bienveillante, olympienne, compatissante, séductrice, est celle du mort-vivant vampire ». Jamais elle ne l'éveillera à la vie. Parce qu'elle est déjà en train de la lui donner en pâture, sa vie.

Catherine-Ariane-Cendrillon se présente, femme hystérique. Les civilisés le lui ont assez dit, elle l'a assez craint. Mais elle ne basculera pas dans la figure convenue de l'hystérique, prévue, attendue plus que redoutée par ceux qui disent à une femme « ne sois pas hystérique ». Elle se fera capable de penser à travers sa propre vie. Et de prendre ce risque terrible d'exhiber non pas une vie mais, comme le mathématicien exhibe les points singuliers de sa fonction, ces expériences-poisons qui peuvent mener tant d'hystériques à se penser dissimulées. Alors qu'elles croient, qu'elles veulent croire qu'autre chose se dissimule sous l'apparence... ce n'est pas possible qu'il me veuille, délibérément, tristesse... D'où vient ce courage de dire ce que nous autres, hystériques, prenons soin de taire ? Expérience de possession, ressassement et espoir honteux, quasi-inavouable, attention morbide à l'autre. Ce sentiment de tristesse-colère de se découvrir, elle qui aimait le jaillissement de la vie, calculant, supputant, louvoyant.

Adieu à la symétrique harmonie où se mirait Cendrillon convertie un temps au service de la raison. Adieu à cette double reconnaissance aux deux hommes qui l'ont éveillée. Le « non » du second ne dissimulait rien – Quant au oui du premier, il résonne au début et à la fin du livre. Car, lorsque Catherine s'éveille Ariane, elle s'éveille aussi capable d'évoquer cet homme, mort depuis si longtemps, comme cet autre dont elle se sait désormais la complémentaire. Et ce oui qui lui a été dit au début, elle le sait désormais réfléchi, emprunt d'une exigence avec laquelle elle même ne transige plus. « Tu me fais confiance, ou rien n'est possible », lui a-t-il dit un jour alors qu'elle tentait sur lui une de ces bouderies-séduction par où l'on teste l'amour de l'autre. Elle lui a donné cette confiance, sans comprendre alors ce qu'Ariane sait maintenant. Elle a mis du temps à comprendre que le « oui » qui, alors, est venu d'elle, était le « oui » du commencement. Convention entre deux êtres, si la convention est le passage d'un accord avec un terme qui augmente notre capacité d'agir ou de penser. Condition de création. Ne pas avoir peur, y compris de ce dont nous ricanons comme de clichés juste bons pour des midinettes. « Sous la couette, avec un homme, le regarder s'éveiller dans le soleil levant. Rire, rire avec lui...les pieds dans l'eau, la main dans sa main... »

Ariane re-naîtra lorsqu'elle aura appris que la Cendrillon de la tristesse portait en elle l'énigme de la femme prenant le parti du civilisé. Ariane dévouée à Thésée. Quitte à devenir elle-même la véritable folle hystérique... ou la guerrière. Lorsqu'elle entrera en résistance contre les mythes qui l'ont empoisonnée, qui ont renvoyé Ariane, amante de Dyonysos, à un passé qu'il fallait, disent les livres qu'elle consulte, dépasser : nécessaire sacrifice de l'harmonie des complémentaires en circulation, condition à l'ouverture humaine sur la conscience de soi comme sujet, sur l'histoire, le choix, l'exploration, le progrès, le questionnement et la création. Et lorsqu'elle décidera, à son tour, de dire que la confiance est possible, que la transformation poétique existe, que « sans la tendresse-complémentarité-complicité-émerveillement-passion entre les terriens, Homo Sapiens ne vaut rien. »

Mais à qui le dire ? Catherine Lemaire observe un monde que dominent toujours plus ceux qu'elle appelle maintenant « les fils du Ciel ». Qu'ils poursuivent une Grande Œuvre ou se paient une transe sans relation, avec Internet. Au fil du texte, elle en appelle parfois aux femmes. A ces « Chèvres » qui, comme celle de monsieur Seguin, refusent de devenir proie. Ou alors, fugitivement, à des hystériques qui sauraient devenir co-responsables les unes des autres, afin de « cesser de se perdre dans chaque rencontre ». Mais non pas aux combattantes du féminisme, aux « guerrières du MLF ». Non pas à la raison guerrière, revendicative, sacrifiant la femme-amante à la conquête de... De quoi ? Demain, peut-être, ce refus de Catherine-Ariane deviendra-t-il intelligible aux femmes qui luttent aujourd'hui, ou à leurs filles. Et peut-être alors le « fais-moi confiance » qui l'a portée, avec sa vulnérabilité acceptée, sera-t-il reconnu pour ce qu'il est. Non pas rêve d'une fusion romantique, qui piège les femmes, mais épreuve immanente qui fait exister « une affirmation-assurance de soi sur fond de ravissement, joie d'être soi, de se chercher, de s'affirmer dans la complicité ».

Demain, peut-être. Aujourd'hui, ce livre. Rêves éveillés, suite, mais aussi *fin*. « C'est ce que je peux faire de mieux », m'écrit-elle. Et que puis-je faire, moi, « de mieux » pour ne pas la trahir ? Pour résister au lâche soulagement de me sentir moins vulnérable, moins radicale, mieux « adaptée » à la Cité des hommes ? Catherine-Cendrillon-Ariane ne me ressemble pas. Je le sais, et elle le sait. Et pourtant elle est ma compagne, de rage et de tristesse. Comment l'accompagner, alors qu'elle s'éloigne, irréversiblement dégoûtée de mythes dont certains m'hypnotisent probablement encore ? Comment, sinon en m'exposant à mon tour. En te disant à toi, Catherine, que je sais quelque chose de la Cendrillon que tu as été, et que si certains voient dans ce que je fais la preuve de la « réussite » d'une femme qui « fait œuvre », ils se trompent. En leur disant, à eux, que si cette soi-disant « œuvre » garde malgré tout un lien quelconque avec la vie, si je ne suis pas tout à fait « complice des civilisés », c'est précisément parce que je ne lui ai pas sacrifié ma tristesse, parce que je ne l'ai pas utilisée pour faire taire la petite fille, puis la jeune femme « hystérique », qui ne comprenait pas : est-ce ainsi que les hommes vivent... ? Catherine, nous ne nous ressemblons pas. Je n'ai pas ton intransigeance, la souffrance ne me met en transe que de temps en temps, la solitude m'attriste, mais sans panique, et je suis lâche lorsqu'il s'agit de dire à un autre que j'ai besoin de lui, ou d'elle. Mais je voudrais, écrivant ces lignes, que d'autres qui, comme moi, vont lire ton livre aient le courage d'apprendre à « mélanger les genres », c'est-à-dire à risquer la confiance.

UNE DESCENTE AUX ENFERS

I.

DEUX HOMMES

Dans notre culture, une adolescente qui n'imagine pas la vie sans un homme ne peut être que Cendrillon, Blanche Neige ou la Belle au Bois Dormant, trois variantes d'un même mythe.

Cendrillon n'a rien à libérer, ni le sexe, ni l'imaginaire, ni ses droits de femme... même si elle réside à Paris, en 1968. A vingt et un ans, elle ne se sent pas opprimée, et reste insensible aux révolutions collectives. Jamais elle ne fusionnera avec une foule ni même un groupe. Elle établit des relations souvent graves, brèves ou pour la vie, de personne à personne. A vingt et un ans, Cendrillon n'Est pas, ouvre un œil, engage quelques pas et même jouit gentiment et se fait avorter, se rendort, laissant, sans savoir pourquoi, les *attends-moi, je reviens...* ; *une femme ne s'intéresse pas à la génétique, elle s'occupe de ses enfants...* ; *bourgeoise, tu as opprimé la classe ouvrière...* ; *nous vivrons avec ma mère...* ; *comment savoir si je suis le père ?...*

Jean était un homme de la terre, avec le vent des steppes russes dans la tête, et il ne le craignait pas.

Jean ne craint plus rien, pas même la femme. Jean est un amant, sans contrat de mariage et sans besoin de filiation.

Jean se redresse comme les gorilles, en s'appuyant sur le dos de ses doigts et en vous regardant droit dans les yeux. Ses yeux sont bleus, et je suis myope. Sa crinière est épaisse et blanche. Son front très haut. Son visage buriné et ridé. Ses sourcils broussailleux. Sa moustache rieuse ouvre l'horizon. Il m'a construit un bateau de rivière, à une époque où l'eau coulait encore dans les caniveaux. Jean a fait de la boxe. Mais que ne sait-il faire ? Il était étudiant en mathématiques lorsque la guerre de 40 éclata. Il sera journaliste politique. A cinquante ans, il abandonnera la carrière, pour vivre, tout simplement. Il traduit Shakespeare en me beurrant des tartines ; il fait des calambours et des contrepèteries en se grattant le nez ; il écrit des essais, des pamphlets et des pièces de théâtre ; il fabrique ses chaussures et des protège-cals, car il lit toujours la tête dans ses mains. Il chante, joue de la guitare et danse en sortant de son bain. Il fait de la photographie, étrange d'ailleurs : une main, une épaule, un œil... toujours de femme. Jean rit, se parle, pleure, rugit de tout son corps, sans jamais tuer. S'il le faisait, ce serait sous le coup d'une injustice à la vie. Jean est dégoûté de la guerre. Il ne parle ni idéaux, ni devoirs, ni morale.

Jean était un homme : masculin-féminin-sauvage comme Zorba le Grec*, cultivé à la manière de Rabelais.

Il dort paisiblement, comme s'il n'avait pas peur de la mort. Un matin, il ouvre les yeux, me demande de lui pardonner de s'être endormi si vite, puis il ajoute : *C'est le temps des agapes, ce soir je serai parti.* Parti où, lui qui ne croit pas à un Au-delà ? J'ignore le mot agape. Je n'ose pas l'interroger. Une amie prépare un filet mignon. Jean se redresse sur ses béquilles, se dirige vers sa réserve de vins, médite longuement, choisit un saint-émilion Cheval Blanc 1955 et nous invite à table. Il rompt le pain, goûte le vin et le filet mignon. Il demande sa guitare et, la tête penchée

---

* Film de M. Cacoyannis avec A. Quinn.

tendrement sur elle, un sourire rêveur, amoureux, malicieux dans les yeux, il chante des hymnes à la vie dans la langue de sa terre natale. S'il ne part pas ce soir-là, mais le lendemain, c'est parce que le chef de service de l'hôpital n'arrive pas à placer la perfusion promise. *Je le connais trop.*

Le mystère du savoir*-être, du savoir-vivre, du savoir-mourir, de la générosité de celui qui sait recevoir, de l'intelligence, de la simplicité. *Homo sapiens creator.* Auprès de lui, mon être s'est éveillé, à vingt-huit ans.

Jean n'avait pourtant rien pour me plaire. Il est las des frileux. Il tousse ses poumons, est fagoté comme un vieux, fait chaque jour sa promenade dans le rayon d'outillage du BHV. Je vois son nom dans une librairie, par « hasard ». J'achète ses livres et une Bible et pars une semaine à Deauville. Je ne quitte pas le petit hôtel et à peine le lit. Juste rentrée à Paris, je l'appelle, seulement pour argumenter sur Yahvé Elohim (les dieux). Sans me laisser le temps de reprendre mon souffle, il me fixe mon premier rendez-vous chez lui et raccroche. Je n'ose pas rappeler pour annuler. Je ne comprends pas pourquoi je suis aimantée, sans du tout l'être. Bon, s'il me touche, je partirai sur-le-champ !

Il m'a attendue pour préparer le dîner : des calamars à la sauce tomate, qu'il me resservira au petit déjeuner en assurant que c'est là son quotidien. J'ai horreur qu'on découpe devant moi de la viande crue, je déteste les calamars et la sauce tomate en boîte. Il n'a pas touché ma peau pendant longtemps. Nous discutons des textes sacrés ; nous écoutons du jazz New-Orleans, Bach, le violon tzigane des nuits entières ; il me construit une table de nuit sur laquelle il pose un verre et une brosse à dents ; il me donne un double de ses clés ; il corrige ma thèse sur les singes, avec ce commentaire : *Lorsque tu mettras le bon accent sur mère, tu écriras très bien.*

* L'étymologie de savoir est sensuelle : *sapere*, savourer.

Refuser obstinément d'entendre qu'une hirondelle s'écrit sans s et des hirondelles avec un s fut un moyen de la retenir. Aujourd'hui encore, l'orthographe se perd avec mon âme. Ma mère laissait entendre, sans le dire, que l'amour entre l'homme et la femme n'existe pas. Je l'invite à dîner. Tel un enfant qui s'écrie émerveillé : un ballon, un ballon rouge dans le ciel, je désire lui montrer l'Amour, en vrai ! Jean est juif. Ma mère l'ignore. Elle est une femme élégante. J'entends un pas militaire frapper le parquet. Je me lève d'une journée sous la couette. J'enfile une robe de chambre de Jean, brûlée de pipes, de cigares et de Boyard. Ma mère ! en pantalon kaki, bottes et tricot marrons : *Comment pouvez-vous permettre à ma fille de se présenter dans cette tenue ?* Jean : *Je regrette pour vous, Madame, que vous n'ayez jamais été aimée.* Silence atemporel de vérité d'une soirée écourtée. Pour la première fois, un adulte me protège. Et pour la première fois, un homme m'aime assurément. Il existe une femme qui ne sait pas s'effacer devant sa responsabilité de mère (ce qui ne l'empêche pas d'être femme ailleurs) à l'âge où sa fille tente de devenir femme à son tour. Cette mère séduit les amoureux de sa fille, jusqu'à parfois les mettre dans son lit. Jean vient me chercher à la sortie de ma thèse, sonne la trompette, et décore le docteur ès-sciences d'une croix en chocolat enrobée de papier d'argent avec un ruban jaune.

Une fois, nous nous opposons froidement. Alors que je lave la vaisselle, il m'indique un moyen plus simple. « Tu n'as qu'à la faire ! » Jean la fait. Il se couche avec un livre. Je m'approche. Pas un mot, pas un geste. Je lui présente mes excuses. Pas un mot, pas un geste. Enfin ! *Tu me fais confiance ou rien n'est possible.* Je le regarde. Je lui donne ma confiance.

Les vibrations chaudes de la voix jusque dans la colère, de la musique, du regard, de la pensée et du geste englobent tout. Il me pénètre totalement le matin où l'un et l'autre ne pouvons absolument plus être autrement. Vie. Fougue tendre et jaillissante.

Jean ne parle plus de dépression. Un rien le fait craquer, éclater de rire, mugir avec un désir qui ne se lasse pas au fil du temps. Chaque jour un peu plus co-naissant, entre un texte sacré qu'il profanise ou un autre, profane, qu'il sacralise, un calembour, plus de calamar à l'encre ou à la tomate, sa balade au BHV, un regard, une pensée, une valse qu'il danse seul car, debout contre lui, mes jambes flageolent. Il vit chaque moment comme si c'était la première fois, ou la dernière. Le matin, il écrit un pamphlet *Tuez-vous les uns les autres*, puis il prépare notre déjeuner. Lorsque je rentre du laboratoire, il me lit comment tous les technocrates-bureaucrates peureux-haineux de la vie peuvent s'entre-tuer. Si je réagis peu, il jette les pages du jour. Plus mon emportement grandit, plus il jubile ; une colère qui, irrésistiblement, se termine par un grand rire dans son lit. Je suis prise, mais ma conscience n'en sait presque rien. J'avais demandé l'indépendance. *OK, deux fois par semaine, nous sortirons chacun de notre côté, sans explication.* Et l'un et l'autre de s'endimancher. Une fois, je dîne avec des amis. Deux ou trois fois, je vais au cinéma. La quatrième fois, je glisse un livre dans mon sac, sors, fais très lentement le tour du pâté de maisons, entre dans le café voisin. Jean, assis devant un livre, me regarde... Je suis là, vivante, un point c'est tout. Jean a soixante ans, mais il est mystérieusement-extraordinairement-profondément plus vivant que moi.

J'ai parlé une seule fois avec mon grand-père, alors que j'entrais à la faculté des sciences. Un homme si élancé que je le vois avec une cape et une canne à pommeau d'argent. Un homme qui aime les beaux-arts, les jardins, et les salons pour faire tourner les dames, et les guéridons. Avant de mourir, il veillera à *mettre en sécurité* sa maîtresse, une spirite un peu illuminée, en la faisant interner ! Récemment, ma mère m'a raconté qu'il passait la fin de ses nuits dans les bordels, en voyeur probablement. Ce grand-père me parle de l'âme : « C'est quoi ? – *C'est quelque chose.* – C'est quoi quelque chose ? – *Que..l.. que..cho...se.* » Flou insupportable. Ile flottante. Moi, je finirai ma vie avec trois mots clairs sur l'âme. Des mots qui ne pouvaient être trouvés ni dans les romans, ni dans la poésie car c'est du rêve synonyme, dans ma culture réductionniste, de vent. L'amant de ma mère, qui marqua mon enfance, n'a pas d'âme. Il n'ouvre la bouche que pour manger bruyamment sa soupe. J'ai honte de ma mère, une dame distinguée comme son père. Je me le jure : « Jamais ça ! » C'est ce dégoût du *primaire* (synonyme de grossier, vulgaire, sauvage, bestial) qui me fera me protéger sous un pantalon et un pull-over vagues et lâcher mes cheveux longs uniquement comme preuve d'amour. C'est aussi une des raisons qui me feront préférer les hommes d'un certain âge. Enfin, je crois qu'à accéder à l'Intelligence, je serai aimée par les hommes dignes de ce nom, *secondaires* (synonyme de cultivés, civilisés, bien élevés), dit mon entourage. Je gravirai les marches du Temple de l'Intelligence : l'Université. Le troisième homme de mon enfance était le frère de ma mère, un homme bourru mais affectueux. L'adolescente est fière qu'il la sorte dans Paris, jusqu'au jour où il lui annonce que, étant devenue une jolie jeune femme, ce n'est plus possible : sa réputation, son épouse, etc.

Même plus besoin de se toucher le sexe lorsque Jean est paraplégique. Il me prend les mains et me caresse longuement du regard, je l'embrasse longuement à la racine du nez. Je découvre que l'homme, comme la femme, peut avoir des orgasmes sans sexe. Le sexe seul n'est rien, absolument rien ou, paraît-il, libérateur, calmant ou défonçant. Les plaisirs sont amusants.

Jean parlait quelquefois de l'exil et des camps, jusqu'à, soudainement, se taire, se lever brusquement, attraper sa guitare et rire, rire comme Zorba le Grec qui, sur la plage, danse pour ne pas succomber à la douleur. Comme je ne fais que le regarder, je ne comprends pas. Mon bonheur restera grave longtemps, peut-être à vie. Même mon rire peut retomber dans le manque. Au Maroc, quatre ans après la mort de Jean. Maisons blanches flanquées sur l'ocre des collines. Les jeunes filles sont au lavoir, tandis que les gamins et les poules s'ébattent dans le champ d'immondices. Je m'asseois sur mes talons. Les têtes se lèvent et les papotages vont bon train. Doucement, les gosses s'agglutinent, certains grattant une mandoline improvisée : deux fils tendus sur une latte de bois enfoncée dans un bidon d'essence. Une vieille femme monte, chasse ce petit monde, puis m'offre à boire. Boire au goulot n'est pas mon fort. Tous s'attroupent à nouveau : éclat de rire général, fou rire qui se répercute de colline en colline, pour finalement secouer l'univers. Mais du fond de ce rire cosmique déferle une tristesse tout aussi colossale.

Ce n'est que récemment que je comprends le miracle de la danse. Je suis trop triste. Je marche dans la rue au côté d'un jeune collègue. Un air de jazz. J'entame des pas de danse, soudainement joyeuse. Le collègue : *Vous n'êtes pas sortable.* Je retombe dans Tristesse. Je donne la suite de cette histoire. Le lendemain, en sortant d'un séminaire, quelqu'un remarque que le plafond de l'entrée de l'hôtel est en coupole. J'appelle. Echos. Joyeuse, j'appelle encore... J'oublie le reste de l'environnement... J'entends vaguement : *Tu es vraiment impossible.* Je retombe. Quelques jours plus tard, je me retrouve à discuter passionnément avec un petit groupe de chercheurs qui partage mes préoccupations ; Tristesse s'évanouit à nouveau. Quelques jours encore, Tristesse revient. Je fais le clown sur ma bicyclette dans les rues de Paris, mais rien, pas même un regard amusé, ne m'est renvoyé... Afin d'éviter de déranger mes amis, je pourrais consulter un thérapeute ? Un homme me demande conseil : il est en psychanalyse depuis trois ans. Allongé sur le divan, soudainement, il comprend... Il se lève d'un bond et, pourtant moins exalté qu'Archimède qui sortit tout nu dans la rue, raconte sa découverte à son thérapeute. *Calmez-vous* sera la réponse de celui-ci. Le patient paie son rabat-joie !

J'ai retrouvé Bonne-Maman deux ans après la mort de Jean, dans mes rêves. Les morts, pour éviter que le paradis (et l'enfer) n'affichent complet, se fondent par affinité. Ou est-ce la manière de faire de la mémoire affective ? Bonne-Maman ? Une femme de la terre de quatre-vingt-sept ans, que j'ai connue à l'âge de huit ans et qui est décédée quatre ans plus tard, comme Jean. Peut-être évoque-t-elle le lien avec la paysanne qui m'a gardée les deux premières années ? Ma mère m'avait dit : *Tu parleras fort.* Bonne-Maman ne sera jamais sourde avec moi. C'était un soir d'été. Elle reproche qu'on ne lui ait pas appris plus tôt l'existence de son arrière-petite-fille, naturelle (hors culture) ou pas. Elle me tend un verre de lait. Je ne connais que celui sans odeur de la ville. Je glisse de ses genoux et sors. Je jette le lait. Mais si le lait tachait l'herbe ? Je m'agenouille et la frotte longtemps. Ce soir-là, pour la première fois, je m'endors des étoiles dans les yeux. C'est aussi de ce soir que date mon désir d'écrire, un jour, l'histoire de la culotte. Bonne-Maman a des culottes blanches fendues. Elle est altière, charpentée mais amaigrie, vêtue tout de noir, des yeux bleus vifs avec des cheveux blancs et un petit chignon fait de cheveux tombés enroulés autour d'un peigne ; entière, malicieuse, et surtout, les mains croisées, elle tourne plus ou moins rapidement ses pouces à l'endroit et à l'envers.

Je vois peu Bonne-Maman car elle sert d'enjeu à une éducatrice acariâtre : *Si tu n'es pas sage,...* Je ne céderai jamais au chantage, même pour Bonne-Maman. Je ne serai jamais gentille à qui me demande de baisser les yeux sans autre explication que : *Tu dois, tu ne dois pas. Tu ne dois pas mentir* me renfrogne plus que tout. Je suis donc punie presque chaque dimanche, au pain sec, à copier *adjectif qualificatif*, histoire d'apprendre à mettre les points sur les i.

Bonne-Maman est fiable. J'ai testé sa réalité : je rentre en retard, elle m'attend derrière le rideau de la fenêtre de sa cuisine ; j'arrive, elle me prend dans ses bras ; je vole des pièces de monnaie dans sa boîte (je la sais pauvre), elle m'en donne d'autres pour m'acheter des bonbons ; je glisse mon doigt sous la peau de la crème au chocolat pour en manger au moins trois centimètres, elle m'en offre comme dessert ; je triche aux dominos, elle continue à jouer avec moi, sans jamais me parler d'amour ni me faire la morale.

Ma mère n'est pas fiable. Elle n'est pas là quand je rentre, pour me serrer dans ses bras. Elle n'est même pas là autoritaire. Je glisse sur une énigme raffinée, innocente, évanescente ou fragile. Elle se comporte comme son père. L'enfant, pris dans un paradoxe, est désemparé.

Lors d'un dîner amical, alors que la tablée vient d'éclater de rire à je ne sais plus quelle plaisanterie, la nouvelle me frappe en plein ventre : *Bonne-Maman est morte.* Seule, abandonnée, la plus amante...Ce soir-là, je crois ne pas m'endormir. Mais à mon réveil, ma mère me fait aimablement remarquer que j'ai dormi comme à l'accoutumée. La douleur de la culpabilité, ajoutée à celle du manque, fait tomber l'amour avec Bonne-Maman dans l'oubli. Désaffectée, dépersonnalisée, déréalisée. Un nom dévitalisé : Marthe*. Retour dans le rien non douloureux de mon enfance, ou dont il ne me reste presque rien.

Si la rencontre de Bonne-Maman a joué un rôle fondateur,

* Ce processus, bien qu'inconscient, est identique à celui de la déconnection entre l'affect et la représentation de son corps, obtenue par l'autosuggestion consciente d'une analgésie corporelle. Pour l'obtenir, il suffit que le Moi se retire de la partie du corps à analgésier, celle-ci devenant alors neutre-étrangère. L'auto-suggestion permet tout aussi facilement d'induire une anesthésie, une frigidité, une paralysie...ou, inversement, une hyperesthésie...ou un ravissement jusqu'à l'extase.

c'est en ((m'))* indiquant de patienter, que mon rêve insu d'amour pouvait devenir réalité.

J'aimerais retrouver Bonne-Maman et Jean pour les épier avec mes yeux d'aujourd'hui, pour les aimer consciemment, pour découvrir ce que ma vie leur doit, pour comprendre la vie, pour courir me jeter dans leurs bras, pour éclater de joie. Je tente de combler ces deux êtres que je n'ai pas assez questionnés, auprès d'amis grands-pères et grands-mères. Je suis insatiable de leur densité d'histoire passionnée. Peut-être ce qui me touche au plus profond chez mes amis-amours est leur capacité à discuter leur temps avec l'aveu : *Tu sais, là... et là encore..., nous nous sommes trompés*, ce que ma mère, aujourd'hui, sait aussi dire. Je rêve également de me retrouver la conscience des premiers hominidés pour repasser en accéléré les trois millions d'années. Je rêve encore de me glisser dans la peau de chaque espèce végétale et animale (pas les insectes) pour la comparer à la mienne. Malheureusement, à ma connaissance, les expériences de réincarnation, passées ou futures, sont imagination.

Je me souviens encore. Jean rentre chez lui pour mettre de l'ordre dans sa vie. Le matin, il s'asseoit à son bureau. Je n'oserais pas rompre le silence. Dans l'après-midi, en tournant très lentement sur son fauteuil, il parcourt du regard son atelier, puis parle simplement : *Voilà, c'est à toi.* Jean a-t-il tout donné parce qu'il perdait tout ? Sa maison et ses bouleaux à la révolution russe ; sa mère et sœur dans un camp d'extermination ; finalement son dernier souffle de vie ? Ou une métastase cérébrale a-t-elle modifié son cœur ? Ou a-t-il tout donné parce qu'il était amoureux et donc plein ? A l'hôpital, il demande son bloc d'adresses. Il médite fiche après fiche. Un gros tas à gauche, six fiches à droite. Il reçoit ces six personnes. Il conclut : *Je me suis trompé ;*

---

* La double parenthèse indiquera un savoir ou une action peu ou pas conscient.

pour trois, nous n'avions rien à nous dire. L'essentiel en fin de vie : trois personnes, sur peut-être deux cents ! L'essentiel se sépare consciemment du dérisoire.

Une chanson de J. Brel se rejoue depuis que je rêve de Jean : ***Quand on n'a que l'amour*** *à s'offrir en partage* (...) *mon amour toi et moi pour qu'éclatent de joie chaque heure et chaque jour ;* (...) *pour vivre nos promesses sans nulle autre richesse que d'y croire toujours ;* (...) *pour meubler de merveilles et couvrir de soleil la laideur des faubourgs ;* (...) *pour unique raison, pour unique chanson et unique secours* ; (...) *dont l'unique combat est de chercher le jour;* (...) *pour parler aux canons... Une* autre chanson : ***J'arrive, j'arrive****, mais qu'est-ce que j'aurais bien aimé encore une fois traîner mes os au soleil, jusqu'au printemps, jusqu'à demain ; (...) J'arrive, j'arrive, mais qu'est-ce que j'aurais bien aimé prendre un amour comme on prend le train, pour ne plus être seul, pour être ailleurs, pour être bien ; (...) qu'est-ce que j'aurais bien aimé remplir d'étoiles un corps qui tremble et tomber mort brûlé d'amour, le cœur en cendre.*

L'essentiel de Jean au visage toujours fougueux-malicieux-généreux :

J'ai la sensation de mourir en ayant pleinement accompli ma vie. (Une femme de salle entre dans la chambre d'hôpital.) *Non, ne faites pas le ménage !... C'est merveilleux, je suis en paix avec moi-même et avec le monde entier. J'espère avoir augmenté, si peu que ce soit, la conscience dans l'univers. Ne me retenez pas, aimez-moi comme je vous aime. Tout est simple, tout apparaît lumineux. Je me sens baisser un peu, comme la flamme d'une bougie qui baisse. Je sens, j'entends le vent qui hurle. Le souffle est court, mais je n'étouffe pas. Ce n'est pas pénible, c'est un peu longuet.*

Jean me demandera de ne pas faire éditer *Tuez-vous les uns les autres. Je voulais seulement leur dire qu'à vouloir maîtriser l'imprévisible, ils brisent la vie, mais c'est inutile.*

Je ne me sens pas triste à la mort de Jean. Son corps s'est retiré lentement, et son esprit fougueux remplit toujours son atelier, plus dense encore à son bureau. C'est pour scander la semaine que ((je)) laisse entrer un homme dont j'ai oublié le nom, grand physicien, marié, catholique pratiquant. Lorsqu'il déboutonne fébrilement son costume trois pièces, je sais que nous sommes jeudi. Je lui suggère de se masturber avant de passer dans ma chambre. Je lui suggère encore d'éjaculer aussitôt, de dormir un peu, afin de reprendre attentivement. Mais il ne comprend pas. Il ignore tout de la floraison (de la femme et de l'homme). C'est d'ailleurs avec lui que j'ai ma seule vision du diable : incroyablement réel, avec ses poils noirs, ses sabots, ses cornes, sa queue, ses yeux flamboyants et sa langue lubrique, mais sans odeur. Il a tout retenu de son cours de sexologie. Il sait qu'il faut stimuler les mamelons puis le clitoris, entrer, s'agiter en se retenant, tout cramoisi, six minutes. Une salade et un verre de bordeaux, même pas le tarif syndical. Excédée, un jeudi, je me risque : « Par charité chrétienne uniquement ». Je m'attends à une gifle. Il déboutonne son gilet. Je rencontre alors toute ma capacité de dédain : j'aurais un fouet, je le battrais, à mort ; et je suis certaine qu'il s'abandonnerait aux coups jusqu'au ravissement (non par masochisme, mais pour la plénitude que peut offrir l'abandon). Et moi ? La jouissance de la rage pure ! Je ne me sens pas personnellement outragée. La furie de la femme sensuelle. La sensualité : une expérience sacrée, même pour un athée, pour qui sait, un tant soit peu, se donner. Quel mépris ont tous les sadiques, primaires et secondaires, hommes et femmes ? Tout faire pour ne jamais encourir le mépris, et pas plus d'ailleurs la pitié. De la fierté par respect de la vie jusqu'à la limite de ses forces.

Comme je le sais riche et pingre, je me risque à lui demander trente mille francs. Le bourgeois monte sur ses grands chevaux et disparaît. Seulement, lestée de ma seule amarre, je pars retrouver Jean, exactement comme nos femmes mystiques vont rejoindre leur Jésus ; et même beaucoup plus simplement. L'ascèse, la mortification ou, comme les bourgeois disent aujourd'hui, le travail sur soi de nos mystiques est lié à la croyance d'un pécheur qui doit s'épurer pour accéder au divin de leur Jésus... ou de leur directeur de conscience. Je ne me sens ni coupable ni médiocre et *l'ascension...spirituelle* ne m'intéresse pas. Je suis une femme qui a tout simplement suivi son amant au Ciel, exactement comme elle l'aurait suivi au bout du monde.

J'ai raconté mes « voyages en esprit » dans *Rêves éveillés* (1), rêves qui laissent un souvenir si vivace que le sujet est convaincu de leur objectivité, surtout s'il a besoin d'y croire. Pour partir, il suffit de s'allonger, nerveusement épuisé, mais débordant du désir de voyager, de fermer les yeux et, soudainement, on se retrouve hallucinant ses désirs... et, bientôt, ses peurs.

Les voyages en esprit laissent des souvenirs de terreur, de sexe, de tristesse... mais aussi de liberté ludique, d'amour et de beauté avec un « corps » (de rêve) superbement sensuel. Des jouissances fulgurantes et des ravissements sur tapis volant dans des lumières et des musiques... divines ((La gravité monothéiste ou monoathéiste s'infiltre vraiment partout, telle la peste, dès la tendre enfance. Elle ignore le rire des sorcières. Elle a oublié le mot féerique et presque celui de joie, pour tomber dans ceux de divin et de bonheur.))

J'ai pleinement adhéré à la réalité objective du monde visionnaire tant que j'en ai eu besoin ou aussi longtemps que j'ai pu, durant deux années. Détecteur de mensonge est un pénible destin. Il est douloureux de se dire : « Je rêve, j'hallucine l'absolu de mes désirs, de mes émotions et de mes sentiments. » Etre, ne pas mourir, préserver le sentiment de vie avec Jean. Aucune altérité au Ciel ; seulement mon Etre heureux ou terrifiant. Même pas une télépathie, définie comme perception extra-sensorielle. Avec la lumière céleste, je me souviens : ma mère m'emmène d'un lieu à un autre, toujours en taxi. Je me blottis contre elle au fond du siège, dans une bulle de soleil. Lorsque les autres adultes me demandent ce que je souhaite faire, je réponds : « Prendre un taxi ». Ils me traitent de gosse de riche ; moi, j'ignore que c'est la présence de ma mère qui colore les taxis. Je me suis résolue lentement à la conclusion de ma culture : aucune preuve objective de Dieu, de dieux et de diables, de paradis au Ciel et d'âme désincarnée. Le visionnaire est un voyageur dans ses mythes-rêves-cauchemars hallucinés.

Seulement, le matérialiste a tort d'en conclure que c'est du vent. La certitude d'exister n'est pas rien, mais l'essentiel. La question est seulement de savoir si elle est de l'ordre de la vie ou de celui de la mort séductrice ? De plus, cet espace imaginaire est une des sources des arts. Un jour, le disciple Satprem demande à la mystique Mère : *Pourquoi ne peignez-vous plus ? – Parce que je n'arrive pas à traduire un peu de la beauté que je vois.* Pour demeurer humain, il faut se souvenir de la légende de la tribu Sénoï, une légende car elle aurait été tissée par des anthropologues : *Tu as le droit d'aller où tu veux dans tes rêves, d'y faire ce qu'il te plaît, mais tu dois rapporter un présent pour la tribu : un chant, une danse, une musique...* Plus humain encore chez les Aborigènes australiens qui fondent la vie sur leurs rêves tribaux culturellement réels : *C'est pour renforcer en eux les forces vitales et affectives qui participent de la reproduction du monde que les Aborigènes font des rites. C'est dans la circulation de biens, de peintures, de danses et de chants entre les gens, et non des offrandes, des sacrifices ou des prières adressées à une instance supérieure qu'ils célèbrent leurs héros de Rêve* (2).

Je ne délire plus. Me voilà donc culturellement normale, et même plus rationnelle que jamais. Je me suis déconvertie de la réalité objective des visions par la réflexion. Seulement, chemin faisant, à mon insu, je me suis convertie à la vérité-réalité par le raisonnement et les idées. Je suis amoureuse de la raison, que je crois synonyme de réflexion, comme le chemin de la vérité-réalité.

Et comme je reste incapable d'Etre sans un homme et incapable de faire deux choses à la fois, consciemment et manifestement inconsciemment, je suis entrée en amour avec Charles qui se révèlera un homme de raison et de volonté, et un grand séducteur.

Comme Icare, je suis tombée du Ciel. Mais je n'ai pas volé trop haut ; j'ai simplement trop volé, passionnément, en oubliant la Terre. Brisée. La panique de l'abandon. L'enfant est seul dans l'univers, avec en plus la perte de contrôle de ma vigilance et de mon attention et donc des hallucinations cauchemardesques. Je consulte trois psychanalystes. Désirer dormir dans l'assurance d'une présence est une résistance. Ils émettent un grognement dubitatif à toutes mes tentatives de reprise de contrôle. L'un d'eux pique même une crise lorsque je le quitte : *Vous ne vous en sortirez jamais.* Je comprends : eux seuls, par la psychanalyse, me sauveront. Pour cela, je dois m'abandonner. Quel pouvoir ! A la condition de savoir au moins me séduire.

Je rencontre Charles autour d'une tasse de thé. Rien de remarquable à signaler, si ce n'est qu'après son départ, je constate que j'ai écrasé trop de cigarettes, et plusieurs à côté du cendrier. Si ce n'est surtout qu'il prononce avec une tranquille assurance l'injonction que ((j')) attends : *Avec la volonté, on peut tout.*

Avec *la volonté*, je peux me reconstruire. Charles est un grand-père vieille France, d'une charmante simplicité. Un corps souple sans un kilo de trop. Le geste arrondi avec de belles mains posées. Des cheveux fins poivre et sel. Le front dégagé. Le visage un peu blanc et étonnamment lisse ((l'élégance de sa mère et de son grand-père)). Un regard bleu, mais prenant avec malice par-dessus de petites lunettes carrées. Des lèvres gourmandes.

Charles est un grand patron... de médecine. Il me reçoit

en consultation. Je lui raconte mes extases et mes terreurs, il conclut avec la volonté. Un mois plus tard, cet homme tente de se suicider ; je valdingue en esprit. Convalescent, il me demande de l'aide... pour son secrétariat. Nous parlons peu, et jamais de nous. Nous déjeunons dans des salons de thé. Nous nous promenons dans les jardins et les beaux-arts. Son calme et sa régularité m'apaisent. Ses silences me déculpabilisent des miens. Je l'admire. Je me redresse ((par mimétisme)). Vers la fin de l'année, nous nous regardons : je tremble des genoux et lui du menton. A table, chaque fois qu'il lève son regard caressant, une grande vague monte en frissonnant, tandis que je demeure très british. Il me dépose devant ma porte, avec un sourire. Juste le temps de grimper mon escalier avant de m'endormir épuisée. J'ai trente-cinq ans. Je me doute un peu... Charles est un homme âgé et marié. Je tente de me fuir en acceptant un poste à l'étranger. Charles vient me chercher.

Sous la couette, je sais vraiment. Je le lui écris : « Merci d'avoir libéré les deux morts qui patiemment attendaient que ma cuirasse se brise pour continuer à envahir la Terre de leur immense tendresse. » Sentiment transcendant le Moi et qui le transporte et le monde avec lui. Houle de joie. Sentiment extraordinaire, sacré qui m'assure absolument d'avoir une âme, qui m'assure que l'Amour-Vie peut tout : la dignité, la beauté, le travail bien fait, la recréation... Je ne suis plus déprimée. La volonté au panier. Charles m'aime. Je l'aime. Le paradis avec Jean consciemment retrouvé.

Seulement, debout, je ne comprends plus rien du tout. Charles reste distant. ((Face à ce grand homme, elle est une petite fille qui se perd entre l'amour, l'admiration et la sidération.)) Aller jusqu'à l'Institution, espérer qu'il ait cinq minutes, téléphoner en prétextant que je passe par là, monter, prendre le long couloir, sonner à l'interphone, franchir un autre couloir, traverser son grand bureau, être embrassée sur le front, échanger quelques mots sur le monde, repartir l'air de rien. Charles est toujours sous antidépresseurs. Comment peut-on être déprimé et amoureux ? Peut-être n'est-il pas amoureux ? Il me regarde comme si j'étais unique ! Tendresse est bien assez grande pour deux. Avec le temps, Elle lui redonnera vie ((amante, elle n'entend [entendement] pas que Charles n'a pas fait une tentative de suicide par amour, mais par déstabilisation professionnelle)).

Charles est vraiment incroyable : il ne raconte rien spontanément, si ce n'est un fait divers vécu dans le quart d'heure précédent. Trois ans plus tard, à une question, Charles répond qu'il n'est plus déprimé. Enfin, nous allons vivre ! Eh bien non, Charles reste égal à lui-même, sinon qu'il badine volontiers, et travaille *plus efficacement*. Si je lui saute au cou ou lance une polémique, même sur la reproduction des escargots, il fait une grimace avec un geste d'apaisement. S'il vient librement vers moi, il est charmant. Si je lui demande un service technique, il me le rend dans l'instant. Mais si, debout, j'exprime un désir relationnel, il devient sourd. Encore que...quelqu'un doit entendre, puisque si j'insiste il sourit en regardant nulle part. Si j'insiste encore, il lâche un mot ou un autre sur un ton maîtrisé-glacé : *Sans importance*, *irrationnel*, *hystérique*, *mon travail*, *délirant*, *gâtisme* ou *liberté* et si j'insiste encore : *Je suis maître de ma vie, je la gère comme je l'entends, je programme* ou : *Je ne vous dois rien, nous n'avons pas signé de contrat* ou : *Je vous fais jouir* et, acculé encore un peu : *Maîtrisez votre désir, vos émotions... Prenez un antidépresseur.*

Pétrifiée. Le presque rien de l'enfance devient douleur, et tendresse, tristesse. Entre la vie et la mort. Sans tendresse, l'horreur de la petite Thérèse de Lisieux qui termina ses jours dans les tortures du manque de Jésus. Ce n'est pas possible que l'on aime et que l'on n'aime pas ; que l'on éveille la femme pour la tuer, sans la tuer tout à fait, pour la faire renaître. Charles a rencontré la mort, la sienne et d'autres très proches, donc il doit connaître l'essentiel. Je ne comprends rien. Je le questionne, mais Charles est innocent, comme l'était ma mère. Je tempête. J'exige des téléphones pour rien ou au moins pour m'assurer qu'il est en vie, des cadeaux personnels, des nuits, et surtout des paroles vraies, claires. Je fuis Charles. Il me rattrape avec son regard d'épagneul pleurant ou d'enfant de chœur et, si je résiste, avec une orchidée, un parfum, des chrysanthèmes, un dictionnaire des sentiments, un canard boiteux, un dinosaure, une balade à Bagatelle. Et si je résiste encore : deux jours de congrès... Je craque après quelques jours, semaines ou, exceptionnellement, quelques mois, envahie à nouveau de tendresse. Ça lui pardonne, même si le Moi ne l'excuse pas. Charles est content. Il reprend son programme implicite, jusqu'à une prochaine fois... : sauf *obligations*, le mardi et le samedi, pour un déjeuner avec ou sans couette et, lorsqu'il s'absente de Paris plus d'une semaine, une ou deux cartes postales belles ou drôles, toujours suggestives, signées : *Bien à vous* ou équivalent. *Inutile d'écrire, les cartes disent tout.*

Dix ans que Ça dure. Pourquoi suis-je toujours avec Charles, qui voudrait faire de moi une *sois belle et accueille-moi*, tout en ne le souhaitant pas ?

Parce que, parce que...

Dix ans ont déjà passé !...

Le fait que je n'éprouve plus Tendresse comme venant du Ciel ne change rien. L'éprouvé transportant le Moi et le monde reste le même. Qui s'amputerait d'un tel cadeau, source de tant de bonheur-beauté, même s'il le pense d'origine neuro-chimique, limbique ? Que peut-il y avoir de plus important dans une vie que de préserver la joie de l'être amoureux ? Et je suppose Charles amoureux de moi, au moins quelque part...Je le soupçonne même de m'en vouloir de lui manquer ; ce n'était pas à son programme.

((Parce que Charles l'a fait renaître à Cendrillon. Elle a [presque] glissé de la passion au ravissement, de la joie complice jusque dans la colère à la tendresse, du rebondissement entre deux êtres au refuge. La Cendrillon qui s'égare dans le sacrifice [sacré/sacrifice] pour l'idéal Amour.)) Peut-être je lui fais peur ? Peut-être si j'essaie de le comprendre ? Peut-être si je lui donne le temps de me faire confiance ? A la fin de *Rêves éveillés*, la pensée d'avoir aimé Jean pendant deux ans comme seule projection de moi-même me dégoûte. Si j'ai halluciné Jean, si la petite Thérèse a halluciné son Jésus, qui était Jean ? Qui est Charles ? Et qui suis-je ?

Peut-être aimer l'autre, c'est l'accepter tel qu'il est ? ((N'importe quoi !)) Les questions nées de l'amant qui vous dit souvent non ne sont pas celles éveillées par l'amant qui vous dit souvent oui. Seules les premières posent de plein fouet le problème de l'altérité. Je suis pour l'égalité entre les humains, sans savoir que c'est à la condition qu'ils me ressemblent. L'égalité synonyme d'identité avec ses corollaires : le racisme, le nationalisme et l'internationalisme. De plus, entière, il me faut voyager loin pour remarquer la différence. Aujourd'hui, je suis assurée d'avoir un martien dans mon lit, ou plutôt un homme qui me devient martien dès qu'il quitte mon lit. Sous la couette, Charles est devenu vulnérable. Il me fait libre, heureuse.

Parce que je n'arrive pas à porter jugement. Charles est-il conscient ? Il ne demande jamais à être pardonné, excepté pour cinq minutes de retard !

((Parce qu'elle a aujourd'hui la capacité de réflexion et, espérons-le, la vitalité, d'aller voir, une seule fois, le « mensonge » de son enfance. Non pas celui de sa mère en particulier, mais celui qui a aussi fondé son enfance, celle de ses maîtresses-professeurs-éducatrices et celle encore de Charles.))

Parce que, parce que... j'aime Charles.

Je décide, tout à fait calmement, de prendre un peu de recul en cessant le rituel du téléphone entre 11 h et 12 h. Le lendemain matin, je vaque tranquillement dans Paris. Mais, étrangement, vers 10 h 30 mon pas s'accélère et à 11 h tapant, je suis devant mon téléphone ; 11 h 15, 30, 45 ma fébrilité augmente. A 11 h 58, j'appelle Charles. Je suis hypnotisée ! Exactement comme le sujet à qui l'hypnotiseur dit : *Lorsque vous vous réveillerez, vous ouvrirez la fenêtre*, et il l'ouvre, même par grand froid, en prétextant n'importe quoi. L'hypnose, mon état naturel ! Et moi qui croyais, comme on me l'avait enseigné, que c'est un état extraordinaire ou fréquent seulement chez les primitifs. C'est pour observer des transes que j'ai voyagé chez les Philippins, les Africains, les Brésiliens... Mais qu'est-ce alors que l'intelligence, la pensée, la réflexion ou la raison ? L'hypnose thérapeutique consiste-t-elle simplement à remplacer une suggestion (un désir ou une peur) *négative* par une autre *positive* en commençant par : *Dormez* (laissez vos défenses) *et n'entendez que ma voix, rien que ma voix* (faites-moi confiance) ? Je m'accroche à ma chaise. Seulement, ou je craque avant 12 heures ou, au mieux, j'arrive à 12 h 01 victorieuse, mais épuisée. Le refoulement volontaire est inefficace. La volonté ne peut presque rien contre les désirs. Il est extraordinaire de vivre une transe qui cède brutalement à 12 h 01 pour ne reprendre que le lendemain à l'heure rituelle. Enfin, je trouve une technique de désuggestion dérivée de la méthode Coué. Je m'allonge sur mon lit à 11 h 15. J'imagine le téléphone. Je l'écarte de ma main en lui demandant, exactement comme je le ferais pour des personnes dans le métro, d'avoir la gentillesse de me laisser passer. Je répète ma demande dans une litanie amusée jusqu'à 12 h 05. Miracle : la séance s'est passée sans fatigue ; et cinq jours plus tard, l'attente quotidienne de l'appel a disparu. Je veux en savoir plus, observer Charles. Je demande à mes rêveries amoureuses de me laisser passer. J'évite aussi de me faire prendre dans son regard. Je ne parle plus pour deux. Charles s'effrite. J'ai peur. L'hypnose n'a pas besoin d'un autre devant soi. L'Autre, l'inconscient, est toujours là. La véritable hypnose est « simplement » la mélodie de ses mythes-rêves-cauchemars, seulement tellement plus facile avec un autre qui fait signe à l'Autre. Un autre de chair, ou un autre halluciné qui protègera le mythe-rêve de la déception de notre réalité. Têtue, je continue la sape… jusqu'à, je ne sais dire comment et pourquoi, probablement menée par mon mythe, à un déjeuner presque très ennuyeux, je suis envahie de tendresse… rieuse. Je ne crains plus l'Intouchable. J'ai grandi, un tout petit peu…

Désirer l'Amour devient réussir l'amour absolument avec Charles. Mon mythe n'est pas de retourner dans le ventre de la Mère. Il n'est pas non plus d'être virile. Il n'est pas d'être mère, et encore moins une mère cosmique. Il n'est pas d'être l'androgyne à moi seule ou avec Jésus, ou encore le jumeau homosexuel. Il est la complétude du symbole, *sumbolon* : joindre, réunir, reconstituer le tout avec un homme. Joie d'être ensemble : vivre, partager, colérer, aimer, découvrir la beauté du monde, créer, danser…et s'endormir, par une nuit étoilée, à même la terre, dans un lit de mousse ou d'aiguilles de pin.

L'amour sensualisé (ou la sensualité, faut-il préciser amoureuse ? Comment peut-on goûter un vin que l'on n'aime pas ?) est plénitude sacrée. Il est sentiment d'immortalité sur fond d'atemporalité, de jaillissement sur fond de ravissement, la plus « simple » manière d'oublier la mort.

Depuis la mort de Bonne-Maman, ((je)) sais qu'aucun pouvoir humain n'assure l'immortalité. Si j'avais aimé plus ou mieux Bonne-Maman, peut-être ne serait-elle pas morte solitaire ? Jean est mort dans un sentiment de vie. Le docteur E.-A.Rodin, athée qui a vécu une *expérience de mort* paradisiaque, va dans le sens de la croyance catholique : c'est la dernière *pensée* qui compte. *On peut supposer que ce qui est important pour le sujet en train de mourir, c'est le contenu de sa psychose, c'est-à-dire les visions et les croyances qu'il y attache. En dépit de ma connaissance actuelle que ces phénomènes sont complètement faux, je sais que je les accepterai comme absolument vrais le temps venu. C'est un dilemme absolument insoluble. Si le contenu de la psychose finale est agréable, l'individu qui sait qu'il va mourir l'acceptera vraisemblablement comme une version du paradis. S'il est terrifié et/ou souffrant, il n'aura pas besoin des diables moyenâgeux pour réaliser qu'il est entré en enfer. Il n'existe pas de moyen de savoir si, dans ses dernier instants, notre cerveau individuel nous enverra dans des sphères célestes ou dans l'abîme sans fond dont parle la Bible. Nous savons néanmoins par nos patients épileptiques que le vécu des crises temporales dépend des événements de l'histoire du sujet. Il (...) est lié aux peurs, aux espoirs et aux préoccupations des patients* (3). C'est pour cette dernière pensée que la belle Camille, habillée en homme, demanda la charge de bourreau de Lyon (4). Nous sommes en 1755. Une seule condition : rester seule avec les condamnés après la confession et jusqu'à leur départ pour le supplice. Sa requête est acceptée, les condamnés ayant les mains et les pieds liés. Dans le cachot, Camille ôte ses vêtements de bourreau : le condamné *regardait cette femme qui était son bourreau, cette femme qui était sa dernière femme (...) Si le goût de la mort asséchait encore sa gorge, un formidable élan de vie chassait son angoisse. La vie. La mort. (...) Il allait mourir et elle l'aimait. Il n'avait plus de bras et elle lui faisait don des siens (...)Pourquoi ? (...)Je n'ai aimé qu'une fois (...) et cet homme-là est mort comme toi sur l'échafaud, mais il est mort seul. (...) Elle faisait les gestes, elle le caressait, elle le prenait, elle l'emportait, tandis que d'innombrables rafales essoufflées les secouaient tous deux.*

Peut-être (sûrement), *était-ce là l'éternité à propos de laquelle l'abbé Crépu, le chapelain de la prison et tous les confesseurs faisaient tant d'histoires.*

Charles ?

La vie, c'est très simple : des devoirs, des divertissements et des tentations.

L'homme a trois devoirs : le travail, la famille et la patrie. Les devoirs sont, selon je ne sais quoi, des responsabilités, des obligations, ou des satisfactions.

La famille ? L'homme est le chef de famille. Il est responsable de ses ascendants, de la mère-épouse et de ses descendants. Il est responsable de son nom. Un homme ne divorce pas. Et un homme n'épouse pas une maîtresse (!).

La nation ? Charles a horreur de la guerre, mais il défend la liberté. Appelé, il a rendu de grands services à son pays comme médecin. En temps de paix, il vote et lit un journal quotidien.

Le travail ? Charles est un grand patron...Les sciences exactes (qui mesurent) et les technologies assurent le progrès. Charles est un comportementaliste qui aime rendre service. Si je lui demandais de me rendre service sous la couette, je parie qu'il accourrait...Je ne le lui demanderai jamais. Un homme cultivé ? Une belle image, bien sage comme les jardins à la française. Charles n'est pas un fanatique. Il aime aussi le savant désordre des jardins anglais ou l'harmonie impressionniste. Il veut seulement tailler ce qui déborde : des kilos aux émotions en passant par la distraction et l'agitation motrice. Il aime même les femmes qui parlent, si elles devisent joliment. *Depuis que je vous connais, j'ai beaucoup changé.* Ce qui, évidemment, me fait éclater de rire. Charles parle toujours de volonté et de néocortex, comme si le désir éveillait sa culpabilité ou l'angoissait. J'ai trouvé un mot de passe : « limbiquement vôtre... » (*Sourire.*)

Devoirs accomplis, Charles va jouer, gentiment... Il goûte la beauté de la table, des arts, de la littérature, des salons et des femmes. J'accepte d'être sa maîtresse. Je ne crois pas à l'amour-vie fondé sur une destruction. Charles : *Ma femme et moi sommes amis, je suis libre.* De plus, Charles ne divorcerait pas ; et je le sais heureux d'être chef de famille. D'ailleurs, Charles refuse le mot maîtresse. *Soyons amis*...en me caressant du regard ! Enfin, Charles sera bientôt à la retraite, donc nous serons libres...

Parler de soi est vanité. Charles ne croit ni en Dieu ni au Diable. J'ouvre le *Larousse* 1947. La morale de Charles serait celle de la Raison... avec sept péchés capitaux : orgueil, avarice, luxure, envie, gourmandise, colère et paresse ! J'ai l'impression que tout ce qui fait, ou risque de faire, chavirer l'homme de devoirs est source de culpabilité ou de panique. La maîtresse... ou l'amie doit donc rester à sa place : un divertissement, avec les arts et la littérature. J'entends l'amante, l'artiste et l'écrivain grincer des dents. Dans le *Larousse* : *Péché avoué à moitié pardonné*. Charles : *Je ne mens jamais, je ne dis rien*. Toujours dans ce Larousse : *Péché caché, à moitié pardonné, car cela évite au moins le scandale* ! Un scandale de quel ordre ? Social ou de la conscience ? Charles n'est pas fanatique : *A l'impossible nul n'est tenu*, avec, murmuré à demi-mots, le regret d'être un peu *petit*, *médiocre*, *laid, faible*, *paresseux*, *gourmand ; j'aurais aimé être un grand homme... comme Darwin*.

En réalité, tout ce que fait Charles est parfait : superbe skieur, nageur, danseur, amant, maître de maison et de cérémonie ; grand patron... scientifique et chef de famille inégalable... ((pauvres enfants)). C'est un homme fidèle à lui-même. Il ne se laisse pas influencer, il ne faiblit pas. Il se programme et s'y tient. Il construit des projets professionnels et les réalise... ((ou s'y enlise)). Il est un homme d'action, positif et tourné vers l'avenir. Déterminé, patient, secret, infatigable.*C'est la seule manière d'arriver*. Arriver où ? (*Silence.*) Il ne critique jamais personne... sauf d'un mot glacé qui lui échappe, écoute chacun sans sourcillier jusqu'à la fin du rendez-vous, ne sort jamais avant la fin d'une conférence ou d'un spectacle, n'affirme jamais ses opinions.*Quelle importance... Ma liberté*. Un homme serviable, aimable avec tout le monde. Un homme qui sait, c'est évident.

J'aime le regarder ; je l'adore ; je jalouse même son bel équilibre : comment mener sa vie, moi qui suis menée par elle ? Je partage son goût de la beauté, un peu trop sage ; je ris ; je tente de le séduire ; je me maîtrise ; et j'explose.

Comment distinguer l'apparence et la politesse du désir ? (*Silence.*) Comment distinguer l'amour, la haine, le pouvoir, l'indifférence ? *Je vous adore*. Le savoir-vivre, de l'être ou du néant ? *On survit*. La stratégie, l'habitude, du geste spontané ? *C'est complexe.* Rire à gorge déployée ?(*Sourire.*) Débarquer à l'improviste ? (Jamais.) Exprimer ses joies ?*J'ai bien travaillé*, et ses tristesses ? *Inutile.* Peur de quoi ? Du chaos ? De la dépression ? Du vide ? De la fusion ? D'être tué ? La passion ? *Quelle horreur !* Deux heures sous la couette : *La satiété* ou *Je dois aller travailler.* Je dois ? *Tout se paie.* Un conflit ? *Quel manque de contrôle !* Même une discussion est *débordement* ! Avec un interdit absolu : mettre en question Charles.

Il se retranche dans son bureau, avec ses ordinateurs. Je lui propose un marché : « Je m'exerce au contrôle, vous apprenez à tanguer » (*Sourire.*) Puisque notre projet était d'écrire sur la conscience, je lui suggère une rencontre entre un neuro-psychiatre et une hystérique au XXIe siècle. L'historien de la médecine Jean-Pierre Peter m'a mis une puce à l'oreille : *Que la femme soit acculée à l'hystérie pour se faire entendre, et que personne n'écoute, tel est l'horizon* des archives de la Société royale de médecine. *A l'autre bout de la chaîne, les médecins. De leur côté, ils jouaient également quelque chose d'eux-mêmes, et tout spécialement leur rapport entrecroisé au savoir et au désir* (5). Charles ? Petit-fils de Charcot, de Clérambault ou, plus justement, de Janet et de tant d'autres médecins ou psychologues cliniciens ? Janet mesura chaque matin la pression artérielle de Madeleine, son poids, sa force musculaire, chacune de ses paroles...avec ses extases. Après plusieurs années de patience, enfin, il réussit à la guérir en une femme normale, oscillant raisonnablement entre plaisir et déplaisir. Et Janet se languira tout le reste de ses jours... Charles sourit toujours. J'insiste. Je garde un souvenir superbe des colères d'écriture avec Jean. Je tente de le convaincre que cela fera un essai à succès, drôle et tendre, et que nous en sortirons plus intelligents et mieux aimants. Charles sourit encore ; puis, tout à fait par hasard, juste *pour rendre service*, saute dans la rédaction d'un livre sur la *communication* technologique. La quoi ? *la communication.*

Je ne veux pas mourir. L'amour n'est pas un plaisir, encore moins une tentation. Sans amitié amoureuse et, mieux encore, sans amour sensuel, pourquoi vivre ? Comment Etre ? Que signifie : *De l'autre côté, c'est souvent la mort, en raison de l'hypotension liée à l'éjaculation* ? Jean éclatait de joie ! L'amour n'est pas *des moments de réconfort malheureusement toujours fugitifs*. Il est ce qui m'assure d'avoir une âme. Il est ce qui se passe de Dieu, de devoirs, d'entreprises et de morale. La femme ((sait)) que c'est avec peu de choses qu'((elle)) crée un monde féerique, ou tombe dans la tristesse. Viellissante, elle s'entend presque se broder de belles histoires. Elle meurt dans l'habitude et le temps compté. Inutile de faire des plans, ou pourvu qu'ils soient bouleversés par une rencontre : un geste, un regard, une parole, une pensée. Et tant pis si l'imprévisible est aussi angoissant. Elle ne peut pas se lever chaque matin par discipline. Je veux sauter hors et dans le lit. Et pour désirer vivre, c'est très simple : il me suffit de Tendresse sensuelle créatrice de beauté-rire-sacré-complicité.

Ce à quoi Charles oppose : *Moi, je n'ai besoin de personne. Je ne vous demande rien... Vous êtes libre... J'aime l'imprévu, c'est mon côté aventurier. Tout à coup, il faut faire face.* (On le croirait au volant de sa voiture.) *Mais l'important est de garder le cap...* professionnel. Heureusement sa gourmandise ; heureusement que son menton tremble toujours ; qu'il m'attrape une main et la glisse dans sa poche ; qu'il me fait merveilleusement joyeuse, belle, libre, tendre, bouleversée sous la couette... en murmurant d'ailleurs : *Donne-toi,* à quoi je réponds, comme toute femme : *Prends-moi.* Heureusement encore la dédicace de son livre : *...avec mes regrets de ne pas avoir osé celui où il serait seulement question de communication subtile entre les êtres... d'admiration, de séduction, d'attachement, d'envoûtement.. mais qui oserait entreprendre une telle écriture... une tâche à votre mesure.*

Tout cela au nom de la Raison, de son bras droit, la Volonté (la décision, l'effort et la maîtrise) et de la Liberté !

II.

QU'EST-CE QUE LA RAISON ?

Je fus ce que les adultes appellent une enfant difficile. Dans les premières au premier trimestre, dans les dernières le reste de l'année. Preuve que je pouvais, mais ne voulais pas. Seulement, aucun adulte ne m'a demandé pourquoi. Renvoyée cinq ou six fois. Sourde aux *tu dois, tu ne dois pas* et sourde tout autant aux cours d'histoire, de philosophie, de religion, etc. Globalement, je résistais, je ne les croyais pas, je ne comprenais rien, je m'ennuyais, j'attendais autre chose, mais quoi ?

J'ai commencé à lire à quinze ans. Dans une pension suisse pour adolescents de riches Américains blasés. Deux heures de cours quotidiens. Entre les Alpes et le lac Léman, en toutes saisons, je suis libre et heureuse. J'observe, en cachette, le professeur de français, une ethnologue en vacance. Elle lit Teilhard de Chardin avec de grands yeux, comme si dans ses livres il y avait quelque chose à trouver ! Par chance, ce n'est que vingt ans plus tard que j'apprendrai que sa dilatation pupillaire venait, en partie au moins, du haschich. C'est à elle, Claudine, que je dois d'être rentrée en France pour reprendre mes études. A douze ans, le conseil scolaire, essentiellement des femmes, m'avait jugée :

Un Quotient Intellectuel juste suffisant pour l'apprentissage de la coiffure, et une perversion nécessitant une école de filles. Je saute trois classes, j'oublie la nature, et me mets à lire fébrilement. Miracle ! De temps à autre, des mots s'éclairent, sortent de la page et dansent... Malheureusement trop vite, et sans que je comprenne pourquoi, ils retombent dans le gris, et la boulimie me reprend. C'est aussi cette recherche de quelque chose qui me fait passer le baccalauréat et demander à faire mes Universités. Ethnologie, comme Claudine ? Ma mère, sur les conseils d'*un bon ami*, grand professeur... de médecine : *Non, ce n'est pas sérieux.* Médecine (ethnopsychiatrie) ? *Non, c'est trop haut.* Elle m'inscrit en biologie. Pourquoi ? *Parce ce que.* Je n'ai pas encore l'idée que ma mère peut aussi parler sans bonnes raisons. Je glande, jusqu'au jour où j'ouvre un livre de génétique. Si les scientifiques expliquent pourquoi *Homo* a les yeux bruns ou bleus, ils doivent tout savoir ! J'entre dans le Temple.

En 1966, il est culturellement normal de croire que les hommes, blancs, universitaires sont les plus intelligents et la science, le chemin de la vérité-réalité.

Je n'imagine pas critiquer le contenu de l'enseignement universitaire, même si, globalement, je m'ennuie autant qu'à l'école. Que de réponses à des questions que je ne me pose pas ! Pourquoi les enseignants sont-ils, presque tous, gris ? Pourquoi tant de mortifère alors qu'ils parlent du vivant ? La vie ? Quelques propriétés. La zoologie ? Des noms latins, de l'anatomie et de la mécanique. La botanique ? Des plantes coupées et fanées. Mais à qui étudie, la révélation viendra. Jamais je n'ose me présenter aux examens (sauf les maths-physique pour lesquels il me suffit d'un demi-point) sans être digne de mes maîtres. Bachoter est sacrilège. De toute façon, j'ai peu de mémoire sèche. Bien évidemment, je sais que un et un font deux. C'est peut-être vrai dans le royaume des mathématiques. Mais comment s'asseoir assurément sur les nombres ? Entre les humains, un et un, ça peut faire :

un, deux, trois, beaucoup, ou zéro. Je ne retiens que ce qui passe par ma mémoire affective : je connais (naître-être et donc aussi mourir... avec). Je mets donc longtemps. J'entre en thèse avec la même déférence.

Les amoureux de la science-vérité-réalité sont déjà exceptions. Chercheur n'est généralement pas synonyme de curieux ! La soumission est le chemin obligé de l'intégration. Je suis sourde à la diplomatie. Je passe néanmoins mon doctorat de primatologie avec espérance. Puis, je dérape, pour des raisons sentimentales évidemment. Aussi parce que les propositions de recherche sont sans intérêt pour moi, pour les singes et tout autant pour l'espèce humaine. Je n'ai pas besoin d'occuper mon temps, j'ignore tout de la carrière, et aussi de la *nécessité de travailler pour gagner sa vie*. Expression vulgaire d'une culture qui confond l'argent et la valeur de la vie. Je ne crois pas à la libération de la femme par le sexe. Et je ne crois pas plus à sa libération par le travail masculin, devenu depuis une obligation. J'aime l'expression *la salle d'étude* ; je regretterai la Bibliothèque nationale... Je rêve d'une autre femme :

Elle n'avait rien de ces femmes urgentes et jacassantes qui se croient libres parce qu'elles sont complètement soumises à la dynamique masculine, et sont fières de savoir, comme les hommes, courir après la carotte. Elle n'avait rien de tous ces gens pressés qui vivent en agressant perpétuellement le temps, qui vivent à contretemps pour vivre plus, pour en faire plus, pour avoir plus et qui ne réussissent qu'à se faire manger par le temps. Elle, son silence, son immobilité, la lenteur de ses regards remettaient en ordre tout ce qui l'entourait, rendaient dérisoire toute espèce d'agitation. Elle vivait parmi les humains comme une perle dans une fourmilière. (...) Avec elle, au contraire, le silence n'était pas tabou. Lorsqu'elle parlait, ce n'était pas pour meubler le vide, mais pour dire quelque chose (1).

Une de mes proches médecin est en voie de conversion ésotérico-bouddhiste. Un effet miroir pénible. Il m'a été difficile de reconnaître que moi, intelligente, aie pu croire en l'objectivité du monde visionnaire. Qu'étaient devenues la raison, la pensée, la réflexion, pendant ce temps de rêve ? En m'écoutant au travers de Caroline, j'entends que lorsqu'on a besoin de croire, l'intelligence devient imbécile. Elle ne raisonne pas, mais rationalise son besoin de croire. D'autres personnes résistent tout autant. J'ai oublié la remarque de Freud que l'Homme (lui inclus) a *la passion de l'ignorance.* L'humain est un mille-pattes-adhésives. Toutes pattes en l'air, il meurt. Le seul problème est qu'il peut adhérer à tout, et non simplement à la vie ; qu'il confond le sentiment de vie avec la vie ; qu'il peut même jouir à tuer. J'insiste en riant. Je deviens clinique, avec un scalpel parfait pour extirper les croyances.

J'ignore ma nouvelle conversion lorsque je conclus *Rêves éveillés* : « Je jouis de la seule réflexion (...) Pour moi, le besoin de croire cède sa place à la liberté de penser... » Une seule gêne m'étonne à bas bruit : moi qui ne crois plus en rien, je défends la réflexion avec la même ténacité que j'ai défendu la mystique. En fait, je suis à nouveau convertie à la pensée-réflexion-raison comme le chemin de la vérité, avec la crainte de perdre ma nouvelle planche de vie (de salut) confondue avec Charles. Conversion qui durera plus longtemps que la première, rencontrant très peu d'opposition culturelle.

Ma culture traite le visionnaire d'irrationnel et même de fou. Elle croit que les idées sont tout le contraire de notre mystique. Elle croit qu'il existe une raison-volonté épurée des mythes, une réflexion contraire des croyances, une raison contraire de la déraison, une lumière opposée aux ténèbres, un Moi à l'exclusion de l'A(a)utre. Je me souviens : un dîner avec plusieurs hommes de grande raison dont un qui l'a si haute que j'éprouve l'impression qu'il ascensionne les idées (et la notabilité qui va avec), comme d'autres grimpent le sommet de l'Himalaya. Il nous explique ce qu'est un mythe : des élucubrations de primitifs, synonymes de contes pour enfants, ou des mensonges de mythomanes. Exactement ce que mon scientisme croyait. Une femme raconte quelques visions vécues lors d'une bouffée délirante. L'homme de raison, en aparté : *Elle est folle.* Je ne peux résister à lui renvoyer : « L'équivalent du délire d'idées ! » Il me regarde, sidéré : *Encore une folle* !

Néanmoins, si je jouis de la réflexion, quelque part je m'épuise. La réflexion me dessèche. Les premiers signes du symptôme de Charles Darwin : *La peinture et la musique ont aussi* (quoi d'autre ? l'amour ?) *perdu presque tout attrait pour moi* (...). *Mon esprit semble être devenu une sorte de machine qui broie des montagnes de faits pour en extraire les lois générales. Mais pour quelle raison cela devrait entraîner l'atrophie de cette partie de mon cerveau dont dépendaient les plaisirs les plus élevés* (2) *?* Et Charles qui ne change rien ! Et le ciel qui est gris ! Et le spleen parisien ! Je respire dans les quatre éléments du philosophe Bachelard, beaucoup plus riches et tendres que tous les livres ésotériques sur ce sujet. Je m'échappe en voyageant spontanément en esprit : je suis un être de rêve, mais dans un lieu réel. Je volette dans une petite pièce en bois. Je cherche une sortie. Je me cogne aux murs, mais sans mal. Poussé de l'extérieur, un mur se gondole. Je repère une petite ouverture carrée. Je m'y glisse, fais une galipette et me retrouve volant dans la nature, à la nuit tombante. Je frôle des églantiers en respirant leur parfum. Je suis heureuse par mes sens. Un chemin boisé, plus sombre. Je sens une lourde pluie tomber sur ma peau et respire la terre mouillée... Un autre voyage de sieste après un début d'après-midi avec Bachelard : Je vole dans un cloître roman en ruine et en friche, dans une brume irisée d'or, rythmée par une musique sacrée. La légèreté terre-air. Je suis heureuse... Et je descends souvent avec mes livres dîner au Commerce, pour entendre le rire de Joséphine.

Joséphine est la serveuse. Trente ans, cheveux longs, bruns et frisés, en pleine santé, la jupe courte juste où il faut et le décolleté bien formé. Elle va au coiffeur et si elle aurait su..., mais son parler réjouit, tout cru ce qu'elle vit. *Mon père me disait toujours : « Lis, ma fille. » Papa, je voudrais bien, mais dès que je lis trois lignes (rire), je m'endors ! J'aimerais bien être instruite, ça permet de parler avec tout le monde.* L'écrivain qui se croit démocratique rit. J'accepte son invitation en Mayenne. L'important, ce sont *les bisous*. Avec ce trésor, Joséphine travaille dix heures par jour en chantant. Son ex-mari ou la montait ou la battait lorsqu'elle se refusait. Robert l'embrasse. Et comme il est du même métier, ils vont économiser pour acheter un petit commerce... et ils finiront leurs jours dans un beau pavillon. En plus, Robert est instruit, il fait les mots croisés : le rêve pour les deux enfants de Joséphine et, surtout, pour le troisième prédit ; *eux, au moins sauront se débrouiller.* La médium de la mère de Robert lui a dit qu'ils resteraient ensemble toute la vie, qu'ils auront un garçon dans un an, puis une fille, et qu'elle les voyait tenir un restaurant à Chartres. *Pour la fille, elle s'est trompée. Mais si on a un garçon et le restaurant à Chartres, alors j'y croirai toute ma vie.* En fait, Joséphine croit déjà. Elle a vu un fantôme au pied de son lit, et surtout elle a de son côté la *roue de la fortune*, ayant toujours trouvé l'assurance du quotidien. Joséphine est d'un tempérament joyeux, même si elle ne doit jamais vivre dans un beau pavillon. Par contre, Robert est un violent. S'il se maîtrise avec Joséphine et ses enfants, se limitant à des explosions de colère verbale, un chien, c'est un chien. Il doit rester aux pieds. Alors qu'il vient de lui échapper, Robert, déjà trapu, se campe sur ses jambes, se retrouve littéralement en boule, écume de rage, attrape la laisse en métal et fonce comme... la Bête ! La fureur de Robert est-elle jouissive ? Je n'ose pas le lui demander. Le chien saigne de la gueule. J'éprouve un profond dégoût. Une question à peine formulée : si l'homme qui se maîtrise tuait tout autant, mais sans laisser de trace ? Robert devait se tenir aux pieds de son père ; il se sent impuissant à réaliser son rêve : devenir quelqu'un.

A côté de sa 306 Peugeot, Joséphine a une 4L commerciale, la seule voiture que j'aime, à défaut d'une roulotte verte avec un cheval. La dernière s'appelait Trottinette. Je l'ai perdue alors que je rêvais un dimanche matin ensoleillé sur les quais de la Seine. Au dire d'un témoin, je me suis arrêtée à un feu vert, j'ai démarré au feu rouge et un bus, venant de la droite, m'a accordéonée. Six ans plus tard, je retrouve ma trottinette grise, j'ouvre les fenêtres et je reprends mon rêve. Je galope dans des arbres verts sur fond bleu ; et même à travers des champs jaune paille avec de grosses taches rouges, orange ou bleues, des vaches marron et de vrais chevaux.

Je rencontre monsieur et madame Vallon, des fermiers qu'on dit très riches – lui aurait mis tout l'argent à la banque – et qui vivent la paille dans les sabots. Je leur demande s'ils connaissent un guérisseur. Seulement un rebouteux chez qui il a mené le veau qui s'était déhanché ; les guérisseurs et ces machins-là, il n'y croit pas. Je repasse les voir deux jours plus tard. Madame est seule. Elle me demande si j'ai tout ramassé pour faire mon prochain livre. J'engage la conversation sur les doryphores. Puis, je reviens sur la question des guérisseurs. Devant son hésitation, je me reprends : « Une sorcière ? » – *Ben sûr que j'en connais une... elle a le don de sa mère... téléphone... à soixante ans...en profiter avant que la maladie vous prenne.* Brigitte traduira le reste : *Son mari lui aurait dit que lorsqu'elle allait toucher sa retraite, elle devait décamper. Mais c'est sa ferme à elle. Elle lui ferait bien jeter un sort... Parce qu'à soixante ans, elle veut en profiter...* Il est donc convenu qu'elle téléphonera à son amie qui connaît la sorcière. L'amie est absente. Je trouve, de bouche à oreille, la ferme de la sorcière. Seulement celle-ci est partie pour deux mois, en vacances, dans le midi ! Et madame Valley fait courir le bruit que je suis une espionne !

Joséphine a invité à dîner son voisin, Paul, un homme *instruit et très gentil, mais un paysan.* En fait, Paul est un homme mélomane, vivant, chaleureux, discret, qui aime sa terre. *Les Parisiens sont fous.* Il connaît un guérisseur, dont il a suivi les *cours de pensée positive* pendant quelques mois, puis il a arrêté, car *Pierre voulait toujours avoir raison.* Cependant, il l'a vu *faire des choses*, en particulier *remettre en place des vertèbres sans y toucher*. Paul dort trop peu. Pierre n'a rien pu faire pour lui. Paul s'est habitué à ses insomnies. Il n'en souffre pas vraiment, car il se tient immobile, enfoncé dans une sorte de relaxation spontanée très profonde dont il revient sans souvenir particulier, si ce n'est l'impression de n'avoir dormi que deux, trois heures. Cependant, il vient de rencontrer une médium qui va peut-être le guérir : elle lui a trouvé des oxyures. Les oxyures sortent surtout à la pleine lune. La pleine lune, c'est aussi la fête aux merles, car les vers sortent de terre. Et lune ou pas, pour chasser les oxyures, le mieux est de manger des gousses d'ail : ils sortent en courant ! J'ignore tout des oxyures, si fréquents dans la Mayenne, même chez les adultes. Peut-être parce que je suis née à Paris, il n'y a pas si longtemps. Aussi, probablement, parce que dans ma famille, on ne regardait pas les selles. Peut-être encore parce que ce mal est avant tout un générique pour les nerfs comme, chez les guérisseurs philippins ou brésiliens, les petits cailloux, les fils, les feuilles de bambou qu'ils paraissent sortir du corps du malade...ou, plus moderne, du sang et des morceaux de viande de poulet qui ont au moins l'effet placebo de la chirurgie, celle-ci restant inaccessible aux pauvres.

J'éprouve le besoin d'une aventure et la Mayenne est à deux cents kilomètres de Paris ! Un rendez-vous est fixé avec Pierre. En écoutant Joséphine, l'histoire d'une intellectuelle chez les Mayennais commence à se tramer. Néanmoins, avant même de rencontrer Pierre, je sais que je vais être reprise par la vérité-réalité. La quête d'absolu est vraiment une maladie. Pour être un humain, homme ou femme, il faut être sérieux. Mais alors, pourquoi reprocher à Charles de faire passer son travail avant l'amour ? En fait, je confonds tout encore une fois. Pour Charles, il y a le travail et la famille, et ensuite les divertissements avec le risque des tentations. Et pour moi, les tentations n'existent pas et tout se résume à une question : l'amour est-il possible ? Qu'est-ce que la réalité ? Après quoi courons-nous ?

L'évolution génétique ou historique pourrait avoir sélectionné la femme monolithique, car elle s'attache plus sûrement à son enfant ; pour l'homme, mieux valait chasser plusieurs lièvres à la fois. Ah, si j'étais libre ! J'écrirais l'histoire de la culotte jusqu'au protège-slip. Crampe au ventre. Mongolfière à la dérive ! *Homo* ne peut vivre sans attachement, même si ce n'est qu'à une idée ou à un sentiment.

Quatre fous

Pierre est un homme dans la cinquantaine, blond, petit et trapu, simple, honnête, vulnérable et puissant, entier, impulsif. Un primaire.

Je sais, je sais, je connais le chemin, ne cesse de m'affirmer Pierre en tapant sur la table et, très souvent, en éclatant de rire et une fois en se levant d'un bond comme si le verbe venait de se faire chair. La chose dont Pierre doute le moins, c'est d'être guérisseur : *Quand on a besoin de mes services, en une fraction de seconde je ramasse toutes mes forces, je rassemble tout.* ***Je ne crains pas****. Rien qu'à vous le dire, regardez mes mains comme elles ont gonflé. C'est comme ça dès que je suis en action. Touchez, la température change* (ses avant-bras et ses mains sont momentanément chauds avec les vaisseaux gonflés). *Je peux faire ce que je veux. Il n'y a pas d'obstacle. Avant, quand je mettais les mains, il me fallait une concentration terrible et j'étais fatigué, mais maintenant, c'est fini.*

Pierre est assuré également d'être médium. Il fait même des émissions de voyance en direct à une radio locale : *D'un seul coup, je le sais, je le sors.* – « Des visions ? » – *Non, les gens me posent une question. Je dis attendez un moment. Ah, oui, oui, voilà, voilà, ça débite, ça débite, mais je ne réfléchis pas.* – (en aparté) « Je vais lui demander de me faire le coup tout à l'heure. » – *Ah non, vous ne pouvez pas. Ca m'arrive d'un seul coup comme l'autre jour, j'ai dit deux, trois bricoles. Il faut que je sois en condition (...).* Pierre m'a dit que j'ai eu un choc dans ma vie qui m'a laissée angoissée et que je cherche quelque chose ! Dans un autre moment d'inspiration, il me dira que je me tue avec mes cigarettes et que, si je désire vraiment arrêter de fumer, je peux venir le voir !

Pour Pierre, Dieu est partout, même dans la table qu'il ne cesse de frapper, mais il est avant tout au Ciel.

J'ai ***besoin de paix !*** *J'aime bien la nuit prendre une étoile et me focaliser dessus. Parce qu'une étoile c'est un soleil. J'aime bien être caché.Caché sans être caché, comme le Père. Quand je veux faire des trucs où être seul, j'aime bien me cacher. J'aime bien une maison, il faut que je la sente (...).* – « Quand vous sortez voir les étoiles ? » – *Il me passe des émotions, des vagues de chaleur, de* ***froid****, de* ***glacial****,* **de chaud**, ***de bouillant****,* ***je me mets à transpirer****,* ***tout à coup j'ai froid****, puis ça devient fort et là je lance un appel à l'aide qui n'est pas parlé. Si vous voulez quand je regarde une étoile, je suis branché sur l'infini, c'est ce qui est visible du côté du Père, l'infini, l'immensité* (...). – « Qu'est-ce que la méditation ? » – *C'est pour expliquer ce que je fais (...)Je ne médite pas, moi, je suis là et j'attends. Je peux même m'endormir dans l'herbe, même s'il fait froid, ça ne me dérange pas, j'ai chaud.* – « Et avec un arbre ? » – *Pareil. Tout près d'un chêne, j'aime bien. Je choisis mon arbre, comme un chien, seulement au lieu de le sentir avec mon nez, je me frotte, je dis : c'est celui-là, c'est mon arbre. C'est comme dans une maison, je cherche un coin, je tourne. Quand j'ai quelque chose à penser, je m'enferme dans mon coin.*

Malheureusement, l'élan vital de Pierre est castré et impuissant à devenir quelqu'un, ce qui, comme Robert, le rend violent. Pierre rêve de devenir un grand guérisseur, comme Saï Baba, un gourou indien *pas beau*, qui *pense comme moi*, mais qui s'exprime assez bien pour *être écouté* et qui, *tout seul*, est arrivé à fonder un *ashram* avec des gens qui viennent de partout pour suivre *le chemin*.

« Comment vous est venu ce cheminement de guérisseur ? » – *Mais* ***rien n'a été fait. J'ai toujours été dans ce domaine-là, car c'était mon seul et unique refuge. J'en avais pas d'autre, j'étais un bâtard, on m'a battu, j'avais personne à qui parler, on me repoussait sans arrêt.***

Pierre est un être *cassé*. Il est un enfant naturel du maquis (il connaît de vue son père). Il fut battu, comme sa mère, par son beau-père. Pierre a été cassé à l'école : *Ma mère a toujours dit que j'étais différent. Je disais la vérité. J'étais un indompté, un impulsif* (...).*C'était une rage contre moi-même de ne pas réussir ce que j'aurais voulu, une incapacité, je ne sais pas vous le définir avec exactitude, mais se prouver quelque chose, pouvoir se dire au moins : je suis content de toi. A l'école, j'ai appris avec un seul maître très gentil, la douceur même ; mais je devais trop bien progresser, on m'a mis dans une autre classe et j'ai plus progressé* (...) *Je ne peux pas expliquer ce que je ressens. Pourtant je sais des tas de choses* (*rire*), *il faut que j'arrive où* ***je dois aller*** (*il tape sur la table*). ***Je veux rentrer dans la maison du Père.*** *Je ne suis pas allé à l'école, aux universités : pas vendable* (*rire*) !

Pierre a su trois fois par des visions, une fois par une voix, et tout le reste, il le sait ou le sent, c'est tout. *Ce n'est pas de l'instinct ; l'instinct, c'est animal ; c'est de l'intuition.* L'intuition ne serait pas non plus de l'impulsion, même si dans les deux on ne réfléchit pas et même si encore *j'ai envie de m'en aller, d'un seul coup, je m'en vais.* A quoi on peut ajouter : J'ai envie de frapper ou d'embrasser, et je le fais...S'il ne se sent pas *guidé intérieurement*, Pierre ou procède par déductions naïves ou reste désemparé, léthargique. *Ma femme elle-même me dit que quand je fais des conférences, je ne suis pas le même homme, que je ne sais pas m'exprimer comme ça, donc il y a quelque chose...*

Adulte, Pierre a été cassé par ses deux premiers mariages,

par son dernier accident de voiture, par un de ses enfants gravement retardé, par ses besoins de vérité, d'indiquer *le chemin,* par son besoin des humains qu'il agresse s'ils refusent de le suivre, tout en craignant d'être rejeté par eux, par son manque de savoir-dire, par le conseil de l'Ordre et donc les gendarmes... Au point que Pierre a fini par faire une longue *régression.* Il émerge de sa dépression, retrouvant sa puissance d'inspiré et espérant qu'elle va franchement venir l'habiter jusqu'à la réalisation de sa mission. *Je le dis, ça va changer bientôt,* ***je le sais, je le sais, je le sens*** (scande sa phrase en tapant sur la table). *Le temps se presse maintenant pour arriver à l'heure, il doit se passer certaines choses, les enfants viennent de plus en plus vite à maturité, tout se presse, et les choses doivent être prêtes pour un moment donné, ça j'en suis intimement convaincu ; il se prépare quelque chose et moi je serai mobilisé aussi à un moment donné, mais pourquoi ? Je ne le sais pas. Soit je vais enseigner, soit je vais guérir. Pour cela il faut être connu. Je vais leur donner des trucs simples comme Hector Durville* (un magnétiseur du XIXe siècle) qui momifiait des beefsteak. ***Mais ceux qui viendront, c'est ceux qui devront venir et s'il doit se passer une publicité ou quoi que ce soit, elle sera faite par la personne qui doit la faire, quand les choses seront prêtes, et ça j'en suis convaincu.*** *L'heure est proche.* La suite des événements laisse penser qu'il aimerait que je sois cette personne...

Pierre aurait été reconnu comme prophète-médium-guérisseur avant-guerre. Pour l'être aujourd'hui, il lui faudrait s'adapter en prenant un air sereinement inspiré et un langage énergético-ésotérico-scientifique...

Pierre m'évoque le vague souvenir d'un autre prophète, mais diplômé, lettré. Je parcours ma bibliothèque : *Zarathoustra* (3) ! *Lorsque Zarathoustra fut âgé de trente ans, il quitta son pays et le lac de son pays et s'en alla dans la montagne. Là il jouit de son esprit et de sa solitude et ne s'en lassa point durant dix années. (...) Enfin son cœur se transforma et un matin... il se leva d'un bond, comme un matelot qui tout à coup découvre la terre, et il poussa un cri de joie, car il voyait une réalité nouvelle (...) Je vous enseigne le Surhomme. L'homme est quelque chose qui doit être surmonté. Qu'avez-vous fait pour le surmonter ?* En vérité, en vérité...

Etre ou ne pas être, là est la question.

Le Surhomme, d'après Zarathoustra, est *le Joyeux, l'Eveillé, le Libéré, le Créateur.* Nietzsche serait le philosophe de la joie, *le gai savoir.*

Peut-être, mais une joie particulière : celle du guerrier conquérant... de la connaissance, de la création. *Le Surhomme... aristocratique.*

Nietzsche, dans le mouvement romantique, dénonce Dieu le Père avec sa promesse de paradis céleste, les maîtres, la Raison, le *je pense* de Descartes, la morale. Il annonce une nouvelle : *Presque tout ce que nous nommons « civilisation supérieure » repose sur la spiritualisation et l'approfondissement de la* **cruauté** *: telle est ma thèse. Cette « bête féroce » n'a pas du tout été abattue, elle vit, elle prospère, elle s'est seulement divinisée.*

Notre civilisation : la Bête qui se fait Dieu tout-puissant conquérant !

Un autre commentaire, non moins sidérant : *Les philosophes se donnent tous pour des gens qui se seraient haussés jusqu'à leurs opinions propres par l'exercice spontané d'une dialectique froide, pure et divinement sereine (à l'inverse des mystiques de tout ordre, qui sont plus honnêtes et plus grossiers, et parlent de leur « inspiration »), alors qu'ils ne font que défendre, avec des arguments découverts après coup, quelque thèse arbitraire, quelque idée gratuite, une « intuition » quelconque, ou encore, le plus souvent, quelque vœu de leur cœur, qu'ils ont fait passer préalablement au crible de l'abstraction (...). Chez un philosophe (...) rien n'est impersonnel, et sa morale surtout témoigne rigoureusement de* **ce qu'il est**, *car elle révèle les plus profonds instincts de sa nature et la hiérarchie à laquelle ils obéissent*

(...) sitôt qu'une philosophie commence à croire en elle-même. Elle crée toujours le monde à son image, elle ne peut pas faire autrement : la philosophie est cet instinct tyrannique lui-même, la volonté de puissance sous sa forme la plus spirituelle (...) l'ambition de « créer le monde », d'instituer la cause première.

Est-ce possible que le philosophe veuille recréer le monde ? Que lui reproche t-il ? J'aime la Terre. Est-ce possible que le civilisé soit une Bête qui veut devenir un Dieu tout-puissant... créateur ? Supposons-le. Mais alors, comment faire une culture-création de primate humain ?

Nietzsche ne se pose pas cette question. Il libère et cravache la Bête comme seul élan vital possible, celui de la Nature, comme seule manière d'être un homme, un civilisé, l'être joyeux.

L'Instinct de la Nature serait avant tout volonté (inconsciente) d'expansion, de puissance conquérante, cruelle, barbare, indifférente ; et le philosophe a pour mission de continuer cet instinct de création à titre individuel. Le philosophe n'est pas simplement un être humain qui indique des devenirs possibles que nous autres pouvons accepter ou refuser. Nietzsche a la responsabilité du devenir de l'humanité : soit des impuissants, soit des surhommes barbares-conquérants-prométhéens-prophétiques-jubilatoires de l'avenir !

La plus grande jouissance de l'existence consiste à vivre dangereusement ! Construisez vos villes au pied du Vésuve ! Envoyez vos vaisseaux dans les mers inexplorées ! Vivez en état de guerre avec vos semblables et avec vous-mêmes ! Soyez brigands et conquérants, tant que vous ne pourrez être vous-mêmes dominateurs et propriétaires, vous autres hommes de la connaissance ! (...) Enfin la connaissance va étendre la main sur ce qui lui vient en propre – elle désirera régner et posséder et vous régnerez et vous posséderez avec elle...

Admirable et insatiable désir de s'affirmer soi-même par la possession et le butin.

Quelle chance que, toujours selon Nietzsche, la femme n'existe que pour faire des enfants ou comme divertissement de la lourde tâche de l'homme, mais aussi, dit Charles, pour se donner à lui !

Le futur de l'humanité dépend donc de la sélection d'une race de surhommes. La dureté de la vie elle-même ne suffit pas – catastrophes naturelles, terres ingrates, manque de gibier, maladies, morts proches. Il faut exalter la haine, l'esclavage, le mépris, l'ascétisme. L'Allemagne doit retrouver ses qualités de barbares conquérants. Elle doit prendre en exemple les guerriers de la Grèce antique et les grands hommes de l'Ancien Testament.

Zarathoustra serait la réconciliation de Dionysos et d'Apollon.

L'individuation, la conscience de soi, serait le drame existentiel de l'homme, la cause et la source de toutes ses souffrances et de ses dégoûts. L'homme aurait inventé trois solutions pour l'inciter à continuer à vivre : la beauté-sérénité apollinienne, l'optimisme de la raison socratique, et la vitalité dionysiaque.

Apollon serait l'individu serein. Il s'est délivré de la souffrance existentielle en transfigurant le monde des hommes en visions-illusions de dieux jeunes, beaux, glorieux et immortels. Nietzsche a remarqué que les images du rêve sont indépendantes du niveau intellectuel et de la culture esthétique ; il parle donc de la pulsion-instinct de la beauté apollinienne. Charles ?

Socrate serait l'individu optimiste du progrès par la seule raison conduisant au bonheur pour tous. Il est hostile à la vie et à l'art. Charles ?

Dionysos incarnerait la souffrance existentielle de l'individuation. Celui qui, fou de douleur, retrouve *l'âme collective* entre les hommes et avec la nature, le danseur fou de joie de ne plus faire qu'un avec la vie universelle, l'*Etre en soi*. La fureur du désir d'exister qui jaillit et se répand tantôt avec le fracas du torrent, tantôt dans un murmure du ruisseau, l'ivresse du printemps, du jaillissement sexuel, et des breuvages narcotiques, du primitif, du barbare conquérant, du sauvage.

Devant la bestialité dionysiaque, Apollon se défend. Il se fait plus rigide, plus arrogant, plus guerrier, plus brutal. Combat qui, quelquefois, ouvre sur une alliance : la beauté apollinienne se laisse féconder par l'ivresse dionysiaque. Zarathoustra serait, comme le tragique grec, Dionysos spiritualisé par Apollon. Un prophète qui a retrouvé la voie pour l'humanité. Jean ?

Charles ? Un olympien optimiste ? Un scientifique qui travaille au progrès. Il n'est pas hostile aux arts. Il se repose dans le ravissement visuel devant la beauté des arts et de la femme, mais aussi devant un beau modèle, une belle idée. Charles ? Un scientifique apollinien ?

Zarathoustra me fatigue. *Par-delà bien et mal* me conduira vers les transes guerrières. Le Dionysos de *La naissance de la tragédie* m'évoque Jean. Il ne se racontait pas d'histoires de dieux glorieux et immortels. Il se passionnait pour les découvertes scientifiques, mais ne croyait pas que la science ferait le bonheur des hommes. Comme Dionysos, il pouvait échapper à la douleur par la danse. Néanmoins, comme Zorba, il dansait avant tout de joie. Jean ne se saoulait jamais ; il goûtait le vin. Il n'était ni puissant ni impuissant, ni excité, mais assuré. Il était un sensuel sexué. Jean n'était ni un défoulé, ni un conquérant, ni un prophète, et sûrement pas un solitaire. Sans amante, il déprimait. Dans mon souvenir, il était simplement libre de nos valeurs culturelles, amoureux de la vie avec une femme, masculin-féminin, généreux, curieux-émerveillé devant la complexité-beauté (les mystères) de l'univers, jaillissant, las ou rugissant. Il ne se plaignait pas de sa condition existentielle, mais des hommes et des femmes qui méprisent la vie.

Nietzsche : Seule la culture de la grande souffrance peut amener l'homme à se dépasser. Elle seule peut conduire à la joie ! La souffrance même n'est pas sans plaisir ! Là seulement, *la créature et le créateur s'unissent en l'homme. L'homme est matière, fragment, superflu, glaise, fange, non-sens, chaos* (!) ; *mais l'homme est aussi créateur, sculpteur, dur marteau, spectateur divin et repos du septième jour.* Aimer l'homme, c'est le faire souffrir pour qu'il devienne un dieu !

Retournement de son éducation rigide et marquée par la mort précoce d'un père pasteur dément ! La victoire sur une telle enfance ne peut-elle être que vengeance sur autrui et sur soi mêlée de masochisme ? Etrange aussi combien cet homme peut aimer la Nature sans aimer l'espèce humaine qui en fait partie !

Donc, si je comprends bien, l'homme, le vrai, a droit à deux joies : jubilation croissante de la victoire conquérante à venir... au sixième jour ; le septième, le dieu épuisé s'abandonne. Repos que Nietzsche appelle la *beauté*, la *bonté*, la *grâce*, l'*ineffable* ; que d'autres nomment le sentiment océanique, le ravissement jusqu'à l'extase ou le Soi. Enfin ses *muscles* sont *inactifs* et sa *volonté dételée : la dernière victoire sur toi-même*, où Nietzsche est enfin ému jusqu'aux larmes pour, le lundi, repartir à nouveau, plus haut, encore plus haut. La vie d'un homme, d'un vrai : bander jusqu'à tomber dans la plénitude. Charles est un homme de raison : *Qui n'avance pas recule...ou s'ennuie.* A un Parisien épuisé : « Vous ne pourriez pas vous arrêter de pédaler ? » – *Je vais tomber.* – « Vous pourriez tout simplement descendre de bicyclette et marcher. » Cet homme me regarde, paniqué.

La femme que je suis éclaterait de rire, si elle ne tombait dans la tristesse. J'ai beau lire et relire Nietzsche, contrairement à ce qu'écrit le philosophe Clément Rosset (4), il n'est pas le philosophe de la joie, mais un philosophe du désespoir de celui qui ne sait qu'être victorieux ou souffrir de non-être. Nietzsche a remarqué que, sans se fatiguer, la femme s'abandonnait à la plénitude. Il note une création féminine qui se laisse féconder (la femme et certains peuples). Mais Nietzsche se veut un mâle de la race des dominants, conquérants et grands géniteurs.

Il est vrai que, pour Nietzsche, la vie ne vaut que comme œuvre d'art. Il aurait aimé être compositeur de musique. Il précise qu'il parle des aristocrates, ceux capables de spiritualiser la bête en dieu tout-puissant créateur. Mais qu'est-ce qui va faire que l'un sublime et l'autre pas ? L'héritage du sang ? Etre aristocrate ou plus simplement être responsable, c'est avant tout, me semble-t-il, veiller à ne pas être récupérable par les dingues. Or, le moins que l'on puisse dire est que Nietzsche est ambigu.

Et un aristocrate peut refuser la surpuissance, sans accepter l'impuissance ou la démocratie-médiocratie. On peut, comme Nietzsche, en avoir par-dessus la tête des innombrables morts-vivants : ratiocineurs-moralisateurs-normalisateurs-utilitaristes-travailleurs qui n'aiment pas la vie, sans pour autant se suicider. On peut affirmer qu'il faut une résistance peu banale pour ne pas couler sous leur poids.

Néanmoins, résister, défendre la vie au prix de la sienne n'est pas synonyme de conquérir. Résister pour le droit de vivre tout simplement (et non de survivre) est sans transport. Démasquer quelques illusions, *oublis, erreurs* ou mensonges est aussi sans joie ; c'est le destin imposé au Moi par certains inconscients. Et c'est aussi peut-être le destin ou la responsabilité de la femme qui connaît trop cet homme qui, en scène, se prend pour un dieu, un maître ou un sage ? *Pourquoi me regardes-tu comme cela ?* Regard intolérable qui le fera convoler avec une pucelle. Le jour où l'homme et la femme éclateront de rire ensemble, la Terre se réjouira.

Et la vie n'implique pas des esclaves au service d'une élite, fût-elle de la connaissance ou de la création. Franchement, les pyramides, les temples et les gratte-ciel sont impressionnants, mais je m'en passerais volontiers. Je préfère danser, rire, travailler juste le nécessaire, admirer-découvrir l'univers, et construire un village qui se fond dans la beauté du paysage, ce que sait (savait) faire le peuple que Nietzsche méprise passablement, car sans *réelle* ambition. Un architecte : *Il est difficile à l'homme de ne pas se prendre pour Dieu.*

Jean chantait sa terre natale.

La vie n'est ni bien ni mal, mais cruelle ? Il est bien probable qu'un volcan en éruption ne fait pas de sentiment. Néanmoins, pourquoi l'homme devrait-il en rajouter ? Le fondement de la nature n'est pas hiérarchique, mais interrelationnel. Le dominant est maillé dans un interrelationnel. La sélection naturelle ne retient pas les plus forts, mais élimine les non-viables. La nature a inventé l'aptitude aux sentiments. L'être joyeux-émerveillé-tendre-sacré n'est donc pas contraire à la vie ; et le jaillissant n'est pas synonyme de conquérant.

On peut être résistant par simple amour fou de la vie. Comme Camus peut-être, nihiliste comme Nietzsche. Curieusement d'ailleurs, dans les *Noces*, il fait des clins d'œil à un Dionysos qui n'est pas un surhomme ! Camus palpite avec la terre, la mer, le soleil et la femme d'Algérie :

Nous marchons à la rencontre de l'amour et du désir. Nous ne cherchons pas de leçons, ni l'amère philosophie qu'on demande à la grandeur. Hors du soleil, des baisers et des parfums sauvages, tout nous paraît futile. Pour moi, je ne cherche pas à y être seul. J'y suis souvent allé avec ceux que j'aimais et je lisais sur leurs traits le clair sourire qu'y prenait le visage de l'amour. Ici, je laisse à d'autres l'ordre et la mesure. C'est le grand libertinage de la nature et de la mer qui m'accapare tout entier (5).

Une amie, soixante-dix-huit ans, comédienne, éclatante. Je l'écoute : *Petite, Cendrillon et Blanche Neige m'ennuyaient.*

Ce n'est pas le bonheur qui m'intéressait, mais la vie. Alors, je me suis dit : moi, je serai la chèvre de monsieur Seguin, au risque d'être mangée par le loup ; d'ailleurs, le loup ne mange pas les cornes. Je la regarde se laisser habiter par ses personnages, devenir autre. Je suis un peu ridicule avec mon amant unique ; malheureusement, on ne refait pas un tempérament absolutiste. Cette femme me dit encore : *Crois-tu que je puisse encore trembler pour un homme ?* Elle se lève d'un bond, ouvre grande la fenêtre, met une cassette et danse, les yeux fermés, sur la voix d'Armstrong.

Je ne sais pas si vous connaissez les chèvres ? Elles sont libres et, néanmoins, extraordinairement affectueuses. Je les jalouse ; elles sont moins graves que Cendrillon, Blanche Neige ou la Belle au Bois Dormant, et plus jaillissantes aussi. J'ai une autre amie chèvre qui associe librement des ingrédients culinaires, des cartes de tarot, des pensées classées usuellement dans des champs séparés, des personnes hétéroclites... jusqu'à provoquer des éclats de rire.

Je me demande ce que ressent le couple de seiches géantes qui, au fond du lagon, bouche à bouche, enlacent leurs tentacules, pâlissent, avec des yeux qui se réduisent à deux fentes ? Et le couple pour la vie de gibbons ou de canards colverts ? Même les macaques, pourtant passablement hiérarchisés, dorment blottis au chaud les uns contre les autres. Une femme sans amant, avec du sexe hygiénique et de la spiritualité, sur un ton méprisant-maîtrisé : *de la chaleur animale.*

Néanmoins, l'amour de la vie-beauté de Camus nécessite de mourir jeune. L'amour-tendresse de la vie-amour a une qualité particulière : il transfigure même la vieillesse... et, malheureusement, les hommes ventrus. Seulement cette tendresse n'a pas du tout envie de se faire appeler *maman.* Elle est sensuelle-sexuelle. Elle se réjouit de l'homme qui bande, sans réduire le jaillissant au sexe. Elle ne se prive pas non plus de la joie victorieuse et de celle de la colère, mais pas celles de Nietzsche.

Chez Paul, un bon restaurant près du Pont des Arts. Un couple aux cheveux très blancs, plus de soixante-quinze ans, élégant, rayonnant. Je ne peux plus résister. « Excusez-moi, vous vous connaissez depuis longtemps ? » (*Deux éclats de rire.*) – *Depuis presque quarante ans.* Ils sont peintres. Ils habitent au quatrième étage sur le quai de la Seine, dans un atelier que j'imagine avec deux chevalets, deux fauteuils en osier, des toiles partout et un immense lit. Chacun décrit, débordant d'admiration, la peinture de l'autre. A celui des deux qui exprimera au mieux la richesse du ciel dans ses rencontres avec l'eau. Lui regrette de perdre l'usage de ses jambes : *Je ne pourrai plus vous serrer dans mes bras. – Ne vous inquiétez pas, nous nous aimerons doucement.* – « Et la colère ? » La femme : *Evidemment, des discussions sans fin, il ne comprend rien à la littérature. Mais quelle joie !* (Son homme sourit malicieusement.)

Nietzsche est seul, sans amante et sans amis. Charles : *Je suis autonome.* Nietzsche : *Jouir de la condition divine qui est de se suffire à soi-même, comme de la force de se racheter soi-même qui est propre à un dieu (...), trouver en soi-même le rassasiement et l'abondance.* Joie d'être volonté de puissance conquérante, jusqu'à la mégalomanie, avant d'exploser-imploser à quarante-quatre ans.

Un homme qui écrit encore : *Mieux vaut être fou de bonheur que fou de malheur.*

Nietzsche ne s'est pas risqué pour rien. Il m'indique que son chemin est une impasse pour l'humanité. Malencontreusement, d'autres ont cru que l'union ferait la force de conquête.

Tandis que je me questionne sur Nietzsche prophète, je reçois « par hasard » une cassette d'un homme lucide, dans la soixantaine, rejeté depuis sa naissance du fait d'une difformité. Cette invalidité physique donne un double drame bien réel : aucune femme et pas de diplôme. Un homme qui se contrôle, car il sait que, pris par notre transe, il peut être envahi du désir violent de posséder ou de tout détruire. Un témoignage qui dit tout de l'homme qui se sent tout-puissant, dans une remarquable concision.

Quand j'étais en pleine période d'effervescence, à la fin de mon adolescence, je faisais des voyages presque quotidiennement. Je me croyais le roi du monde. Ce n'est pas une simple formulation. J'étais le roi du monde. Des expériences avec une intensité, surtout quand je pensais à un moment donné qu'une femme pouvait me correspondre. Alors là, comme les Grecs, j'étais dans une transe permamente. Je n'ai pas perdu mes facultés, mais il se peut qu'aujourd'hui, elles n'aient plus l'intensité, la profondeur. La diminution de mes capacités intuitives, extra-sensorielles, paranormales a coïncidé avec le fait que j'ai commencé à beaucoup moins croire qu'une femme pouvait m'aimer.

Pendant ces périodes de transe, je croyais que j'étais le Messie, le Bon Dieu, Jésus incarné, tous les avatars, tous les grands hommes de l'histoire. On est mégalomane quand on est en transe. On est tout à la fois le Bouddha, le Christ, les avatars, les messies, les prophètes, les grands savants ; on se croit tout parce qu'on devient eux. Et pourtant on est là dans l'existence quotidienne : anonyme, un peu frustré bien sûr... J'aurais aimé voir mon nom dans le Larousse. On n'est pas tout à fait équilibré... Le médiocre, c'est un homme normal, équilibré. Alors, pour ne pas être médiocre, je préfère être anormal, pathologique, mégalomane. Ca me fait plaisir, et ça me rend malheureux. Si je m'attribue, à tort ou à raison, des facultés fantastiques, extra-sensorielles, une lucidité intuitive en dehors du commun des mortels, capable de lire le grand ordinateur qui dirige l'univers, capable de me donner la réponse que je désire, même la plus difficile... et pourtant la nature a mal fait les choses. Je pense que j'aurais pu être autre chose. Aujourd'hui, je ne crois plus que je vais changer d'existence. Je n'ai pas de diplôme, ce que je dis n'est pas crédible. Aucune légitimité quelle qu'elle soit. C'est la vie... Même les fous ont le droit à la gaîté. Je ne suis ni malheureux ni heureux !

Un dernier témoignage d'un homme, diplômé, mathématicien, reconnu comme philosophe, estimé par Nietzsche, sans amante (6). Lui aussi va rencontrer la (sa) joie, au cours d'une nuit de feu, à l'âge de trente et un ans ; Mémorial qu'il garda toute sa vie sur un papier cousu dans la doublure de ses pourpoints :

+

L'an de grâce 1654

Lundi 23 novembre jour de saint Clément pape et martyr
et autres au martyrologue.
Veille de saint Chrysogone martyr et autres.
Depuis environ dix heures et demie du soir jusques
environ minuit et demie.

Feu

Dieu d'Abraham, Dieu d'Isaac, Dieu de Jacob,
non des Philosophes et des savants.
Certitude. Certitude. Sentiment. Joie. Paix.
Dieu de Jésus-Christ.
Deum meum et Deum vestrum.
Ton Dieu sera mon Dieu.
Oubli du monde et de tout hormis Dieu.
Il ne se trouve que par les voies enseignées dans l'Evangile.
Grandeur de l'âme humaine.
Père juste, le monde ne t'a point connu, mais je t'ai connu.
Joie, Joie, Joie, pleurs de joie.
Je m'en suis séparé. ________________________
Dereliquerunt me fontem aquae vitae.
Mon Dieu, me quitterez-vous ?
Que je n'en sois pas séparé éternellement.
Cette vie est la vie éternelle qu'ils te connaissent seul vrai
Dieu et celui que tu as envoyé J.C.

Jésus-Christ ______________________________
Jésus-Christ ______________________________
Je m'en suis séparé. Je t'ai fui, renoncé, crucifié. __________
Que je n'en sois jamais séparé ! ____________________
Il ne se conserve que par les voies enseignées dans l'Evangile.
Renonciation totale et douce.

(Soumission totale à Jésus-Christ et à mon directeur.
Eternellement en joie pour un jour d'exercice sur la terre.
Non obliviscar sermones tuos. Amen.)

Pascal vit une crise existentielle : perdu devant sa condition de mortel ; perdu encore entre l'infiniment grand et l'infiniment petit ; et en conflit entre ses aspirations jansénistes et mondaines libertines. Son illumination le guérit en lui révélant ce qu'il rêvait de croire, comme *Zarathoustra* et *Par-delà bien et mal* révèlent le Dionysos apollinien du premier écrit de Nietzsche. L'un et l'autre ne douteront pas de leur vérité, même si le premier l'appelle joie d'Etre surhomme... créateur et le second joie d'Etre fils de Dieu tout-puissant... amour.

Pascal délaisse la raison bonne pour l'étude du monde physique et prend la voie du cœur que la raison ne connaît pas, tout en écrivant que l'inspiration mathématique et l'inspiration mystique sont de même nature. Malheureusement, le cœur doit vouloir dire, comme pour Nietzsche, la voie de la bravoure et de la conquête. Pascal aussi combat avec dédain et violences verbales les impies qui refusent de suivre le dur chemin qui permet d'être digne de Dieu tout-puissant... amour... possessif.

Pascal a une sensibilité nerveuse du type de celle de Nietzsche et de Pierre. Il est fragile dès l'enfance. A partir de dix-huit ans, il souffre de crises migraineuses, de dépression, de douleurs diverses, de paralysie, peut-être même de véritables crises d'épilepsie limbique. Mais Pascal est avant tout un grand homme. Ces souffrances sont signes de Dieu pour éprouver sa foi. Il en rajoute donc en se mortifiant autant qu'il peut, et pas sans plaisir, note sa sœur. C'est assurément là plaisir de Dieu, du cœur et non du diable, du corps. Le corps est méprisable.

Pour Etre, il faut tuer, sacrifier... le corps, la raison, le cœur-tendresse, les religieux ou les impies, peu importe. C'est la vie... d'un homme, un vrai. Charles : *J'aurais aimé être un grand homme, comme Darwin.* – « Il y a perdu le goût de l'amour et de la musique. » Charles : *Tout se paie* (!). Travailleur, Darwin a trouvé que la vie obéissait à un principe économique-utilitariste-fonctionnaliste-compétitif. Danseur pacifiste-amoureux-émerveillé-ému, il aurait découvert qu'elle est avant tout généreuse. Merleau-Ponty : *Jaillissement immotivé du monde* où ce qui est donné l'est *sans raison* et *sans pourquoi* et qui s'est offert, en plus, les moyens de se conserver (7).

Un peu de raison.

Nietzsche et Pascal : *Rien à voir avec la raison. La philosophie, pas plus que la science, n'est la recherche du savoir et/ou de la sagesse par la révélation.* Frisson d'une espérance de chemin de Vérité, surtout que je suis fatiguée de lire ces lettrés. Non parce qu'ils sont prophètes, mais parce qu'ils clament une Vie qui est en fait la grande ruse de Thanatos.

Sérieusement, qu'est-ce qu'un humain ? Un homme ? Une femme ? La raison, la passion, la volonté, la liberté... tous les grands mots de Charles, d'après nos grands philosophes de la raison ?

J'aime lire directement les auteurs dans le texte. Malheureusement, les philosophes ont souvent tendance à écrire dans un langage sérieux jusqu'à l'abscons et/ou sur des centaines de pages. Il faudra bientôt lire toute une vie pour apprendre comment vivre ? (Ou peut-être lisons-nous par peur de vivre ?) Alors je débroussaille ces questions en survolant un « maître », Jostein Gaarder qui, grâce aux médias, enseigne la philosophie à plusieurs millions de Sophie (8).

Retour en classe terminale, si ce n'est que mon professeur était une femme qui parlait de la raison d'une voix atone, assise les jambes écartées, les seins sur le ventre, le cheveu gras et droit. Pas de culture, pas de transmission sans élégance et sans passion de la transmission. Mais mieux vaut que les bêtises ne passent pas.

Le catéchisme. En Grèce, 600-400 avant Jésus-Christ : le début de la révolution, la véritable naissance de l'homme *sapiens*. Pour les femmes, il faudra attendre le XXe siècle. Rupture avec les mythes, des histoires liées à la culture paysanne, qui expliquent tout, le monde et l'humain, par des histoires de dieux. Rupture aussi avec le destin ou la fatalité où tout dépendait des caprices des dieux. Quelques hommes de la Cité inventent un nouveau mode de pensée fondé sur l'observation et la raison, cherchent des causes naturelles et prennent en main le devenir de l'humanité, aidés bientôt par le judaïsme, le gardien du monothéisme (de la vérité unique tombée du Ciel) et de l'histoire (du temps linéaire). Xénophane (-570) est le premier Grec connu à critiquer la réalité des dieux : *Les hommes ont créé les dieux à leur image.* A la même époque, Parménide emploie indifféremment le mot de Dieu ou *Logos* synonyme de raison... ou loi...universelle. Apparaissent ainsi la philosophie (recherche de la sagesse synonyme de savoir... rationnel), l'histoire et la médecine gréco-occidentales.

Socrate (470-399) devient le fondateur de la philosophie, grâce à l'un de ses élèves, Platon. Même si Platon est encore pris dans le destin, Socrate est un fondateur qui ne sait rien, mais qui est curieux de tout et dont les descendants sauront. C'est l'histoire des idées synonyme de progrès. Si Socrate entend encore une voix, c'est celle de la conscience avec une foi totale en la raison. Socrate est le premier homme mort par amour de la raison.

Et c'est ainsi qu'un nouveau mythe est parti... intégrant probablement des mythes plus anciens. Non, pardon, et c'est ainsi que l'homme sortit du Mythe !

Nietzsche ne s'est pas risqué pour rien. Entre lui et Charles, j'apprends à lire la raison.

Je doute qu'en cessant de parler des dieux et de Dieu, l'homme de raison ait cessé d'être mythique. Je suis d'accord : l'être humain a créé des dieux à son image. Mais ce qui m'importe est cette image. Il existe plusieurs définitions du mythe. Je le prends comme manière collective, culturelle d'Etre... un homme ou une femme, de se sentir exister, de jouir ou d'être ravi. Nietzsche : *Ni Dieu ni maître.* Le surhomme est Dieu tout-puissant conquérant. Que disait mon architecte ? *Il est difficile à l'homme de ne pas se prendre pour Dieu.* Cette manière d'être de Nietzsche est donc un désir banal au moins dans notre culture, un mythe. Il détermine jusqu'à l'interprétation de la nature : elle est comme Nietzsche, toute-puissance conquérante. Cendrillon aussi est un mythe. Quand elle romantise, elle croit que la nature est amour, que le soleil se lève chaque matin pour elle, pour les humains, pour les... rossignols. C'est tout aussi faux, mais non ravageur.

Il est vrai que le philosophe ou le scientifique cherche des causes naturelles aux phénomènes, mais si la manière dont il les cherche et ce qu'il trouve dépendait de ses mythes ? Le fonctionnalisme de Darwin, la générosité de Merleau-Ponty ? D'autres exemples : quel rapport existe-t-il entre le destin et l'entropie ? Entre l'espérance ou le mythe mort-renaissance et un trou blanc au bout du trou noir ? Entre l'espérance ou la mort-renaissance et un nouvel ordre à partir du chaos ?

La seule question qui m'occupe est l'Etre. Qu'est-ce que

l'être humain pour nos grands hommes de raison ? Ce qui revient donc à se demander quels sont leurs mythes ?

L'essentiel de Gaarder.

Il s'agit de la raison comme on dit Dieu, et non de ma raison ou, au moins, de celle de ma culture, dans un travail de réduction ou d'épuration pour trouver le vraiment fiable. Un travail masculin. La raison doit l'emporter : elle est ou sera universelle. La raison est le monde des idées abstraites et objectives, tout particulièrement des mathématiques, seule chose absolument certaine*. Il s'agit de construire une demeure... Non, pardon, une représentation idéatoire du monde vraiment fiable. Une construction qui ne peut se faire sans méthode : la logique de non-contradiction ou exclusive (le *logos* : blanc ou noir, masculin ou féminin, bien ou mal, vrai ou faux) ou dialectique (thèse, antithèse, synthèse qui est en fait parti unique). La raison est le vrai, le réel, le juste, le beau, le bien. Tout le reste est donc le faux, le laid, le mal. La raison est la connaissance monothéiste ou monoathéiste. L'homme atteint la raison-vérité par l'amour et, surtout, par la volonté synonyme de courage.

Plus haut, plus haut la Vérité ! Moi qui suis allée au Ciel, je peux vous l'assurer : il n'y a rien, si ce n'est toujours des rêves, des cauchemars et des mythes. Souvent, la Raison s'appelle aussi Intelligence, Ame, Dieu ou Nature. Au XIXe siècle, avec le pouvoir de l'industrie et la force de la Nation, la raison (d'Etat) se passe de la protection-puissance

---

* Ma pensée se promène. Si les calculateurs prodiges étaient maîtres du monde ! Si les ordinateurs prodiges rendaient tout mesurable, le monde serait parfait, comme la mort. Le Dieu ordinateur de l'univers, le plus grand des architectes. De nombreux calculateurs prodiges sont psychotiques. Peut-être, pour ces patients, une hypertrophie du calcul est-elle leur manière de fiabiliser le monde ? L'assurance par les chiffres et la mesure ? Pas si fiable que cela. Un petit accident cérébral gauche et hop, disparue. Il faudrait voir si les patients hommes en souffrent plus que les femmes ? Malheureusement, souvent, l'acalculie s'accompagne d'une aphasie... Néanmoins, l'essentiel de Pythagore est conservé : la reconnaissance de la musique... des sphères assurée par l'autre hémisphère.

de Dieu le Père. Il est d'ailleurs étonnant de voir combien les mêmes mots – raison, dieu, nature, âme, passions, etc. – peuvent être employés dans des sens différents, ou comment l'homme peut jouer, consciemment et inconsciemment, avec les mots. Il faudrait écrire un livre d'histoire des mots courants. Les théologiens sont aussi doués de raison. Ils l'appliquent aux textes sacrés et aux affaires de l'Eglise, et affirment que la foi et l'espérance sont supérieures à l'expérience... mystique.

Dieu est masculin/féminin, tout-puissant... amour. A y regarder d'un peu près, il semble en être de même pour la raison : une raison défense et une raison amante. La première est une forteresse qui protège, grâce à la logique de l'exclusion, des multiples dangers, tentations incluses. On se barricade dans cette raison, mais on ne peut pas vivre sans amour, et la raison-dieu est assurément ce qui est de plus fiable. Alors, assez souvent, bien protégé dans la raison virile, cet homme se laisse séduire ou, plus encore, tombe amoureux...non, pardon, l'homme, le vrai, de raison ou pas, tombe amoureux de la femme, tombe dans le péché, dans la petite mort du sommeil et de l'hypotension ; sinon, il reste debout. Cet homme entre en amour de la raison-féminin, d'un beau modèle ou d'une belle idée. L'extase intellectuelle dont Gaarder ne dit mot. Il faut donc reprendre les auteurs. Même la raison dialectique n'échappe pas à notre amour de la vérité monothéiste ou monoathéiste, peu importe. Ouvrons la fin de *Phénoménologie de l'esprit* de Hegel, philosophe allemand du XIXe siècle, comme Nietzsche, et qui inspirera le paradis terrestre de Engels et Marx : *L'Absolu seul est vrai ou le Vrai seul est absolu* (...) A force de courage et de ténacité (l'Histoire), *la lumière de la conscience brillera de mille feux* et *l'individu se réalisera lui-même. L'esprit annihilera le Temps. Saisi d'une ivresse divine, il connaîtra le repos suprême.* Quelle différence avec Nietzsche-Zarathoustra ou le repos de Dieu tout-puissant au septième jour ? Le travail ?

L'étymologie du mot page est le champ. Ecrire, c'est cultiver son champ. Les mythes, écrit Gaarder, sont des élucubrations paysannes. Je crois plutôt que, assis à son bureau, l'homme perd le nord, ce que des paysans (et des poètes), animistes par les vents, les eaux, les terres..., nomment le bon sens. Un paysan français de quatre-vingts ans, anarchiste, rude, caustique et plein d'attentions discrètes : *Comme les plantes, l'homme meurt, inutile de se raconter des histoires*, ou *Qu'est-ce qu'ils se croient ? Qu'ils vont faire plus beau que la nature ?*

Les lois de la raison sont d'origine spirituelle, génétique ou historique. Son contenu – les idées et les nombres – est d'origine spirituelle, sensorielle (dans ce que le monde a de mesurable) ou historique. Son contenu est, il suffit de se brancher correctement, ou il s'acquiert par l'expérience et l'éducation, ou encore il est forgé par l'Histoire... économique. La raison naît avec le cerveau, ou elle est nature, ou encore Dieu supra-naturel incarné dans une prison avec la Bête. Les humains sont inégalement doués d'intelligence, en fonction de leur incarnation précédente, de leur génétique, de leur sexe, de leur éducation, de leur volonté ou de leur évolution historique.

Finalement, une chose certaine : les grands philosophes sont les élus, les plus intelligents, les plus rationnels (*logos* de l'exclusion) ; des hommes blancs, citadins, bien nés, de volonté, et détenteurs, chacun, de la vérité.

Toujours si j'ai bien lu Gaarder. Seraient méprisables ou, au mieux, non fiables, le corps dans tout ce qu'il a de non mesurable et reproductible (prévisible), les désirs et les émotions (les passions ?) à l'exception de l'amour de la raison-dieu et du courage-volonté qui sont des vertus*. Charles :

* Pour l'amour de l'Amour, il faut écouter les opéras, mais prenez garde, ils finissent toujours tragiquement. Pour l'amour joyeux, ne restent que les opérettes, un *art mineur* de bergers et de bergères.

Vous ne vous rendez pas compte combien c'était insupportable de ne pas maîtriser ce sexe qui s'agite pour un rien. Et si on cultivait ce sexe, au lieu de le maîtriser, mépriser, refouler ou exalter ? Une mère avec son fils âgé de huit ans : *Je le lave, mais je ne touche pas son sexe.* Charles, un autre jour, comme dans un rêve d'immortalité : *C'est merveilleux, bientôt nous saurons remplacer chaque pièce défecteuse du corps humain.* Décidément, Charles manque d'ambition : une Terre entièrement couverte de méga-termitières contrôlées par une poignée d'hommes-dieux puissants penseurs, résidant dans un petit paradis céleste. Dans les termitières, des ouvriers prennent soin de millions de bocaux bien rangés sur les rayons. Dans les bocaux remplis de liquide nourricier, des cerveaux branchés sur des mondes virtuels...Un jeune citadin de vingt-trois ans, Bac plus quatre : *Le monde virtuel, ça sera comme la réalité, les moustiques en moins.* Fi de la sensualité, des maraîchers, des tribus, des artisans, de la terre, avec de l'amour sur mesure : un monde vraiment fiable !

Gaarder ne dit rien sur les humeurs et les motivations et presque rien sur l'importance de l'imagination et de l'intuition en philosophie.

La révélation serait mystique, avec une mystique réduite au monothéisme et au bouddhisme. *Plotin eut quelques fois la révélation que son âme fusionnait avec Dieu. C'est ce que nous appelons une expérience mystique. La sensation que l'on ne fait qu'un avec Dieu, l'âme du monde ou la nature universelle. Elle est rapportée par des personnes de tous les temps et de toutes les cultures.* Mais une telle expérience mystique n'arrive pas toujours d'elle-même. Le mystique doit souvent suivre le *chemin de la purification et de l'illumination* à la rencontre de Dieu. Ce chemin consiste en un mode de vie ascétique et en diverses pratiques méditatives. Et un jour survient où le mystique atteint son but et peut enfin crier : *Je suis Dieu* ou : *Je suis Toi.*

Quant à la femme, ou elle est incurable ; ou elle serait son égal si on l'éduquait... à penser comme lui !

Que fait la femme à l'Université ?

Pauvre Gaarder ! Et surtout, pauvre Sophie ! Cinq cent quarante-trois pages, cinq jours de vie ! Mieux aurait valu pour elle de rencontrer un ethnologue (qui aurait secoué un peu ses propres mythes). Ce n'est pas par hasard que Gaarder résume Nietzsche en trois phrases laconiques. Sophie ne saura rien du désespoir d'amour pour de grandes idées devant les camps de redressement ou d'épuration, de l'impuissance des idéologues (des amoureux des grandes idées), jusqu'à la naissance d'une nouvelle forme de pouvoir non plus dur, mais en réseau planétaire. La raison qui n'ose plus se montrer autoritaire et conquérante se transforme en pensée molle, beaucoup plus rusée pour une colonisation-uniformisation mondiale par réseau. Même plus de débats d'idées. Le savoir se montre gentil, souple, branché, câblé, charitable ou compatissant.

Qui se questionne sérieusement sur la thèse de Nietzsche : l'essentiel de notre *civilisation supérieure* est cruauté raffinée ?

Même si Sophie se demande deux ou trois fois à quoi tous ces grands discours peuvent servir, si elle aimerait entendre parler de la vie et de l'amour, jeune fille, elle est évidemment séduite par le savoir du maître.

Si Gaarder pense, probablement à juste titre, que le lecteur néophyte ne peut digérer un cours sur *sophia* que bercé par une histoire, pourquoi n'a-t-il pas simplement raconté la déraison des grands philosophes ? Si ce n'est parce qu'il est lui-même pris par le mythe de la raison, au point de falsifier son histoire.

Je ne pense pas me tromper en écrivant que Gaarder, seul

dans sa raison-morale forteresse, rêve de fusion avec un Dieu et/ou Nature Amour...Encore que... peut-être se rêve-t-il aussi un peu plus puissant... Je ne rêve pas d'être sa femme.

Légère culpabilité. En fait, j'exagère un peu. Les quatre-vingts pages philosophiques de Gaarder m'ont été bien utiles. Cet auteur est globalement un bon vulgarisateur des idées, seulement dépourvu de réflexion critique, comme tant d'enseignants. Une note d'espoir pourtant, vers la fin de ce livre : *Les philosophes écologistes problématisent la pensée même du progrès. A la base, il y a l'idée que l'homme est « supérieur », qu'il est le maître de la nature. Cette pensée se révèle extrêmement dangereuse pour la survie de la planète.* Ces philosophes, en étudiant les peuples traditionnels, cherchent la trace de ce que nous avons perdu...

Heureusement, à vingt ans déjà, je savais que les scientifiques sont plus intelligents que les philosophes. Il y a peu d'années, quand on osait encore affirmer ce que l'on pense, on pouvait lire dans l'introduction de nombreux livres scientifiques : la philosophie ? N'importe quoi dans des raisonnements spéculatifs interminables. La science, au contraire ou mieux que l'empirisme du XVIIIe siècle, est la connaissance, expérimentale, objective et progressive. Les savants nous rapportent le monde tel qu'il est réellement. Eux ne sont que les fidèles serviteurs de la réalité-vérité par la seule voie (voix) de la raison, car les sciences ne reposent que sur des faits avec des mesures indiscutables, surtout depuis que Galton (XIXe siècle) a inventé les statistiques. De plus, leurs théories sont strictement tirées des faits.

La meilleure preuve en est justement l'Intelligence, une *chose* localisée dans le cerveau, parfaitement mesurable et qui classe les populations et même les individus selon une hiérarchie indiscutable.

Globalement, les scientifiques utilisent indifféremment les termes d'intelligence, de raison, de pensée, de raisonnement, de réflexion, de logique... nécessaire, pour découvrir la vérité-réalité. Et l'intelligence comme ruse n'est pas une *chose* dont on parle. Encore que... on peut lire que les chimpanzés et même les macaques japonais sont intelligents. La preuve ? Ils mentent sciemment. Donc, si votre enfant ment beaucoup, c'est bon signe ! Moi, je regarde le mimétisme animal, végétal et humain, et je me dis que la nature est vraiment d'une intelligence incroyable. Et il me semble que nous serions plus heureux à simplement l'imiter au lieu de refaire le monde à notre manière intelligente, conquérante, hiérarchique et donc exclusive.

L'intelligence est cette *chose* qui permit aux professeurs, essentiellement des femmes, de m'orienter vers l'apprentissage de la coiffure, ce qui n'aurait pas été un mal : j'aurais acquis au moins un savoir-faire concret. Cette *chose* qui m'a fait entrer à l'Université. Cette *chose* qui, trop longtemps, m'a fait regarder avec condescendance les non-universitaires ; ce qui ne m'empêchait nullement d'aller me ressourcer dans les folklores synonymes de folklo et de me croire de gauche.

Charles : *Je dois aller travailler.* – « Les intellectuels feraient parfois plus utile de gratter la guitare » – (...) *Il faut bien passer le temps.* – « Mais alors pourquoi rêver d'immortalité ? » – *Vous êtes impossible.*

Alors, voyons à quoi de nombreux scientifiques, depuis 1850, pendant plus d'un siècle, et plusieurs encore aujourd'hui sacrifient toute leur vie et même celles de beaucoup d'autres ? A la mesure du critère absolu de l'Intelligence, au classement des êtres humains selon des bases objectives, à exposer magistralement les preuves dans les congrès et sociétés d'anthropologie et à écrire de nombreux articles et volumes sur la répartition de la raison-intelligence.

Ces chercheurs mesurent la capacité crânienne, la partie antérieure du corps calleux (bande qui relie les deux hémisphères cérébraux), l'indice céphalique (rapport entre la largeur et la longueur du crâne), la position du trou occipital (ouverture à la base du crâne), la vitesse de fermeture des sutures crâniennes, la grosseur du mollet, la longueur des bras, l'arête du nez et autres critères anatomiques, la sensibilité à la douleur, des indices émotionnels et même artistiques, le nombre de chromosomes Y, le gène de l'errance... et enfin, le quotient intellectuel.

Le critère choisi fait ses preuves et, s'il se trouve ensuite infirmé, il est remplacé par un autre, et un autre encore. Il est prouvé que l'homme blanc de profession libérale, le civilisé, a évolué à partir de la Bête-sauvage-faible-d'esprit, théorie à peine révisée aujourd'hui, en dépit de la découverte des Bonobo, une espèce de primates ressemblant aux chimpanzés, coiffés la raie au milieu. Lorsqu'il y a risque d'agressivité, quels que soient leur âge ou leur sexe, ils se caressent gentiment les genitalia, sans nécessairement s'accoupler, jusqu'à plisser des yeux ; comportement que certains médias ont transformé en orgie sexuelle. Il est prouvé que l'Intelligence siège dans la partie frontale du cerveau, selon la théorie déjà répandue en 1906 et toujours valable aujourd'hui que *le meilleur est à l'avant.*. Il est prouvé que l'ontogénèse récapitule la phylogénèse avec un enfant blanc masculin qui passe par les différents stades des primitifs adultes, récapitulation qui est infirmée. Il est prouvé que la néoténie (persistance des caractères juvéniles comme critère d'évolution) est maximale chez l'enfant blanc, masculin, de classe supérieure, les autres atteignant la maturité plus rapidement, différence qui est infirmée.

Cependant, cependant...toutes les études s'accordent sur l'essentiel. Que cela nous plaise ou non, nous sommes, paraît-il, obligés de nous soumettre aux faits : il existe une hiérarchie raciale, sexuelle et professionnelle de l'Intelligence-moralité, hiérarchie fixée inexorablement par l'hérédité-Nature ou, pour quelques savants, améliorable par l'éducation (exactement ce que j'ai lu chez les philosophes de Gaarder). Tout en bas de l'échelle, juste après les grands Singes (noirs), les primitifs noirs, les criminels, les prostitués et même les femmes en général, les alcooliques, les malades mentaux, les idiots ; entre les deux : les juifs ; et tout en haut, les civilisés teutons, français et anglo-saxons, de sexe masculin, scientifiques ou hommes d'action.

Les études les plus sérieuses sont incontestablement celles sur le QI (avec une distorsion totale de l'intention de l'auteur de ce test, Binet) puisqu'elles portent sur 1 750 000 recrues pendant la Grande Guerre. Osborn, administrateur de l'Université de Colombia et président du Musée américain d'Histoire naturelle, écrit en 1923 : *Je pense que ces tests valaient ce que la guerre a coûté, même en vies humaines, s'ils ont permis à notre peuple de se faire une idée exacte de l'intelligence que l'on trouve dans ce pays et des degrés d'intelligence des différentes races qui nous arrivent, d'une manière que personne ne peut taxer de partialité (...). Nous avons ainsi appris que le Noir n'est pas comme nous. Quand aux nombreuses races et sous-races d'Europe, nous avons découvert que certaines d'entre elles, dont nous avions cru qu'elles possédaient une intelligence peut-être supérieure à la nôtre, nous étaient de beaucoup inférieures.* Et dans la même année, une autre notoriété américaine écrivait : *L'auteur ne présente pas des théories ni des opinions, mais des faits. Il nous appartient de prendre en compte leur validité et leur signification, car aucun d'entre nous, en tant que citoyen, ne peut se permettre d'ignorer la menace que la dégénération de la race et l'immigration font peser sur le progrès et le bien-être de notre nation.* Que pense le civilisé en 1996 ?

Tous ces durs travaux eurent comme conséquence de valider l'esclavage, la déportation à vie, la stabilité sociale avec des masses laborieuses pour le progrès de l'industrie, la peine de mort, l'exclusion des écoles, la ségrégation, la stérilisation des faibles d'esprit, les industries d'extermination et les camps de redressement par le travail nombreux depuis le XVIIIe siècle (9).

Cela se serait fait sans la philosophie et la science, car la supériorité du blanc masculin teuton, français ou anglo-saxon, chrétien, de classe supérieure, correspondait à l'opinion des élites. Mais tout cela pourrait être évité par un peu d'intelligence animale.

La conclusion de tant de paroles de raison : les hommes sont trop similaires génétiquement pour expliquer les différences. Les différences sont culturelles.

C'est le biologiste et historien des sciences Stephan Jay Gould qui a mené une véritable enquête policière sur cette *Mal-mesure de l'Homme* (10). Il dénonce plusieurs mythes qui prennent avec cet auteur la définition de fausses croyances. La science n'est pas objective. Le scientifique n'est pas un robot programmé pour recueillir de pures informations. Il est fasciné par les chiffres et les statistiques comme critères d'objectivité absolue, illustrés par la phrase du psychologue Terman (1906) : *L'ethnologie montre que le progrès racial est étroitement parallèle au développement du traitement des concepts et des rapports mathématiques.* Il croit qu'il progresse vers la vérité-réalité absolue, alors que c'est l'homme qui sélectionne pour faire une histoire positive, en progrès. L'interprétation scientifique n'est pas non plus objective. Le scientifique est pris de la tendance irrésistible de transformer les concepts abstraits en entités comme *l'ensemble merveilleusement complexe des facultés humaines en une chose unitaire, l'Intelligence.* La classification et la hiérarchisation selon une échelle unique de valeurs ne sont pas non plus objectives. Enfin, il est faux de croire que la science peut assurer sa propre police.

Gould trouve dans ces études quantités de trucages à tous les niveaux : sélection des échantillons, méthodes de mensuration et de traitement des données, interprétation des résultats... Trucages essentiellement inconcients, qu'il attribue au fait que l'homme de science est nécessairement un homme de sa culture, avec ses préjugés... (ce à quoi on peut ajouter que le désir de s'opposer à une croyance sociale établie peut entraîner les mêmes trucages). Il est donc mythique, illusoire, de croire que les résultats sur l'intelligence sont une *erreur* historique et que, cette erreur une fois dénoncée, les scientifiques peuvent reprendre le chemin du *vrai, juste et beau.*

La supériorité de l'homme blanc universitaire, un préjugé ? Et si c'était carrément un mythe-manière culturelle d'être ? Avec un vent qu'il a lui-même fait tourner : le plus intelligent aujourd'hui est assurément *homo economicus* incroyablement rusé, blanc et même international, scientifique-technique-applicable-rentable-vendable : le prétendument utile... au bien-être de l'humanité.

La philosophie et la science ne sont pas à rejeter. Elles sont à replacer à leur juste place. Inventions humaines au même titre que les arts, grands ou populaires, et la littérature. Le philosophe et le scientifique : des êtres humains, pas plus mais pas moins, aussi essentiels que l'horticulteur, le paysan, le cuisinier, le littéraire, le musicien, le voyageur... homme et femme. Le patron d'une grande entreprise : *Il est normal que le salaire soit fonction des responsabilités.* Responsable de quoi ? De la vie ? Despote éclairée, je mets au RMI tout ceux qui nuisent à la beauté-diversité-densité de la Terre et je hiérarchise les salaires des autres, avec des Légions d'honneur.

La philosophie et la science sont à réfléchir comme pensées de dominants-conquérants. Nous devons réfléchir aussi à : Comment ne pas être tout-puissant, sans tomber impuissant ? Pourquoi ce désir de faire grande œuvre, la plus grande : grand art, grande idée, grande action, grande nation, grand dieu ? Encore : D'où vient notre fascination pour l'abstraction ?

Pureté. Epuration. Purge. Purification. Réductionnisme. Elimination. Se purifier serait un acte de culture (11) !

III.

LE CORPS ?

Je suis lasse. J'aimerais vivre. Je traîne devant la table d'une librairie : *L'art de jouir* du philosophe Michel Onfray (1). J'achète ce livre.

Mais *L'art de jouir* n'est toujours pas la joie de vivre. Soit délires de l'ascèse et de l'abstraction, soit délires du défoulement et de la défonce.

Les Pères de l'Eglise, les philosophes idéalistes, spiritualistes, intellectualistes partagent le même mépris du corps de chair. Tous rêvent de la fin du sensible au profit de la seule Intelligence. Si corps il y a, il ne peut être que glorieux, parfait, transparent, idéal, plus éthéré et léger que l'air, défait de toutes passions et sensations et embaumant d'odeurs de sainteté. Si on ne peut se passer du sexe, on le tiendra dans les liens du mariage pour procréer ou, à la rigueur, par hygiène.

Kant, Allemand du XVIIIe siècle, est un des plus grands philosophes de la raison défense. J'ai lu dans Gaarder : les *noumènes* ne sont pas connaissables ; la musique est ce qui permettrait de s'en approcher au plus près ; malheureusement, elle est contraire à la raison. Conclusion : l'homme est condamné à vivre dans les *phénomènes*. Platon réchauffé.

Une technique avec réussite assurée. Vous vous allongez épuisé, mais habité du désir passionné de voir une casserole, en cuivre, c'est plus beau. Tout à coup un raptus dans une bouffée émotionnelle avec brève nausée ou impression d'évanouissement. Vous êtes devant l'Athanor (peut-être parce que je n'ai pas encore assez de goût culinaire). Oui, monsieur Platon ou Kant, tout simple, et sans une once d'ascétisme. Et si cette idée-archétype, ce noumène ne vous inspire pas, alors choisissez la femme de vos rêves. Imaginez-désirez intensément la voir. Le même raptus et, soudainement, Elle est là. Ces expériences sont extraordinaires, mais les phénomènes peuvent l'être tout autant à la condition de les charger d'émotions. C'est le témoignage d'une schizophrène guérie qui m'a fait comprendre que la perception n'est pas le réel : *Je constatais que ma perception du monde avait complètement changé. Au lieu de voir un espace infini, irréel, où toutes choses se découpent, nues, et isolées, je voyais pour la première fois la Réalité, la merveilleuse réalité (...) Je dévorais du regard tout ce qui se passait sous mes yeux, avec l'étonnement que l'on a devant un miracle* (2).

Parmi les philosophes de la raison, Kant serait l'exemple le plus pur de l'ascétisme. Onfray écrit : *L'idéaliste Kant est un de ces philosophes qui privilégie la vision et fait de l'odorat le sens le moins digne des cinq, en expliquant que c'est le sens le plus fiable. Dans l'Esthétique kantienne, pas de cuisine ou d'art des parfums. La vision est le sens noble, alors qu'elle n'est pas plus fiable que les autres sens* (...) *En fait, en dehors de formes statiques, Kant est perdu (...) Il ne peut saisir la dimension esthétique d'un goût, d'une odeur ou d'un son* (...) *Plus la proximité est grande avec l'objet, plus la répulsion envahit le philosophe : la mise à distance du monde est le symbole manifeste du sacrifice à l'idéal ascétique. Voir isole et éloigne du réel. Toucher approche et ramène au concret. Sans souci d'une démonstration, Kant pose la noblesse du sens qui assure de la plus grande distance d'avec le monde. Le réel est salissant. Quoi qu'on fasse, Kant et consorts préfèrent le nouménal, l'intelligi-*

ble, qui a le mérite de ne pas salir, mais qui n'existe pas (...) Kant semble vouloir vivre dans une atmosphère nouménale, dans une idée d'air. S'il fait une promenade quotidienne dans la campagne, c'est seulement pour faire sa gymnastique respiratoire ; pour sa santé, il boit de l'air par la bouche, par le nez, règle « de la plus grande importance diététique ». L'acte sexuel sert à la procréation. Sinon, il est coupable : *Jouir, c'est congédier la raison*. L'essentiel est de rester maître de soi.

Parlant du processus d'hominisation selon Kant, Onfray précise encore : *Comme pour mieux s'arracher au monde sensible, les hommes élaborent la fiction nouménale, abandonnent la sensibilité trop imprécise et sujette à caution, puis investissent dans une intelligence totalement éthérée, désincarnée et pensée comme indépendante des conditions matérielles dans lesquelles elle s'exerce. De même, du côté animal, on construit également un édifice dans lequel on entasse pêle-mêle les instincts, les passions, les émotions. On est quadrupède, on grogne et l'on est totalement soumis aux nécessités contingentes. Pire : on flaire, on renifle et l'on respire à grands traits le réel métamorphosé en effluves (...) Kant voit même un degré supplémentaire d'hominisation dans le fait que « l'objet est soustrait aux sens », comme pour mieux dire qu'on est d'autant plus homme qu'on sait se déprendre des sens et de la sensibilité.* Et lorsqu'il parle des odeurs, c'est pour dire que les nègres, les plus fortement animalisés, sentent mauvais.

Pourquoi ce mépris de la vie ? Le corps serait puant, non fiable et périssable. Autrui serait dangereux et même pestiféré. Soi serait tout aussi dégoûtant. Il faut garder la maîtrise de ce soi et de cet autre. Seul vaut l'orgasme nouménal, conceptuel, pur et éternel, le seul plaisir parfait étant celui pour les réalités immuables. Un ascétisme de la raison en tout point comparable à celui des grandes religions.

L'alternative : *Soit l'idéal ascétique, le refus de la chair et du corps, le mépris du sensible et la disqualification du monde réel, soit l'hédonisme, l'adulation des sens, des passions, du corps.*

Seulement, à l'exception de quelques penseurs tranquillement sensuels, l'hédoniste n'aime pas plus la vie que l'ascétique de Raison, de Dieu ou du Nirvana. Il ne suffit pas de balancer d'un parti à son contraire pour changer sa manière d'être. La peur, la rage et le mépris demeurent.

Si j'en crois Onfray, l'hédonisme est avant tout un défoulement en réaction à la raison froide et à la morale. Je n'aime ni le refoulement, volontaire ou non, ni le défoulement. L'hédonisme partage avec Dieu-Raison-Nirvana le mépris de la mort et la soi-disant solitude existentielle de l'humain. Seule différence : l'hédoniste ne se console pas avec les archétypes-idées-noumènes, il se défonce. Je n'aime pas la défonce. Et mépriser la mort, c'est mépriser la vie.

L'hédonisme, depuis la Grèce, serait d'abord une révolte individuelle, communautaire ou collective, contre l'ascétisme. L'Immoralisme, l'exaltation de la jouissance physique immédiate dans tous ses excès contre la morale. Les dernières *heures de gloire* de *l'hédonisme social* seraient mai 1968 ; depuis, l'idéal ascétique serait retombé sur les esprits.

Il est juste que quelques jeunes sont revenus à la morale chrétienne. Mais, à Paris, « tout est permis ». Or, qu'observe-t-on ? la peur de l'autre et l'ennui. Le transport fusionnel de l'élan révolutionnaire gomme les différences. Tous frères, interchangeables, dans l'exaltation d'une grande cause, jusqu'à l'instant où elle retombe. Pendant la grève de 1995, en réaction contre l'ordre de notre Premier ministre, les citadins remarquent le bonheur de se sourire et de se parler. La grève juste terminée, chacun retrouve sa radicale étrangeté ! Ce n'est pas le sexe, ni même l'excitation de tous les sens qui rend l'exalté immortel, mais l'élan de révolte qui passe ou non par le sexe. Ce n'est pas le sexe qu'il aime, mais les émotions de vie, de liberté, d'amour, de puissance. C'est un enflammement limbique. A froid, sans valeur symbolique, le corps n'est qu'un morceau de viande ou un paquet de nerfs excitables ; sauf si c'est la viande elle-même qui prend valeur symbolique, telle l'obésité américaine. Vivre en réaction est facile. Crier l'imagination, la vie, le sexe au pouvoir n'est pas un art de vivre, même s'il est évident que la vie était plus joyeuse en 68 qu'aujourd'hui. Faut-il maintenir un moraliste au pouvoir pour que les hommes vivent ? L'humain ne sait-il être que puissances/contre-puissances ?

Sur les campus universitaires californiens, dans les années 70, on ne s'aimait qu'aidé de haschich et à plusieurs. Je n'ai pas éprouvé une impression d'amour ni même de vie, mais de transparence : des anges insipides et blasés. A Paris, en 1996, les consommateurs des années 70-80, qui ont « tout fait », « tout dit », sont vidés. Chacun chez soi, chacun pour soi, avec son surgelé, sa télévision, son magnétoscope, son ordinateur, son réseau de *communication* Minitel ou Internet, sa couette avec son chat, il est vrai superbement plus sensuel que le civilisé. Regards sans âme. A cause de la crise économique ? A cause du sida ? Non, depuis bien avant. Chacun est dans sa bulle, asexué, certains ajoutant même du body bulding (construction du corps ! prévention des fuites et des pénétrations) : autisme oscillant entre une peur obscure de l'étranger sans le soin d'en faire un familier, l'épuisement de celui et de celle qui courent après ils ne savent plus quoi, et l'ennui. Aucun charme. Charles, presque à chaque rencontre, me fait craquer. Plus d'émoi. Personne à découvrir. Des clips-rencontres. Du zapping. Quand on se souvient que la Cité promettait d'assurer le bonheur des humains, avec son cœur et ses artères !

L'hédonisme serait aussi une réaction contre notre condition de mortel... tout comme la Raison, Dieu ou le Nirvana.

C'est à partir de sa sensualité amoureuse que la femme s'interroge sur l'âme et la pensée. Elle s'étonne donc de l'homme qui nous indique dès les premières pages que sa réflexion sur *L'art de jouir* est né d'un corps souffrant : une crise cardiaque à l'âge de vingt-huit ans. Comme si, en bonne santé, l'homme croyait qu'il est pure raison indépendante d'une mécanique bien huilée ! J'ai l'impression d'entendre Charles, lorsqu'il est debout... C'est incroyable comme en passant de sous la couette à la bipédie, il oublie tout...ou ne veut rien en savoir ? Une dissonance cognitive avec une raison défense ? Seule la souffrance dans la chair provoque une défaillance qui vient troubler la conscience, la belle et fiable intelligence. Et c'est à partir de ce corps souffrant qu'Onfray annonce le fondement de son hédonisme : *Toute existence est construite sur du sable, la mort est la seule certitude que nous ayons. Il s'agit moins de l'apprivoiser que de la mépriser. L'hédonisme est l'art de ce mépris.*

Je me refuse à imaginer ce libertaire vieillissant.

L'ascétisme anémique et l'hédonisme de Onfray me dégoûtent tout autant. Trois fois, j'ai pressenti quelque chose qui pourrait être ma bête. Une fois, alors que j'entre dans une danse-transe sénégalaise, et deux autres avec Charles sans inducteur notable. La jouissance par la frénésie. Je bloque tout. Je suis soulagée, même si ma curiosité s'est trouvée questionnée. Je sais qu'il y a des zones de mon cerveau qui ne doivent pas être activées. Par peur de ne pas renaître du chaos (je connais la folie), mais tout autant par respect de l'idée que je me fais de la beauté et de l'altérité. On se demande d'ailleurs ce que fait cet hédoniste ? Onfray prend Nietzsche comme modèle. Si l'hédonisme est la jouissance immédiate, le moins que l'on puisse dire est que Nietzsche n'est pas très doué. Il n'est pas un gastronome, mais un anorexique. On ne lui connaît aucun amour charnel, pas même de sexe. La seule chose que l'on puisse assurer, c'est qu'il a une passion : la volonté de puissance (ou le désespoir de l'impuissance) qu'il fonde effectivement dans le corps. Sa démarche est néanmoins similaire à celle de l'ascète qui veut extirper l'âme et/ou la raison du corps méprisable. Nietzsche extirpe le surhomme d'un homme méprisable.

Je ne peux m'empêcher d'entendre, chez Onfray, un provocateur de la défonce de bouffe et surtout de sexe, même s'il écrit qu'il ne faut pas s'y brûler. Le superbe n'est pas, pour moi, de collapser dans l'inconscience, mais de prolonger les inspirations sensuelles, sentimentales, idéatoires... pour les goûter avec délice. Un état amoureux, émerveillé, sacré, même sans l'amant (mais tellement superbe avec lui). On sait encore qu'on est mortel, mais on ne le sait plus non plus. La défonce est de l'ordre de celui qui se soûle jusqu'à tomber dans l'oubli.

Franchement, folie pour folie, je préfère évidemment l'amour sensuel. D'ailleurs, je ne me souviens pas d'avoir entendu parler d'amour dans le livre de Gaarder ou dans celui d'Onfray, sauf pour la Raison et Dieu chez le premier et même pas pour le Corps chez le second. Comme si l'amour d'une personne, entre l'homme et la femme en particulier, faisait peur à ces philosophes ? L'attachement à Dieu, à la Raison, au Corps, à l'Instinct, à son chat ou à son chien, à la rigueur à sa mère, épouse ou pas, mais surtout pas à l'amante ? Même pas l'amour de l'amour sensuel. De plus, tout mouvement fondé sur le mépris ne peut qu'être violent. Quitte à mourir, autant se défoncer, le monde avec moi. J'aime suspendre l'idée de la mort en jouant sur le fait que la vie et la mort organiques sont passablement indépendantes des sentiments de vie et de mort. L'être humain peut mourir dans un sentiment de vie et, inversement, vivre dans un sentiment de mort. Mon rêve le plus cher : un sentiment de vie jusqu'au dernier souffle, mais pas quels que soient les moyens. Je ne méprise pas la mort car je la sais inhérente à la vie. Plus : il me semble que l'acceptation de la mort, avec son angoisse et sa colère, est nécessaire pour devenir humain ; sinon, dans notre culture, c'est le délire de la toute puissance immortelle et/ou l'immobilisme. Dit autrement : par le fonctionnement même de l'inconscient, la mort niée ou méprisée est automatiquement projetée autour de soi. Le peintre Balthus, passé par l'horreur d'Hiroshima, dit avec ses quatre-vingt-huit ans : *Je ne suis pas de ces hommes qui refusent tellement de penser à la mort qu'ils finissent par haïr ce qui leur permettrait de vivre.*

L'hédonisme est encore la défonce du Solitaire. Sade, par exemple, un écrivain en vogue en 68 : la jouissance est une *secousse violente que* (la) *passion imprime à la masse des nerfs.* (...) *Ouroboros, Eternel Retour, le serpent est aussi l'animal qui, en se mordant la queue, réalise le cercle, la finitude, le retour sur soi, la complétude. Figure géométrique de la perfection, de l'autosuffisance et de la confusion des origines et des fins, le serpent magnifie les orifices d'ouverture et de fermeture du corps en appelant à leur confusion, leur réunion. Pareille métaphysique de la béance corporelle ne peut éviter d'ériger la sodomisation en méthode d'ascèse.* (...) *On ne peut communiquer, échanger, car la peau empêche qu'on aille plus loin, en autrui, qu'à sa surface* (et la langue, et la salive du baiser ? et surtout la pénétration symbolique, par suggestion). *Et l'on comprend les multiples tentatives faites par les héros sadiens pour aller au fond, au creux, aux tréfonds de leurs partenaires d'infortune. Pour des raisons métaphysiques, les relations avec autrui ne peuvent qu'en rester à l'effleurement, le reste est fantasmatique* (et alors ? fantasmatique, fantôme, vécu comme réel).

C'est cette défonce, cet oubli de la solitude par le sexe que l'on trouve dans la recherche frénétique des dernières technologies sexuelles jusqu'au sexe hard, du béton, de la nuit et des drogues dures. Le sexe-défonce du Moi. Le sexe-mort. Paroles et gestes crus, machines et lieux à jouir à vous donner la nausée de l'âme. On assure, surtout les hommes, que c'est juste physique. S'il est vrai que cela n'a rien à voir ni avec l'amour ni avec la moindre pensée, cela a néanmoins à voir avec le désir et donc avec les mythes. Thanatos glacé. Le nombre des homosexuels, hommes et femmes, augmente*. Dans les rencontres hétérosexuelles, les femmes mènent le jeu. Des guerrières en furie. Elles aussi auraient le goût du sexe pour le sexe. Enfin, elles se donnent le droit de jeter l'homme qui ne suit pas la cadence. Cette reine serait même ici explicitement sadique, avec des hommes franchement masochistes. Le sida rend le sexe plus terrifiant, mais aussi plus fascinant. Il a fait glisser le sexe vers l'exacerbation du corps. Nuits du sexe qui permettraient d'échapper à la sinistrose générale présentée par les médias, toujours friands de médiocratie, comme la seconde libération sexuelle.

Ce n'est pas une libération, c'est une défonce. La libération implique qu'il y ait refoulement. Or, aujourd'hui, « tout est permis ». Le même discours que celui que l'on trouvait pour les films de violence. Ils libèrent l'agressivité, surtout celle des enfants ! En fait, l'excitation active des circuits neurologiques et, passé une certaine intensité et/ou fréquence, elle détraque le centre de la satiété correspondante. La consommation est une dégustation ; sinon, c'est une toxicomanie. La boulimie de violence, de sexe, de drogues chimiques, de jeux électroniques, de nourriture, d'argent... et même de tendresse. *Quel mal si les deux sont d'accord ?* Le mal qu'il y a à se réduire l'un l'autre à un produit consommable et/ou jetable, à un ustensile. Et le mal qu'il y a à participer à la dégradation du masculin/féminin. Non par morale, mais par tristesse.

D'ailleurs, si elle réfléchit un peu, la femme sait que la libération sexuelle est une demande virile. En 1968, la bourgeoise a jeté l'homme. Elle est bien assez grande pour allumer sa cigarette. Avec le briquet en matériaux précieux ou

* Cette remarque n'est pas morale, mais question sociale. Y a-t-il un lien entre d'une part la participation de la femme à la vie de la Cité et/ou au monde des idées et de l'autre la séparation des genres dans la vie privée avec une homosexualité grandissante, et/ou une demande sensuelle-affective de pères et de mères totalement projetée sur l'Enfant ? Il existe plusieurs homosexualités.

Tempête, symbole d'aventure, il lui offrait sa flamme ; le briquet deviendra jetable. Bien assez grande pour ouvrir les portes, retirer son manteau, porter ses valises, payer l'addition du dîner... Mais que désirait cette femme ? L'autonomie ? Le sexe ? Ou l'amour sensuel ?

Où commence le viol ? Il est fils de *grande famille* et metteur en scène. Il éveille mon intérêt. Il passe chez moi pour discuter d'*un projet artistique*. La scène bascule alors que je n'ai pas encore retenu son prénom. Je lui précise le malentendu. Il déboutonne mon chemisier. Je le laisse faire. Il frotte son sexe sur mes seins. Il voudrait être léché partout. Il me *brouterait la chatte*, puis me *la prendrait* si j'avais un *préservatif* (sida oblige). Il veut que j'aime son *foutre*. Durée : par chance, moins de cinq minutes. Il remonte son pantalon, tandis que je passe à la salle de bains me laver le visage. Je lui sers un verre de jus de fruit puis, souriante, le raccompagne à la porte. Une heure plus tard, ce monsieur de bonne éducation téléphone : il a *encore envie*. Il a *un préservatif. Lui est un être libéré* et moi j'ai *l'âge de savoir qu'un homme de trente-cinq ans a des besoins*. La même aventure s'est produite deux fois, avec deux secondaires dans la quarantaine, dans des circonstances comparables alors que j'avais dans les vingt-cinq ans. Seulement, je n'étais pas encore formée à l'observation sur le terrain. Je me suis débattue, et les deux hommes m'ont frappée.

Même si, comme l'écrit le sociologue Francesco Alberoni (3), le sexe de l'homme est un besoin comme la faim et la soif, je me demande pourquoi nous avons su en cultiver deux et pas le troisième ? Refouler le sexe ou lui laisser faire n'importe quoi ne sont ni l'un ni l'autre synonymes de cultivé. Néanmoins, si j'ai craint la violence, ces hommes ne m'ont pas traumatisée. Ils ont volé un corps sans âme, dépersonnalisé : la belle indifférence hystérique. L'abus de confiance, la séduction avec comme seul objectif le sexe, au contraire, serait mortel.

Pour les tensions nerveuses, il existe la masturbation. Pas de perte de temps, réussite assurée, sans danger dans la mesure où elle ne devient pas compulsive. Beaucoup plus économique et tout aussi efficace que les anxiolytiques, somnifères et séances de relaxation. Un bon rééquilibrage du système végétatif. Et avec un peu d'imagination, elle est en plus un flash ou un rêve éveillé tout aussi bon que ceux de l'héröine ou du LSD ou, pour ceux qui préfèrent, tout aussi hard que la cocaïne. Pour s'en faire une idée, il suffit de lire les récits mystiques ou de commerces avec le « diable », les incubes et les succubes, incomparablement plus orgasmiques que toutes nos libérations-défonces.

Sade affirme : *On jouit seul, on souffre seul, et on meurt seul. Imaginer des infractions à ces vérités est illusoire.* Mais, contrairement à ce que voudraient me faire croire des philosophes, hédonistes ou ascétiques, ce n'est pas la solitude existentielle qui me pèse, mais notre solitude sociale symbolisée par *S.O.S amitié...* anonyme ! Un sentiment de mort où l'on se ferait sauter la cervelle... si la biologie n'avait inventé l'espérance. Alors on s'excite le limbique sans imagination jusqu'à tomber dans l'oubli du sommeil sans rêve.

Oui, la courtoisie antérieure à 1968 cachait beaucoup d'hypocrisie : l'indifférence, la peur et le mépris. Nous remettons le masque ? Ou nous reconnaissons que sans les autres, du boulanger, qui non seulement fabrique notre pain, mais surtout nous dit *Bon Jour*, à l'amant (e), le sujet n'existe tout simplement pas ? Pour le comprendre, il est inutile de descendre plus profond dans notre solitude ; surtout que le mensonge est toujours là.

L'autre n'est pas un objet (avec un ordinateur sujet). L'amour n'est pas des tensions ou des énergies à libérer. Le désir ne se réduit pas à une pulsion.

Il me suffit de rencontrer un couple de vieux beaux comme devraient être tous les vieux pour croire que l'amour sensualisé est possible. L'amitié amoureuse et l'amour sensuel sont les seules manières d'Etre qui n'ont pas d'âge. *Les gens heureux n'ont pas d'histoire.* Est-ce à dire que l'Histoire est faite par des malades ?

Aimer la vie n'est pas s'éclater-défoncer dans la jouissance, hargneuse de surcroît. La jouissance verticale, absolue et immédiate apparaît plutôt comme une réaction de survie. Face à un danger aigu, des secrétions chimiques, corporelles et cérébrales, décuplent les forces avec un sentiment de toute-puissance et donc une négation du danger mortel, ce qui va permettre de tenter sa dernière chance.

Vivre « simplement ». Poétique jaillissante plutôt qu'orgie ou système. Non pas refoulements avec ses défoulements nécessairement violents. Si les philosophes idéalistes paraissent craindre de ne plus s'appartenir – *tout est dans la tête : le corps est coupable quand il subit l'abandon et consent à la vague d'oubli qui l'emporte. La déraison, l'ivresse, l'égarement, voilà les ennemis* –, Onfray me paraît craindre de s'appartenir. En règle générale, on trouve dans l'ascétisme et l'hédonisme la même réduction rageuse du corps à une machine, silencieuse ou infernale.

Bonheur de l'attente, de l'accueil, de la préparation, temps suspendus conscients et même très attentifs, plutôt que défonce jusqu'à l'inconscience. Je n'aime pas l'inconscience. J'aime me souvenir. Séduction réciproque infiniment gourmande, et non la séduction comme arme pour une bouffe de sexe, de gibier, de chocolat, de fric...

Le sexe, l'anti-sexe ou culte du sexe. « La sensualité.... » Parole d'homme, mais aussi de femme : *Vous voulez dire le sexe ?* – « Non, je veux dire toute la sensualité (sexe inclus) », avec une peau-sexe qui se révèle et se cultive exactement comme la bouche, le nez, les oreilles, les yeux et le mouvement. *L'avoir dans la peau* n'est pas une métaphore. Panique : *Elle aura ma peau. Mieux vaut se faire trouer la peau à la guerre. Du sexe, que du sexe.* La jouissance par excitation/possession n'est pas un art. La femme n'est pas une proie. Les mots ne sont pas interchangeables. L'élan vital, la volonté de puissance, la libido, le sexe, le fluide vital, l'amour... de la vie n'engendrent pas le même être. Nietzsche me traiterait de femmelette... synonyme de femme. Plonger nue dans un lac, danser dans le soleil, s'allonger mouillée dans l'herbe caressée par une brise légère, cuisses entrouvertes et yeux mi-clos filtrant la lumière, croquer dans une pêche. L'eau, le vent, le soleil, le jus ruissellent doucement dans la peau. L'amour avec le terroir, avec la vie. Temps presque suspendu dans une sensualité assurant son existence et rendant la mort naturelle. Et si en plus, la femme est prise dans le regard, la musique des mots, le geste, la bouche, la peau et le sexe d'un amant fougueux, tendre et gourmand : son paradis ! Au contraire, si, affolé, il la traite en chienne ou exige de la tenue, elle le castrera violemment, et se sauvera, tristement.

L'âme de la femme a assurément un corps.

Les hommes de raison sont vraiment étranges. Ils affirment : nous pensons avec notre tête. Pour l'âme, ils ne savent pas très bien : ou elle n'existe pas, ou ils la confondent avec la raison, ou ils disent que c'est une affaire de cœur, sans corps et surtout sans sexe. Pour moi, femme qui ne construis rien, qui chemine simplement, qui fais des ouvrages, et non des œuvres, mes impressions sont autres : c'est l'âme qui pense, ça perlabore avec éventuellement un « je » dans la tête qui croit réfléchir cette pensée. Et l'âme est jusqu'à la densité de la peau et la peau tapisse jusqu'à mon intérieur. *Le bon vin a du corps et donc une âme*, remarque un inconnu. Comment en serait-il autrement pour une belle pensée ? Je sais cela d'expérience. Je me suis fait enlever un kyste bénin à un ovaire. Rien à signaler ; sinon qu'il est inutile d'opérer un *kyste en accordéon*, et si ce n'est aussi des hallucinations au réveil de l'anesthésie et des illusions spatiales pendant une dizaine de jours du fait d'une anesthésiste qui ne m'a pas écoutée. Charles me caresse. Il approche ses mains de mon ventre. Je me débats contre une émotion de viol, sans raison. Nous parlons de tout et de rien. J'oublie. (Freud parle beaucoup de l'oubli de l'hystérie par refoulement sous l'effet de la conscience morale. Peut-être. Mais son oubli vient aussi d'un changement d'humeur. Mettez-la de bonne humeur, elle ne se souviendra que des bons moments ; et inversement, si elle est de mauvaise humeur.) Charles approche ses mains de mon ventre. Le même délire me possède. Nous parlons de tout et de rien. Charles me prend. Inoubliable ! Une véritable nappe de crème ruisselle, recouvre, densifie la peau de mes cuisses, de mon ventre jusqu'au tréfonds ; accompagnée d'une rapide succession de revécus d'amour.

Qui sont les femmes qui jouent l'amour n'importe comment ? Comment fait la putain, épouse ou fille de joie, pour protéger son âme ? Quel homme a osé nommer la putain déclarée fille de joie ? Je ne crois même pas qu'elle soit source de joie pour lui. Le plaisir du civilisé n'est pas la joie. Puisque l'homme adore prendre des responsablités, qu'il prenne donc celle de ses plaisirs. Il faut veiller au sens des mots, sinon la culture et donc ses indigènes se perdent. On ne fait pas l'amour. On le laisse se faire. Et l'homme bandera ou ne bandera pas, ce n'est pas l'essentiel. Alchimie et non chimie. Art et non technologie. L'amour est tout le contraire de l'efficacité. Depuis l'invention des contraceptifs, il ne sert plus à rien... si ce n'est à se tisser une âme synonyme de vie. Charles : *Je suis autonome. Je ne vous demande rien*. Une femme est un être qui accepte, a besoin, prend le risque, d'être pénétrée deux mille fois, au moins par le regard et les mots. La femme qui ne se laisse plus pénétrer devient laide, morte. Son contraire n'est pas jolie, mais belle.

L'erreur de Cendrillon, de Blanche Neige ou de la Belle au Bois Dormant est de tout mélanger. Sous le prétexte qu'elle aime son Prince, elle est aussi prise par ses idées. Et, curieusement, même lorsqu'elle ne l'aime plus, elle les propage encore ! La plupart de mes professeurs-éducateurs étaient des femmes. Il serait temps que la femme apprenne à réfléchir. Elle doit cesser de se perdre dans chaque rencontre, trouver ses limites, s'individuer, acquérir une identité, mais pas comme une guerrière de raison, de dieu ou d'instinct, peu importe. Il n'est pas possible que la femme oublie que sans l'autre, l'humain n'existe pas. Sans complicité avec l'a(A)utre, c'est la solitude. Même : que deviendrait l'être puissant sans un autre à dominer ?

Le corps existentiel ne se limite pas au corps physique ; la sensualité n'est pas seulement la sensorialité, voire le sexe ; pas plus que les aliments et les médicaments ne sont réductibles à des molécules et des calories. Le médicament induit un placebo-guérisseur ou un nocebo qui peut être mortel. La tisane de romarin évoque la Provence, le vin chaud à la cannelle avec clous de girofle le nord hivernal et pluvieux. Et pour en savoir plus, il faut relire Proust. Vingt ans de vie de femme aimée par l'homme (ou qui se croit aimée) avec toutes les difficultés du verbe aimer ; un seul mot pour parler toute une vie : sensations, émotions, sentiments, mythes, rêves et pensées ; vingt ans de culture, sans données chiffrées.

La culture, pour une femme au moins, c'est vraiment quand on a tout oublié. Je me souviens d'une émission de Bernard Pivot avec Marguerite Duras. Une soirée extraordinaire ! Pivot pose une question. Duras se concentre, telle une cocotte-minute. Puis, soudainement, expire quelques mots justes : une bouffée émotionnelle qui vous frissonne la colonne vertébrale du sacrum au sommet du crâne, comme chaque paragraphe de ses livres si on les lit à voix haute. Cependant, je ne la lis pas longtemps, sinon mon âme glisse vers la mélancolie. On ne peut que la croire, quand Duras écrit que Dieu est au fond de sa bouteille, que son alcoolisme vient de ce qu'elle n'a pas pu croire dans le Dieu des « simples ». Duras a souffert de solitude.

Comment l'homme fait-il pour égréner les dates et découvertes dans les moindres détails ? Comment fait-il pour avoir des idées, telles des briques pour construire un édifice « éternel » ? Ou les événements, comme les hommes d'ailleurs, ne me touchent pas, ou ils me pénètrent en venant bouleverser, enrichir, réjouir ou blesser une mémoire si peu définissable que je l'appelle l'âme. Rien à voir avec la mémoire des ordinateurs. Une mémoire affective chevillée au cœur du cerveau (le système limbique), mais aussi le système sympathique et la *cénesthésie* (corps existentiel) des scientifiques romantiques du XIXe siècle, assurée par le système endocrinien (les humeurs). Cénesthésie qu'ils considéraient comme le fondement de l'âme, de l'Inconscient synonyme pour eux de la Nature, du Rêve, de la Poésie et de la Folie, de la Vie et de la Mort, de la Nuit opposée aux Lumières (4). Les scientifiques mécanistes ont réduit ce corps au *schéma corporel.*

Je rêve du jour où je pourrai jouer avec mes hormones et neuromédiateurs versus placebo et suivre les variations de mes humeurs, de ma sensualité, de mes croyances, souvenirs, pensées, « je », et réflexions. Certains événements dilatent l'âme... jusqu'à l'extase ; d'autres, au contraire, la rétractent. Une ambiance-harmonie pourrais-je dire. *At..mos..phère...* La femme non seulement crée une ambiance, mais elle est ambiance qui ne comprend que les ambiances. Elle sent puis, éventuellement, se demande pourquoi ? Peut-être existe-t-il une médiumnité extra-sensorielle, mais elle est d'abord perception sensorielle au delà de l'information sémantique. Je voyage, souvent à pied et la peau au vent, non pour m'instruire, et sûrement pas pour dépasser les limites d'un Moi-corps si peu fixes, mais avant tout pour varier les ambiances sensuelles, pour changer d'état d'âme, d'humeur, pour me fondre dans le (mon) sentiment esthétique-amoureux. Autant de terroirs, selon l'heure et la saison, autant d'amants qui s'associent à des souvenirs avec Jean, avec Charles, avec des paysans, d'autres terroirs, avec quelques films et romans. C'est pour donner à l'ambiance (oui, je sais : trop souvent à la tyrannie) le temps de se tisser (aux substances chimiques le temps d'être secrétées) que les femmes parlent *trop*. Au téléphone, l'homme (sérieux) parle trois minutes, tandis qu'elle papote des heures*. Avant la couette, alors que lui la rêve désirante, belle et silencieuse, elle conciliabule. Au bureau, chez le coiffeur et dans les salons, n'en parlons pas ! Mais l'homme parle t-il vraiment moins (surtout si l'on ajoute ses écrits) ? Ou parle-t-il ailleurs, autrement, pour d'autres motivations (secrétions ?) ? Que fait l'homme lorsqu'il parle histoire, politique, science ou sport ? Et, l'homme parlera-t-il encore lorsqu'il n'y aura plus d'amantes ?

Et plus je vieillis, plus je me me sens de l'embranchement des ruminants. Si je me laisse vivre à mon rythme, avec une phrase ou un geste, je peux faire une journée, pas de raisonnement, mais de méditation-macération, comme un gros bonbon, bon ou mauvais, mais que l'on ne croque pas. Charles : *Tu causes, tu causes... Ca t'amuse de t'écouter parler...* C'est vrai que j'aime avoir la bouche pleine... de mots après tant d'années où ils furent vides d'affects (*une perversité du stade sexuel oral ?* Pauvre Freud !). Charles n'est pas moins gourmand. Mais, en bouche, il préfère le vin... ou un sein. Chaque mot prend le temps de devenir la chose. « Pourquoi cet acharnement thérapeutique ? » Charles : *Dans l'espoir de vivre encore, une fois au moins, un bon moment.* Une vague de tristesse qui se stabilise en humeur avec de nombreuses associations qui montent lentement à ma conscience, liées par : toucher sa mort pour goûter la vie ! Néanmoins, avec les années, mon humeur devient globalement plus tranquille, ou peut-être est-ce seulement parce que j'apprends à la rattraper ? Sur le chemin de la félicité atemporelle, même sans l'amant ?! Ma mort réduite à une idée ! Qu'est-ce qu'une idée comparée à un sentiment ou qu'est-ce qu'une

---

* En fait, d'après le journal l'*Express* (1995), la femme française serait presque silencieuse : 502 coups de téléphone par an, très loin derrière les Américaines (2 010 appels), les Australiennes (1 350), les Nippones (985), les Suédoises (870) et même les Anglaises (687).

idée qui ne germe pas d'un sentiment ? Que reste-t-il en fin de vie, si ce n'est le souvenir d'émotions et de sentiments heureux, joyeux ? Ce ne serait donc pas parce qu'elle fait des enfants que la femme craint moins sa mort ! Créature, et non créatrice comme l'homme actif l'imagine. L'enfant, un fils à défaut de l'amant ?

Chaque matin, je suis le passé presque oublié et pourtant si dense d'affects. Nouvelle et vieille à la fois. Vieillir en devenant jeune ! Double miracle lorsque l'on croit se souvenir d'une première jeunesse qui ne fut pas joyeuse. (Le jour où je ne pourrai plus espérer être heureuse, je raconterai mon Enfance. Mémoire incroyable.) Une âme réincarnée 17 155 fois, sans compter ses ancêtres personnels et culturels. Une âme si vieille qu'elle ne rêve plus de devenir grande. Je ne crois plus à : *Quand tu seras grande, tu comprendras*. Quel horrible mensonge, mais en même temps quelle illusion infaillible, génération après génération !

Se glisser sous une couette de dix ans d'âge, c'est comme mettre ce vieux pul devenu si doux qu'on ne peut s'en séparer... Quelque chose du nounours de l'enfant, mais rejoué consciemment entre deux adultes. On s'y glisse pour mieux s'éjouir-ravir l'être ensemble. La quête de la femme : la plénitude jaillissante. Une âme ancienne et nouvelle à la fois. Vieille, car la couette avec Charles est devenue habitude ; non pas synonyme d'ennui, mais de familier et de rituel.Tous les créateurs, tous les guérisseurs, tous les amis et même tous les *primitifs* et tous les animaux ont des rituels. Ame nouvelle, car sentiments transcendants atemporels et immortels, et nouvelle aussi car imprévisibles émotions, sentiments, sensations, pensées, imaginaire... Sensualité jusqu'au bord de l'extase. Il n'existe pas de satiété de l'extase/enstase. Des mystiques y demeurent plusieurs jours et même des semaines. On peut tout-à-fait dire que la couette est un des plus beau rituels d'hypnose mutuelle où l'amant et l'amante jouent des airs connus et en explorent d'autres inconnus.

Une liberté qui n'est pas défoulement. Un érotisme qui n'est pas pornographie. Une vie jaillissante qui n'est pas agression. Quel ignare a écrit orgasme au singulier ? Qui a séparé la jouissance du jaillissant du ravissement jusqu'à l'extase/enstase ? C'est un ignare et/ou un tyran qui a inventé le paradis au Ciel. Une amante voyage en esprit par manque d'amant dans les champs, et non par peur de se donner à lui ou pour se rendre plus haut. Qui a séparé le ravissement du sourire de n'être pas où il l'attend ? De l'inquiétude de ne pas être où elle se croit ? Ou de celle de ne pas le trouver où elle l'espère ? La grâce disparaît dès que l'un ou l'autre veut la posséder. La possession tue tous les émois : de l'autre, de l'univers, de la musique, de la vie. Qui a séparé les orgasmes du jeu et du fou rire ? Un dicton français : *Une femme qui rit est déjà dans le lit.* Et quel autre a raconté qu'il fallait prendre tel ou tel chemin ? Les manuels d'éducation sexuelle sont réducteurs et ennuyeux. La couette est de l'ordre de la (re)création. Je reproche à Freud d'avoir fait disparaître le féminin de l'inconscient romantique et d'avoir réduit la sensualité amoureuse au sexe génital. Une amante n'est ni clitoridienne ni vaginale. Elle est un tout.

Freud a raison en posant le clitoris comme l'homologue du pénis. Néanmoins, le refoulement (ou l'excision) de ce plaisir est inutile pour devenir femme, pour accéder au plaisir vaginal. Le clitoris, comme le pénis et comme le vagin, peut être enveloppé dans une caresse intégrant tout le corps-âme, ou excité comme *zone érogène*. Dans la première situation, l'éprouvé est du registre de la sensualité jusqu'au ravissement jaillissant ; la seconde est de l'ordre de la sexualité usuelle. L'excitation du clitoris permet, comme celle du pénis, de jouir en trois minutes, histoire de se détendre ou d'oublier. La sexualité plaisir hygiénique de Freud qui est nécessaire pour éviter la maladie nerveuse (les névroses) et assurer un civilisé efficace (5).

Moments où l'on rend grâce à la vie. Ce n'est pas le corps pour le corps que j'aime, mais sa force de vie et le miracle de sa transfiguration. Charles aurait dû être sculpteur de la terre, si notre culture industrieuse ne lui avait enseigné que l'art est divertissement, une fois les devoirs accomplis. Il est un homme du ravissement : il goûte l'amour lent. Il caresse de son regard et de ses mains le coin des lèvres, une épaule, des seins ou des fesses. Je retrouve les photos de Jean. Une ligne, une courbure, comme s'ils voyaient la beauté de Platon que le sociologue Alberoni compare à une vision sous LSD (3), tandis que je sens le geste tendre, parfait. Yeux toujours mi-clos, je m'émerveille de leur regard redevenu si beau, si neuf. Briser la plus belle œuvre d'art plastique me ferait beaucoup moins d'effet. Camille Claudel et Rodin. A mêler l'amour, la beauté et la vérité, comme elle, je serais devenue folle (d'absolu). Rodin a fui dans la sécurité du ménage et vers la jouissance des honneurs. Et Claudel ? Un jaloux de Rodin et un amoureux de la Vierge ?

Un amant de dix ans d'âge, c'est aussi celui qui sait, presque immobile mais avec un regard coquin, vous suspendre au sixième ciel, tandis que nous conversons de toute autre chose. Le bonheur, c'est encore la preuve qu'elle a réellement un pouvoir de renaissance. Elle se plante sur son arbre de vie. Isis a retrouvé tous les morceaux, les a recollés. Osiris la renverse sur le dos et la laboure. Houles de joie, de vie, d'assurance. Ciel-noir-ouragan qui descend, prend, enlève, et reprend l'océan... qui finalement échouent unis dans une femme presque devenue ventre-grotte. Et encore cette fois où un homme pose un genou à terre devant la femme, ou inversement, une femme... sans faiblesse, sans vanité.

Je m'illusionne probablement. Charles : *Derrière l'éjaculation, c'est souvent la mort* (!). La couette : *Des moments de réconfort malheureusement toujours fugitifs*, *satiété* ou *je dois aller travailler.* « Je dois ? » *Tout se paie* (!).

IV.

DES ILLUMINES

La philosophie n'est pas la recherche du savoir ou de la sagesse par la révélation. Pour Gaarder, conformément à notre culture, il y a d'un côté la raison ; de l'autre la mystique définie comme l'expérience d'une union bienheureuse avec Dieu, l'Ame du monde ou la Nature universelle. *Je suis Dieu ou Je suis Toi* : phrases ambiguës dès lors qu'on les sort de leur contexte. Il n'y aurait pas non plus de lien entre la quête de Dieu et la quête de la raison ou d'une idée nouvelle.

Pourtant que nous dit Zarathoustra : Dieu tout-puissant consolateur n'existe pas, je suis le surhomme tout-puissante nature conquérante. Nietzsche nous dit aussi : *Les philosophes se donnent tous pour des gens qui se seraient haussés jusqu'à leurs opinions propres par l'exercice spontané d'une dialectique froide, pure et divinement sereine (à l'inverse des mystiques de tout ordre, qui sont plus honnêtes et plus grossiers, et parlent de leur « inspiration »), alors qu'ils ne font que défendre, avec des arguments découverts après coup, quelque thèse arbitraire, quelque idée gratuite, une « intuition » quelconque, ou encore, le plus souvent, quelques vœux de leur cœur, qu'ils ont fait passer préalablement au crible de l'abstraction (...). Chez un philosophe (...) rien n'est impersonnel, et sa morale surtout témoigne rigoureusement de* **ce qu'il est**, *car elle révèle les plus profonds instincts de sa nature et la hiérarchie à laquelle ils obéissent (...) sitôt qu'une philosophie commence à croire en elle-même. Elle crée toujours le monde à son image, elle ne peut pas faire autrement : la philosophie est cet instinct tyrannique lui-même, la volonté de puissance sous sa forme la plus spirituelle(...)l'ambition de « créer le monde », d'instituer la cause première.*

Des révélés

On ne peut douter que les philosophes tels que Socrate, Platon, Spinoza, Auguste Comte, Hegel, etc. aient accédé à la jubilation divine par le chemin des idées. On ne peut non plus continuer à faire croire qu'il y a co-naissance, co-préhension des idées et idées nouvelles sans révélation-inspiration-intuition au point de résumer Nietzsche en trois phrases laconiques.

Les illuminés sont Pierre, l'homme anonyme, Nietzsche et Pascal : quatre fous. Vraiment ?

Reprenons *L'art de jouir* de Michel Onfray (1).

Nietzsche pose Socrate comme symbole de l'optimisme du progrès par la seule raison. En fait, le véritable fondateur de la philosophie est Platon. La voix de Socrate ne serait pas celle de la raison, mais celle du démon grec.

Socrate est un homme débordant d'énergie, d'une résistance exceptionnelle, avec un esprit redoutable et sans peur sur le champ de bataille. C'est *avant tout un méditatif que ses pensées absorbent* totalement. Véritables *odyssées mentales. Du délire philosophique et de ses ivresses, Socrate connaît les moindres arcanes (...) Les extases qu'il éprouve impressionnent fortement les personnes qui peuvent y assister.* Socrate peut rester vingt-quatre heures debout concentré sur une question, cherchant la solution. *Etrange parent des mystiques paiennes...* Socrate enseigne : « *Les bons poètes sont, pour nous, en vertu d'une dispensation divine, les interprètes d'une pensée qui vient des dieux ». Méditation auditive.* Onfray continue avec des commentaires d'un autre philosophe, Bergson, qui écrit dans *Les deux sources de la morale et de la religion : « L'enseignement de Socrate, si parfaitement rationnel, est suspendu à quelque chose qui semble dépasser la pure raison* ». Socrate a une voix intérieure, le démon, depuis son enfance en opposition à son père. C'est un oracle qui avertira ce dernier de laisser Socrate, car cette voix « *vaut mille pères* ». Et si elle lui conseille de ne pas se défendre devant sa condammnation, c'est parce *que avec la mort, un homme encore jeune échappe à la décrépitude qu'apporte la vieillesse, ensuite parce que aux yeux d'un aristocrate, un homme de valeur ne peut être lésé par quelqu'un qui ne le vaut pas.* Nombre de commentateurs *verront dans cette instance le signe d'un dérèglement ou d'une ferveur considérable, le trait qui marque le malade mental ou distingue le mystique aux visions extraordinaires. Loin des diagnostics psychiatriques ou religieux, on pourrait tout simplement se contenter de faire de cette voix la mise en forme poétique du principe d'intuition* (...) « *Intuition,* écrit encore Bergson dans *La Pensée et le Mouvant, signifie d'abord conscience, mais conscience immédiate, vision qui se distingue à peine de l'objet vu, connaissance qui est contact et même coïncidence.* » Plus loin : « *Descendons à l'intérieur de nous-mêmes : plus profond sera le point que nous aurons touché, plus fort sera la poussée qui nous renverra à la surface. L'intuition philosophique est ce contact, la philosophie est cet élan.* »

Descartes, celui qui a des idées claires et certaines, le véritable fondateur de la philosophie moderne, le premier capable de construire un véritable système, n'aurait pas la raison plus propre. Ce n'est pas seulement l'Histoire qui le réduit au cartésianisme ; en voulant se grandir aux yeux de la seule raison, il se serait épuré lui-même. Oubliés son père et son démon.

Descartes est pris dans un conflit entre les plaisirs et la

raison. D'un côté, la débauche ; il est grand *amateur de femmes, bretteur, buveur et joueur* ; de l'autre, la philosophie. Descartes cherche les *fondements destinés à permettre une philosophie moderne, une métaphysique radicalement indépendante de la religion et des impératifs scolastiques.* Descartes est tourmenté *par les doutes, les interrogations et les méditations prolongées* qui s'intensifient jusqu'à la nuit du 10 novembre 1619 où il a trois visions révélatrices et fondatrices. Il est âgé de 23 ans. *L'exceptionnelle densité de pareil moment est prouvée par le fait que, de ce point, découlent toutes les mises en formes, à quoi s'occupera l'œuvre complète (...)* Bergson parlera d'« une intuition originelle. »

Descartes écrit qu'il ne faut rien retenir des anciens ! En fait, dès l'interprétation de ses songes, il renie tout ce qu'il doit à Beeckmann, mathématicien et aide-charcutier à l'occasion. Un meurtre du père que l'on retrouve si souvent chez nos « grands ». Son inspiration ne lui vient pas de ce mathématicien, mais « *de Dieu via les songes.* » Et cet homme de raison va même jusqu'à faire vœu d'un pélerinage à Notre-Dame de Lorette si Dieu consent à continuer à l'éclairer.

Dans ses textes essentiels, non seulement l'ami inspirateur est effacé, mais aussi cette nuit avec ses songes. On comprend mieux à partir de là le sens *d'idée claire* de ce philosophe avec ses deux certitudes : *Dieu existe* et : *Je pense donc je suis.* Descartes écrit même à sa sœur qu'il est souvent sujet à de pareilles révélations. Une remarque d'un Sénégalais : *Pour nous, ce n'est pas je pense donc je suis, mais je suis donc je pense.* – « Comment savez-vous que vous êtes ? » – *Je le sens.* Onfray : *Et Descartes de mettre en œuvre la lourde machine qui, via l'analyse, la méthode, la déduction, produira le fantasme de la « mathématique universelle », dont toutes les autres sciences dépendent. Parti de l'intuition et de l'enthousiasme, Descartes parvient à masquer les fondations de son système, l'origine honteuse selon la corporation, parce que dionysienne* (selon la définition de Nietzsche) *de sa pensée. Seules paraissent, triomphantes, les formes, la mesure avec lesquelles on produit le jeu cartésien : vrai, clair et distinct, mis en œuvre pour prouver Dieu, pour épargner la religion de son Roi et de sa nourrice (...) La machine rationnelle se met en branle lorsque tout est déjà fait.*

Un dernier auteur cité par Gaarder : Jean-Jacques Rousseau, un philosophe du XVIIIe siècle. Rousseau a trente-sept ans et il n'a encore rien fait d'important. Il est tiraillé entre sa haine de la société de son temps, dans laquelle il aimerait néanmoins trouver une place, et son échappée dans une nature de bons sauvages. Un jour, alors qu'il parcourt une revue, il y lit une question posée par l'Académie de Dijon pour un concours : *Le progrès des sciences et des arts a t-il contribué à corrompre ou à épurer les mœurs ?* Le choc est immédiat. Rousseau a une violente crise neurovégétative qui le fonde comme philosophe et lui donne les intuitions qu'il développera sur des centaines de pages dans une effervescence, qu'il nomme lui-même « *dix années de délire et de fièvre* » sur le bon sauvage... avec un traité d'éducation qui, si j'en crois toujours Onfray, serait aussi puritain que Kant !*

---

* Une phrase entendue sur Rousseau me fait douter du jugement d'Onfray. Je la refoule : l'écriture d'*Ariane chez les civilisés* est terminée, je n'ai pas envie de lire encore 650 pages. Seulement le doute tourne à l'idée fixe et j'ouvre *Emile ou de l'éducation*. Dans les deux premiers *livres*, Rousseau décrit mieux que moi la relation artisanale, généreuse, au monde. On ne peut, comme le fait Onfray, rejeter d'un bloc ce texte comme le produit d'un *éducateur acariâtre et autoritaire*. Rousseau rêve une éducation fondée sur l'expérience concrète, naturelle, rustique en opposition à abstraite, artificielle et dogmatique. Son éducation repose sur la joie de la liberté et de la curiosité avec le concret avec ses conséquences, et non sur la punition par les adultes et le chantage affectif. Elle ne favorise ni le despotisme ni la soumission de l'enfant. Tout le contraire de notre éducation abstraite, citadine et scolaire, et de notre devenir virtuel. Par contre, Onfray a raison de critiquer l'éducation amoureuse sexuelle d'Emile et de Sophie. Rousseau délire sur l'innocence/ignorance de la sexualité et de l'amour jusqu'à vingt ans. De plus, à partir de cet âge, il pratique l'aversion du sexe et l'idéal amoureux héroïque conduisant au mariage de deux puceaux de vingt-deux et vingt-quatre ans. Je ne m'accorde pas avec le libertinage du XVIIIe siècle. Je rêve de corps joyeux. Et j'aurais souhaité que Rousseau laisse faire l'émoi

Ces trois exemples suffisent à éclairer Sophie. Onfray s'accorde avec Nietzsche : de nombreux philosophes connaissent des *hapex existentiels, des expériences radicales et fondatrices au cours desquelles du corps surgissent des illuminations, des extases, des visions qui génèrent révélations et conversions, des expériences existentielles appelées, plus tard, à prendre forme dans des structures logiques, rigoureuses.*

Ces expériences sont en tous points comparables à nos révélations-conversions religieuses qui donnent lieu à des représentations « vraies » du monde, soit présentées comme mystiques/ésotériques, soit construites-démontrées comme théologiques. *Logos* de Dieu qui est resté longtemps confondu avec celui de la raison, avant que la raison se prenne elle-même pour le *logos*, le verbe ou la logique exclusive ! Pour la théologie qui raconte que la foi et l'espérance sont supérieures à la révélation mystique, je soupçonne qu'il se cache là-dessous la morale de l'effort-travail-ascèse-mortification partagé par les Eglises et la Raison avec la récompense, la joie de vivre, pour demain ou au Ciel...

J'entends : *Tous les philosophes ne sont pas en crise existentielle.* Un nombre certain ont simplement une idée nouvelle comme la majorité des créateurs scientifiques. Alors prenons Arthur Koestler qui, dans *Le Cri d'Archimède* (2), décrit le processus-type de la découverte scientifique. Il faut lire ce livre pour découvrir, par des exemples passionnants, combien le scientifique créateur est un homme bien peu raisonnable.

La création scientifique se déroule en trois phases : l'incubation-méditation, la révélation et l'épreuve de l'objectivité.

L'incubation-méditation. Avec son problème qu'il n'arrive pas à résoudre, le chercheur scientifique est lui aussi

---

amoureux de la petite fille et du petit garçon dans sa progression sensuelle-sexuelle « naturelle ».

en crise. Il a épuisé toutes les voies réfléchies de résolution. Il s'est mille fois cogné la tête contre cette énigme qui l'obsède, avec espoir, avec colère, avec désespoir. Et c'est là le plus souvent que, préparée par cette longue incubation, l'illumination surgit, accompagnée d'un sentiment de vérité-réalité.

La révélation se décompose en deux temps : d'abord, l'illumination proprement dite qui fit sauter Archimède de son bain en criant : Eureka ! La jouissance de la toute-puissance d'être l'auteur de la découverte. Cette explosion triomphale est suivie d'une voluptueuse catharsis-contemplation-ravissement-repos devant la beauté de la vérité découverte.

D'abord des émotions de toute puissance victorieuse qui sont ***affirmation de Soi*** ou ***tendance agresso-défensive-possessive***. *Le Moi s'éprouve comme un tout autonome, comme une valeur absolue.* Dans la mythologie, c'est la quête prométhéenne d'immortalité et de toute-puissance conquérante.

Suivies du ravissement, de l'apaisement, du repos, de la catharsis, de l'extase intellectuelle, de la « ***participation mystique au monde*** » de l'anthropologue Lévy-Bruhl, du « ***sentiment océanique*** » de l'écrivain Romain Rolland devenu orientaliste, l'appartenance heureuse au Tout qui peut aller jusqu'aux larmes. Dans sa forme maximale : *Le Moi se perd comme un grain de sel dans l'eau ; la conscience se dépersonnalise* et se répand en *sentiment océanique d'étendue sans limite et d'unité avec l'univers. L'Union du fini et de l'infini qui peut devenir si intense qu'elle évoque la prière de Faust : Que le moment s'éternise ! Que je meure ! Mais il n'y a rien de morbide ; c'est la nostalgie d'une communion totale, catharsis totale, samadhi.*

La troisième phase de la création scientifique est l'épreuve de l'objectivité. Le sentiment de vérité-réalité qui accompagne la révélation est si intense qu'il va entraîner l'entière conviction du chercheur, au moins sur le moment. Le scientifique, en principe, se doit de vérifier la validité de sa révélation. C'est cette ascèse de l'épreuve de l'objectivité qui lui prouvera, plusieurs fois dans sa vie, qu'une intuition peut être belle, aimante, et néanmoins fausse.

Si nous nous rappelons la révélation existentielle de Nietzsche, nous y trouvons les deux premières phases de la création scientifique. Refoulé par son éducation, Nietzsche incube Dionysos le barbare conquérant-Nature. Quelques années plus tard, Nietzsche explose en Zarathoustra, le *Surhomme* fou de joie et de rire conquérants et tombe épuisé pour un moment de félicité qu'il appelle la *beauté*, la *bonté*, la *grâce*, l'*ineffable*. Enfin ses *muscles* sont *inactifs* et sa *volonté dételée* ; *la dernière victoire sur toi-même* où Nietzsche est enfin ému jusqu'aux larmes, pour, très vite, repartir à nouveau, plus haut, encore plus haut.

Ne manque donc que l'épreuve de l'objectivité, obligation dans laquelle n'est ni l'artiste, ni le littéraire, ni le philosophe, ni le mystique. Néanmoins, le philosophe et, plus encore, le mystique assurent parler en vérité, contrairement à l'artiste et au littéraire. Et, avec l'exemple de l'intelligence, nous avons vu tous les trucages inconscients qui peuvent se glisser dans l'expérimentation et dans l'interprétation. De plus, le scientifique doit se souvenir qu'un modèle même efficace n'est pas le réel ou le vrai.

Fermement décidée à devenir un être de raison, comme Charles, j'évite les révélations et même toute inspiration.

Je m'asseois très sagement devant ma conscience... Je remarque que quantité de données la fuient dès que je cherche à les attraper. Des informations pour cette écriture ne supportent que la pénombre, pas la claire lumière. En la scrutant de plus près, je m'étonne d'une réflexion qui se fonde sur une nouvelle assurance que je n'ai pas vraiment sentie s'installer. Une phrase ou une situation jusqu'alors sans valeur particulière, vient de s'imposer comme vérité discrète effaçant presque complètement la spéculation précédente. Une compréhension-intuition-assurance discrète. La claire conscience devient donc un jeu de valeurs qui se cachent et de valeurs qui éclosent, avec un « je » qui tente de tisser un fil logique par besoin d'élaborer un monde cohérent. Où finit la rationalisation et où commence le raisonnement ? Je ne sais le dire. Mais ces vérités discrètes font déraper de nombreux penseurs, à leur insu.

Pour l'essentiel, le sujet trouve ou crée ce que son inconscient cherche ; ce qui explique, en partie au moins, les synchronicités. Consciemment, je ne cherche ni les entretiens ni les livres qui trament cette écriture. L'humeur est déterminante. La versatilité de la femme ? Une qualité. Elle lui évite de tenir la vérité suffisamment longtemps pour construire un système. Aucun humain n'est le maître de ses mythes. Ce sont des rêves collectifs qui mènent et même inventent la Raison, Dieu ou la Bête et non l'inverse. Heureusement que 2 et 2 font toujours 4 ! Nos mythes n'aiment pas se faire analyser. Ils veulent vivre, quels qu'en soient les moyens et le prix. C'est eux qui nous donnent la jouissance et le ravissement d'être ou, au moins, leur espérance. Existe-t-il un Moi épuré, sachant que la suspension des émotions conduit à la dépersonnalisation-déréalisation ? Un Moi sans motivations fondamentalement affectives ? Un Moi qui jouisse de la seule curiosité ? On se réfléchit en se frottant à un autre. Or, nous sommes la civilisation, les autres ne sont que cultures, et encore, à condition d'avoir une écriture ; et surtout à condition de ne pas avoir été éliminées par les mythes conquérants. Lumières de la Raison, de Dieu ou de l'Instinct psychotique. Il ne s'agit surtout pas de dénoncer tous les mythes, de sortir l'être humain de la mythologie, mais seulement de démasquer Thanatos séducteur. L'espèce humaine ne peut vivre sans désirs, sans rêves et sans illusions.

La conscience n'est pas Dieu ou Raison ; et l'on ne peut *Etre en soi.* La raison-réflexion n'est même pas un scalpel.

En écrivant le sous-titre de *Rêves éveillés : l'âme sous le scalpel*, j'ai rêvé. Mais *Homo sapiens* n'est pas non plus un stimulus-réponse avec une boîte noire négligeable entre les deux. Un pigeon en cage n'est pas un pigeon. De quelle maladie souffrait le comportementaliste Skinner pour avoir élevé sa fille en cage ? De quelle maladie souffraient ses nombreux disciples pendant trente ans, même si l'on doit reconnaître que cette démarche a sorti la psychologie de l'introspection qui, souvent, ne peut être que rationalisations. Les cognitivistes nous découvrent l'extraordinaire intelligence inconsciente (au Moi). Néanmoins, eux aussi craignent l'affectif, le fluide, le féminin, le non-fiable, et craignent encore de conscientiser ce qui les fonde, l'essentiel de la connaissance justement. Des études sur les congrégations religieuses montrent une corrélation significative entre l'ordre religieux choisi et la structure psychique des postulants (obsessionnel, hystérique...). Pourquoi ne pas faire passer les mêmes tests aux scientifiques ? L'introspection ne fait pas la science, mais sans elle, quelle science ! En particulier, l'ignorance de leur besoin de tout maîtriser réduit *Homo* à une machine (automates ou ordinateurs), exactement comme trop d'architectes réduisent *Homo* à des lapins. Encore : du temps de Skinner, la boîte noire n'était rien. Aujourd'hui, elle est tout. Il est démontré que la simulation mentale d'une action a les mêmes effets neuro-physiologiques (corticaux) que l'action effective. Ce qui, à l'insu même des chercheurs, s'intègre parfaitement dans le désir général : la relation simulée à autrui, au monde, a les mêmes effets que la relation effective, le risque de la rencontre en moins !

La raison n'est pas non plus à la source de la morale, comme si les autres cultures étaient des Bêtes. Même ma réflexion n'est pas le fondement de ma morale. Je suis assise à la table d'un restaurant, dos à la porte d'entrée, avec ma mère et son homme. Ils me marchent pesamment sur le cœur. Il est question de Jean. Je tente de les arrêter. Rien n'y fait. Je me lève, fermement décidée à prendre la table et à la leur renverser sur la tête. Je reprends conscience dans la rue dans une brève crise de nerfs. Tabou : *Tu ne lèveras pas le bras sur ton père et ta mère.* Un *Surmoi** s'est opposé à un désir : une suggestion implicite et explicite qui marque l'enfant avant l'âge de raison. Ma réflexion a une éthique, mais elle ne peut pas grand chose contre le *Surmoi* hypnotique qui m'interdit de tuer un être humain. Précisons : le tabou n'est pas nécessairement répression ni même refoulement. Je ne passe pas ma vie dans le désir de tuer ; et je ne crois pas que cette pulsion occupe mon inconscient. L'interdit de tuer un humain a servi de sécurité pour les quelques fois où le désir de tuer a possédé le Moi. Précisons encore : dans notre éducation hiérarchique de sous-hommes et de sur-hommes, humain ne signifie évidemment pas espèce humaine. En règle générale, *Homo* n'est pas un concept biologique, mais culturel.

Pour l'homme qui est élevé dans la croyance qu'il est une Bête, je subodore que la conscience-pré-conscience refoule cette Bête (avant tout notre désir de dominer-tuer par peur, par frustration-vengeance et par jouissance) pour ne pas culpabiliser, et cet insu s'infiltre partout pour de bonnes et belles raisons, ce que Freud appelle des rationalisations. La raison-*logos* comme sublimation, raffinement de la Bête ? Dieu ou Raison tout-puissant... amour possessif ?

Je partage l'avis du sociologue Edgar Morin (3) qu'il faut explorer ses démons, et donc aussi ses anges pour comprendre pourquoi on adhère à une vision du monde plutôt qu'à une autre et l'impose à ses enfants et même à l'humanité. Mais pas seulement l'histoire personnelle de son enfance, aussi son tempérament, sa structure psychique, sa culture dominante et la condition de la conscience humaine. Les

---

* Un *Sur-Moi ?!* J'utilise ce mot car il est passé dans notre culture. En réalité, je n'ai pas éprouvé une instance supérieure. Il serait donc plus juste de parler d'un simple conflit, surtout que je pense que *le Ça* est aussi façonné par la culture.

pronoms « nous » (appartenance au collégial) et « on » (indéfini) ne font pas une pensée objective, comme par magie. En posant le « je », je suis consciente d'être subjective, et je peux donc tenter, si je le souhaite, l'ascèse de l'objectivité. Plus encore, en parlant en mon nom je vous évite les « En Vérité, je vous le dis... » pour des siècles et des siècles avec une généralisation abusive à la condition humaine, et je me protège de la jouissance de la toute-puissance. Parler en son nom rend vulnérable. Je vous donne, aussi fidèlement que possible, mon cheminement. Tout ce que je crois et pense (ou crois penser) est affaire d'une femme affective et entière, de cinquante ans, ayant vécu essentiellement à Paris, élevée dans la non-reconnaissance, l'abandon et le mythe de Cendrillon, et s'exprimant en 1996. Je suis donc une femme qui cherche laborieusement une identité à partir d'un mélange de révolte, et de fusion-identification. Et je parle avant tout des femmes qui me ressemblent ; les autres, je ne souhaite pas trop les comprendre. C'est de cette *hystérie** que je tente d'approcher le prototype du civilisé gréco-judéo-chrétien-laïque-athée.

Il ne faut pas croire que l'illumination mystique nécessite une ascèse. Il ne faut pas non plus croire que la révélation trouve son origine dans un corps douloureux. Il ne faut pas croire encore que les intuitions sont nécessairement violentes dans le corps, mais se demander pourquoi il en est souvent ainsi, en particulier chez ces hommes ?

Onfray déraille un peu, comme Nietzsche. La révélation serait un raptus violent qui trouve son origine dans un corps

---

* Ma première réaction est évidemment de rejeter le terme d'hystérie, qui est une insulte historique à la femme. Néanmoins, ne plus la nommer est un moyen non de reconnaître cette manière d'être, mais de la faire disparaître. Ce qui n'est pas nommé par la culture n'existe pas. J'emploie le terme d'hystérie comme structure psychique qui peut ou non devenir pathologique.

douloureux, le cerveau n'assurant que la conscience-raison qui met en forme, en ordre... *Plus le corps est habité d'interrogation, de doutes, de questions, plus il est en état de tension, plus il met la chair en demeure de résoudre ces conflits. A l'origine des enthousiasmes, des extases, des fureurs ou des conversions dont l'histoire des idées a conservé la trace, il y a toujours un état de flexion maximal, une inquiétante étrangeté qui déploie l'influx nerveux dans un arc aux limites de la fracture.*

Si la croyance en la pure raison-réflexion est une illusion ; si la reconnaissance de la sensorialité, des émotions et surtout des motivations nous éviterait bien des constructions intellectuelles ; si les tensions psychiques s'accompagnent de contractions musculaires ; la division corps-inconscient/cerveau-conscient-raison est tout aussi simpliste. Onfray confond le qualificatif « cérébral » avec le cerveau. Même lorsque la révélation est ressentie dans le corps, le cerveau y est pour beaucoup. Il n'y a pas plus de raison de séparer le corps du cerveau, que l'esprit ou l'âme du corps-cerveau. Aussi, je m'interroge sur les causes de la violence des raptus corporels décrits par Onfray ?

J'ai longtemps utilisé la passion-obstination pour partir en « voyage » (ce qui est très dangereux et inutile). Et c'est encore souvent la voie que j'utilise dans ce type d'écriture. Celle de la cocotte minute que l'on chauffe jusqu'à ce qu'elle siffle de la vapeur ou, carrément, explose si la soupape est bloquée.

Cependant, jamais je n'ai vécu ces rapts avec l'intensité de Socrate, de saint Augustin, de Descartes, de Pascal, de Rousseau ou de Nietzsche. Je suppose pour cinq raisons : premièrement, je suis une femme, frêle de surcroît ; deuxièmement, j'ai un système nerveux sympathique peu résistant ; troisièmement, je n'ai pas un sexe qui peut posséder, mais seulement s'abandonner ; quatrièmement, je ne suis pas, d'une manière générale, une refoulée et je ne souffre ni de conflit interne ni de culpabilité entre le Mal (les sept péchés capitaux... de la Terre) et le Bien (Le Beau, le Bien, le Vrai... du Ciel). Mon premier conflit est celui entre l'épuisement nerveux et l'impossibilité de faire une sieste. Dans ce cas effectivement, j'éprouve des douleurs physiques croissantes avec troubles végétatifs et l'impression que ma tête va exploser. Un autre conflit fréquent est le doute lorsque je dois porter un jugement sur une personne ou sur une pensée. Si je m'étais trompée, si j'avais mal compris, si la personne n'était pas responsable, incertitude qui provoque de l'anxiété. Un voyage en esprit avec Nietzsche par exemple : je suis une vieille femme sénile dans un fauteuil roulant. Une infirmière me rabroue, car j'ai décollé le sparadrap tenant ma perfusion. J'entends le Père céleste qui m'appelle d'une voix douce : *Zarathoustra, Zarathoustra...* Nietzsche, c'est moi !! Il me faudra relire Nietzsche, et m'arracher de la tendresse que j'éprouve pour cet homme, afin de porter jugement sur sa pensée. Un autre conflit : sauter au cou de Charles ou le lui tordre... juste un peu, mais comme ces deux souhaits accélèrent le cœur... Enfin, même lorsque je voyageais follement, je ne voulais pas posséder le Ciel (ce qui serait aussi fou qu'un marin sur sa barque qui se voudrait maître des mers), mais désirais planer dans un sentiment d'appartenance, ou découvrir les lois du Ciel.

Saint Augustin est une bonne illustration de tensions conflictuelles à l'origine de l'essentiel des crises violentes rapportées par Onfray. En 385, saint Augustin somatise son angoisse du Mal : maux de dents, insomnies, douleurs dans la poitrine et une grave extinction de voix à l'origine de son précept : *parler de soi est vanité*, un des péchés capitaux de Dieu ou de la Raison... de Charles. On devine d'où vient le « on » et le « nous » « objectifs » des scientifiques avec un moi ou un collégial qui généralise à l'espèce humaine. Augustin *tâche de se défaire des goûts prononcés qu'il a pour le plaisir, mais n'y parvient pas – à son grand regret. La culpabilité va croissant et épouse son impuissance au renoncement. « Je me rongeais ainsi en dedans. » Il recourt aux méta-*

phores du bouillonnement, de l'orage (...) *la cause de mon malaise est « l'assaut mené de moi à moi ». Une part qui obéit au désir, une autre qui travaille à l'ordre : le principe de plaisir et le principe de réalité, le ça et le surmoi.* Augustin finit par délirer avec douleurs corporelles dans un sentiment de mort. Sept mois plus tard, alors qu'il prépare son cours de rhétorique, il « *sent monter en lui une grande tempête* », s'effondre dans un torrent de larmes, entend une voix qui lui commande : « *Prends, lis ; prends, lis.* L'Epître aux Romains est ouvert à la page qui « *condamne l'orgie et l'ivresse, la paresse et la légèreté, la dispute, l'envie et la chair.* » Augustin est converti-guéri (à sa mère). Il sera le Père de l'Eglise de la « *chasteté, de la pureté et de la virginité* », et christianisera Platon (ce qui ne fut pas difficile).

Encore une conversion d'un parti à son contraire, avec la violence des anti-sectes, anti-tabac, anti-sexe,... Coupable, comme Pascal, de libertinage, saint Augustin devient ascétique. Nietzsche fait plutôt la conversion inverse. Inhibé-refoulé par une éducation théologique et philosophique austères, sa colère gronde jusqu'à exploser à trente-huit ans dans... son œuvre. Onfray ?

Des inspirés.

On ne peut pas réduire les créations à la crise nietzschéenne. Monet n'est pas un révélé, mais un inspiré. Petit déjeuner dans un café. Un homme me croque tranquillement. Je le jalouse. Il est peintre et professeur de dessin. *Tout le monde peut dessiner, il suffit de laisser venir à soi la personne, de s'abandonner à ses impressions, le crayon fait le reste. Il ne faut pas vouloir dessiner.* Cette connaissance, ce savoir qui se charge d'un sentiment de vérité-réalité, peut survenir sous la forme de ravissements-inspirations douces comme le miel. Celle de l'écrivain Fréderic Dard (4) : *Et puis, je me mets à ma machine, je commence deux ou trois mots... et je sens cette espèce de paix qui entre en moi, ce bien-être, cette volupté. C'est merveilleux. Alors ça démarre, et quand ça vient, c'est somptueux.* C'est ainsi que peuvent être un homme et une femme. Etre ensemble amoureux de la vie : en flânant dans les jardins la main dans sa main dans sa poche, en partageant un petit verre de blanc au petit déjeuner face à un marché, en croquant dans la queue d'un homard grillé les pieds dans l'eau, en caressant des yeux (interdit de toucher !) les sculptures de Brancusi...en se caressant de tous les sens sous la couette...

Sentiment d'harmonie, de plénitude, de volupté, d'écoulement, entre l'inconscient, le moi, et l'extérieur, un sentiment sacré de douce vérité. Il est vrai qu'elle est rarement décrite par les hommes de Raison ou de Dieu ou du Corps et même de l'Inconscient. L'historien de la médecine Peter (5) décrit son éprouvé lors d'une prestation orale heureuse, un éprouvé comparable à celui de Pierre : *Ma femme elle-même me dit que quand je fais des conférences, je ne suis pas le même homme, que je ne sais pas m'exprimer comme ça ; donc il y a quelque chose* que Pierre nomme Dieu. Peter : *A certains moments (d'ailleurs imprévisibles), dans telles conditions particulières, celui qui parle devant un public se sent élevé au-dessus de ses capacités habituelles. Quelque chose survient, qui est comme un bonheur soudain de la parole et de l'esprit, une facilité, une imagination verbales qui excèdent les possibilités courantes issues d'un entraînement bien mené. On pourrait dire (mais le mot est trop plein de pièges pour être aisément soutenu) un état de grâce (...) un déclic, un hasard, une illumination (je ne puis dire), sans prévenir déchire mon projet, me fait lâcher le fil secourable des notes où s'est transcrite une préparation soigneuse, et c'est alors une parole inspirée. Une transe (...) lucide et contrôlée, bien que la manifestation en soit inattendue. L'a induite l'exercice même d'une vigilance accrue, une de ces vigilances frémissantes nées dans l'élan d'une prestation orale heureuse, en présence d'un auditoire attentif et porteur. Dans ces conditions surgit véritablement un surcroît d'implication mentale. Double est le mouvement qui en découle, à la fois entièrement porté vers l'extérieur, vers un public, et tourné en dedans, absorbé dans sa propre tâche orale, c'est-à-dire dans une gestation parolière dont l'impression qu'elle donne à qui la vit est d'accéder à un éveil cognitif, à un mode de pensée plus holistique, plus créateur.*

Spinoza est à la mode à Paris, pas très loin derrière le bouddhisme. Il détonne parmi les grands philosophes existentialistes. Il n'est pas un homme tout-puissant. Il ne croit pas à l'origine bestiale de l'homme. Celui-ci serait bon par Nature. Spinoza est le prototype même de l'homme contemplatif jusque dans l'action, sereinement amoureux d'une belle idée au point de la prendre pour vraie.

Que cherche Spinoza, un Juif d'Amsterdam au XVIIe siècle ?

Une voie spirituelle sans tomber dans l'*irrationalité de la foi* qu'il aurait démontrée par une critique de la Bible. Elle serait superstition car sans valeur historique, parole subversive qui lui vaut d'être excommunié par la synagogue. Que trouve-t-il ? Il n'existe pas de Dieu transcendant la nature (et donc pas de Dieu puissant ni de pouvoir théologique). Il existe une seule réalité : Dieu, l'Etre qui est la Nature dans sa totalité. L'Homme est corps, et raison (synonyme d'âme et de pensée) inséparables, mais sans relation de causalité. Et l'Homme est une expression finie et périssable de l'Etre, substance et raison, infini et éternel. Le désir d'Etre est l'essence même de l'Homme. Plus l'être s'accroît, plus il est joyeux et l'être s'accroît en se mettant en rapport conscient avec la perfection de l'Etre.

Spinoza assure que c'est là la vérité, une vérité acquise par la seule raison, mais dont le sentiment de vérité-beauté-amour fait partie. La raison intuitive est ce *qui donne un contenu à une idée vraie mais encore vide* où *Dieu* (Nature) *se réjouit de lui-même* (!) : *la béatitude, l'Amour intellectuel* de l'Etre. Alors qu'il annonce que l'humain est périssable,

Spinoza écrit : *Nous sentons et nous expérimentons que nous sommes éternels.* Exactement ce que je crois en planant en voyage et tout autant dans les bras de l'amant ! Une expérience simple : vous vous allongez, vous détendez votre corps jusqu'à son oubli, tout en vous tenant dans une tendre, admirative, désirante pensée-représentation d'appartenance à l'univers. Doucement, les limites du Moi-corps s'estompent jusqu'à une sentiment de douce fusion atemporelle. L'erreur est de croire qu'il s'agit là d'une réalité cosmique.

Alors pourquoi son traité de géométrie (6) ? Si ce n'est par fascination pour les idées et par admiration de Descartes ? Si l'on croit l'historien de la philosophie E. Bréhier (7), ce n'est pas le raisonnement qui conduit Spinoza à l'idée que la Bible est fadaise, puis à une nouvelle représentation, même *encore vide*, de l'Homme-Dieu-Nature-Etre. A Amsterdam, le jeune Spinoza révolutionnaire fréquente certains Juifs qui nient l'immortalité de l'âme et défendent l'idée que la loi de Moïse est une invention humaine et la Bible un ensemble de contradictions. De plus, Spinoza prend connaissance de la Cabale et de certains philosophes juifs du Moyen Age qui enseignent que *la perfection de Dieu consiste non dans la connaissance, mais dans l'amour, et que la perfection d'une créature dépend de la part qu'il a à cet amour ; cette doctrine, si conforme à celle des Franciscains, est celle que nous retrouvons à la fin de L'éthique. C'est Maïmonide ou quelque commentateur du Zohar, à qui Spinoza peut faire allusion en parlant d'anciens Hébreux qui ont vu que Dieu, son entendement et l'objet de cet entendement étaient identiques ; c'est la thèse plotinienne de l'identité de la pensée, du sujet pensant et de l'objet pensé qui arrive ainsi jusqu'à lui.*

Il est exact qu'en se mettant en rapport conscient avec l'idée de la perfection de l'Etre, le sentiment de vie s'accroît ; un sentiment qui se confond avec celui de vérité heureuse. Mais rien ne prouve, ni sa démonstration géométrique ni le sentiment heureux de vérité-réalité, que la vision du monde de Spinoza soit objectivement vraie, ou inversement, elle peut être fausse et néanmoins vécue comme vraie. C'est tout le problème de l'intuition-inspiration-révélation qui s'accompagne toujours d'un sentiment de vérité, et qui, dans la mesure où elle est vérifiable, souvent s'avérera fausse. Rien ne prouve que Dieu-Nature se réjouit avec Spinoza, que l'homme est bon par Nature et rien ne prouve encore que le corps-cerveau et l'âme-raison soient sans rapport de causalité.

Ce chercheur d'un sentiment d'Etre retrouve en fait une voie de félicité : celle de l'amour des idées abstraites. A longuement réfléchir-méditer sur une belle idée, l'homme finit par se fondre en elle. Spinoza démontre qu'à longuement réfléchir-méditer sur un savoir abstrait, la psyché finit par s'ouvrir à sa co-naissance, par la pénétrer affectivement.

Remarquons que c'est aussi ce que fait Nietzsche. Il médite longuement sur le barbare créateur et conquérant et, un jour, devient lui. Et c'est encore ce que fait le mystique monothéiste avec l'idée qu'il se fait de Dieu : *Je suis Toi* ou Je suis Un. Et c'est encore ce que fait simplement l'amante, mais en disant : Je suis à Toi.

S'il est vrai que Spinoza s'est détaché de l'irrationalité de la théologie et des superstitions populaires, il a néanmoins glissé vers l'« irrationalité » du *sentiment océanique* avec l'idée de l'Etre parfait-Raison au nom de la Raison. La Raison-Amour universelle atemporelle. Si je l'ai bien compris (pas par son traité, plutôt à partir de Gaarder), c'est un révélé de la Raison-Dieu-Nature-féminin, alors que Nietzsche est un révélé de l'Instinct-Dieu-Nature-masculin. Enfin, je crois que la Bible est un récit de nos mythes-manières d'être, y compris l'invention d'un Dieu tout-puissant... amour possessif.

On ne peut continuer à ne retenir pour vrai, réel que ce qui nous plaît, ce que je ne cesse de faire moi-même : le beau, le bien, le juste, le bon. On veut tout savoir sur le paradis, et oublier l'enfer. La fusion « cosmique » peut prendre toutes les colorations affectives. L'expérience du Dieu-Cosmos-Nature ou celle du Vide est, à l'image de l'humain, ambivalente. Elle a ses humeurs. Mais ou bien le mystique-philosophe lui-même renvoie l'horreur au diable ou à une épuration imparfaite ou bien ses disciples l'épurent en saint Homme ou bien encore notre culture renvoie l'impur à la psychiatrie. Seul l'ineffable est mystique ; l'innommable doit se taire. Sur quel critère, si ce n'est ceux du bonheur, de la terreur et de la culpabilité ? Surtout quand on sait qu'il suffit de peu pour chavirer du bon au mauvais voyage, comme le formulait la génération LSD.

L'univers vide n'a pas moins de réalité-vérité que l'univers bienheureux. J'écoute un toxicomane qui sort béat d'une séance d'isolation sensorielle car il était dans le rien. Incroyable ! Mon enfance m'est renvoyée. Comment peut-on être heureux dans le rien ? Ignorante encore que le vide peut s'accompagner d'un sentiment plus ou moins grand de plénitude, celui du Bouddha serait sereinement plein, le désir de vide vraiment vide me concentre. Et brutalement, je tombe dedans. (Je)*-univers vide glacé. C'est dans un effort considérable que j'appuie sur le bouton d'une radio pour qu'une voix humaine me sorte de là. Vingt minutes atemporelles. Un autre souvenir du temps ou j'hésitais entre la mort et la vie : les orgasmes me conduisent soit vers la porte de la joie-vie, soit vers une autre que je pressens comme danger mortel. Normalement, si je me trompe de route, j'arrête tout, pour éventuellement repartir d'un meilleur pied. Mais cette fois, l'orgasme monte trop vite et je tombe dans la (ma) mort. Charles : *Derrière l'éjaculation, c'est souvent la mort.* (Je) suis le tout mort. (Je) suis une étendue sans fin d'une aridité radicale, la désolation absolue, sans la trace d'un affect. L'amant se lève tandis que (je) reste assise,

* (Je) : la parenthèse indique ici que le « je » s'estompe. Néanmoins, il ne s'évanouit pas, sinon, il ne pourrait raconter son expérience.

muette, au fond du (de mon) puits. Deux jours atemporels sans une aspérité où s'accrocher. Cette expérience me permet d'approcher le suicide non par désespoir, mais parce qu'on le croit logique. La logique glacée de l'univers. A côté, la raison est vraiment chaude. Univers lunaire ou mort par retombée nucléaire. On peut aussi fusionner avec l'univers-tristesse. Je hurle ma solitude. (Je)-univers tremble. De retour, tout en me disant que je viens d'expérimenter l'absolu de mon désarroi, je jure de ne jamais plus déranger l'univers et je tiens cette promesse. On peut aussi fusionner avec Dieu tout-puissant. Je n'ai pas expérimenté l'univers colère, mais je l'ai pressenti une fois et un homme m'a parlé de sa vérité tout aussi absolue, au point d'ailleurs qu'(il) en a blessé gravement son père.

Devant cet éventail d'éprouvés, j'ai fini par me dire que la *fusion cosmique océanique* n'avait pas grand chose à voir avec Dieu, Cosmos ou Nature. D'ailleurs qu'est-ce que la nature universelle ou le cosmos pour celui qui n'est jamais sorti de son village ? Ou encore la nature pour celui qui ne connaît que la Cité ? J'ai gardé les qualificatifs « divin », « sacré » comme sentiment humain. Le cosmos des mystiques de Gaarder ? La fusion sereine, délicieuse ou amoureuse avec un concept (nature, dieu, vide...). On peut colorer un concept, une idée de tous les affects. On peut remplacer le concept de dieu, de nature, de vide par la raison, la liberté, la nation, par exemple, ou n'importe quel autre. La fusion cosmique de Gaarder peut aussi être un grand sentiment traduit en concept. Par exemple, le sentiment d'absolue liberté devient le concept de liberté, le sentiment d'absolue puissance ou amour devient Dieu tout-puissant ou tout-amour, le sentiment d'absolue connaissance devient la connaissance.... Le sentiment d'appartenance à la nature du marin-pêcheur, du paysan ou du chasseur-cueilleur repose sur une connaissance concrète de sa mer ou de son terroir et de son groupe social, mêlée d'imaginaires-spiritualités-affects, comme toute perception.

Une communauté sensuelle que j'appelle aussi la réalité concrète-symbolique, et non une fusion avec une idée ou un sentiment, avec, souvent, mépris de la vie. C'est *le bon vin qui a du corps et donc une âme* de mon inconnu. C'est aussi une jouissance qui est arrêtée par le principe de réalité, qui n'est pas la loi du père, mais celle de la nature. Encore une fois, le marin sur sa barque ne peut jouir de conquérir la mer sans, très vite, prendre une claque, et le paysan (et non l'agriculteur qui est un industriel de la terre) ne peut forcer la terre.

Dommage que Spinoza n'ait pas été un peintre amoureux de la lumière hollandaise. Il n'en reste pas moins remarquable parmi nos grands hommes. Contrairement à Nietzsche, il ne révèle pas le sentiment d'être tout-puissant, mais celui de l'être aimant-serein. Le jeune intellectuel révolutionnaire devient un sage artisan philosophe (polisseur de verres d'optique... *pour mieux voir*, fait joliment remarquer Gaarder). Il est austère, mais pas fanatique. Les Hommes trouveront la (sa) vérité si on veut bien les éduquer. Spinoza laisse les pouvoirs de Dieu théologique et personnel pour le ravissement-émerveillement devant une belle idée. Spinoza a (re)trouvé une voie non seulement de la non-souffrance (il est tuberculeux), mais de la sérénité. Il expérimente en plus l'inutilité de l'ascétisme. La plénitude de la contemplation sereine est telle que plus elle se stabilise, moins l'homme est assailli par les *tentations*. Inutile de les combattre. Je n'offrirai pas Spinoza à Charles. Dans la plénitude d'une belle idée de l'Etre, l'homme vit très heureux loin des vanités du monde, de la chaleur amicale et du désir... de la femme.

Dommage que Spinoza n'ait pas découvert que l'on peut vivre la joie en couettant toute l'après-midi, en croquant beaucoup trop de chocolat ou en se passionnant dans un débat d'idées, à la condition de remercier la Vie. Je l'avoue : la sagesse de Spinoza m'ennuie un peu (beaucoup).

Pour vivre cette expérience jusqu'à l'acmé *océanique*, il n'y a besoin de rien d'autre que de se laisser transporter (ravir) par quelque chose ou quelqu'un d'admirable. Il suffit de laisser faire son émerveillement pour la beauté des choses de la vie, doux transport poétique de Bachelard*, plutôt que toute-puissance de Nietzsche ou de tant d'autres... Einstein écrivait : *L'homme incapable d'émerveillement, l'homme que rien n'émeut, qui ne peut ni contempler ni connaître le frisson de l'âme en extase, pourrait aussi bien être mort, car il a déjà fermé les yeux à la vie* (8).

En création, la sympathie au monde est le domaine de Pythagore, le Bon Magicien, le Rêveur Inspiré qui s'étonne, admire, questionne humblement les mystères du monde.

Néanmoins, néanmoins...Spinoza était un artisan... Lorsque l'ébéniste en bas de ma rue passe sa main sur le bois qu'il rabote, il est non seulement paisible, mais dans l'idée-projet-sensation de la perfection, sans besoin de se tenir dans l'amour intellectuel d'un beau modèle de l'univers...

Deux manières d'être au monde.

Il y aurait donc deux voies principales d'accès au sublime (et à la terreur) de la connaissance, dans un dosage variable selon la manière d'être au monde. Celle de l'excitation-tension-effort-agression-possession et celle de l'abandon des défenses, le masculin et le féminin.

La première voie est celle du civilisé conquérant qui, dans un désir et un effort souvent forcenés pendant des jours et des mois, voire des années, veut arriver, trouver pour finalement posséder. Il cherche obstinément une solution et, épuisé, la révélation surgit dans un raptus, raptus qui est

* Je rêve que cet homme aimait la femme comme il poétisait les éléments ? Malheureusement pour Sophie, il y a tant de poètes, de peintres et de sculpteurs qui n'osent nous aimer qu'en imagination.

d'autant plus violent qu'il reste debout. Il y a quelque chose de la « défonce » dans cette approche, de l'ordre du défoulé et de la possession d'une femme, d'une solution, de la terre et du ciel. C'est celle de Zarathoustra, du témoignage anonyme qui, lui, n'a pas le choix, de Pascal et de nos ascètes en général. Il y a aussi cette croyance gréco-judéo-chrétienne que rien ne peut s'obtenir sans peine : *Tu enfanteras dans la douleur* et *Tu travailleras à la sueur de ton front*. Effort suivi de quelques instants de félicité, pour repartir dans l'effort ou dans la course toujours plus haut, plus loin, plus profond... ou dans la thésaurisation... toujours plus et plus encore. Désir de posséder, de vaincre, rage d'impuissant transmise de génération en génération. Désir de solitaire en quête d'un paradis. Une autre croyance : le manque est source de désir avec un *plaisir* synonyme de mort... du désir dit la psychanalyse et avec elle et avant elle, le fondement même de notre civilisation. Quel conditionnement ! Ce plaisir est l'épuisement d'un être sous tension. Il existe un regard, une pensée, une (re)création de grâce. La question est pourquoi avoir réservé les louanges à l'idée (l'abstraction intellectuelle et mystique), en réduisant le concret-symbolique (le corps inclus) à l'utilitaire-prison... tout en envahissant le monde de produits évidemment inutiles et même nuisibles ? Je me souviens d'une très vieille femme philippine, une gamine au rire généreux, peintre et guérisseuse, épouse d'un homme bon. Chaque matin, cachée, je la regarde. Elle se lève avec le soleil et valse dans son jardin d'orchidées. Puis elle en cueille une qu'elle porte à son mari qu'elle adore. Ensuite, elle cuisine, peint ou soigne comme elle valse.

L'autre grande voie de la révélation est celle de l'abandon des défenses, de l'admiration, de l'émerveillement, de la fécondation, du féminin dans la nature douce ou familière, les arts et la littérature. Celle que l'on peut trouver dans le geste juste de l'amant, du peintre, du danseur, du musicien, dans l'inspiration poétique et romanesque, dans la lecture d'un roman captivant, celle de l'homme de science qui ne craint pas de se laisser influencer. En réponse à Sade et autres solitaires, l'historien Peter décrit la pénétration par la parole qui vient *habiter ceux qui s'ouvrent à elle, pour une symbiose soit gratifiante, soit menaçante, selon*. Parlant des maîtres universitaires français, il y a trente-cinq ans : *...ceux plus rares encore, dont la parole avait le don de produire un* ***vertige*** ; *ce vertige (...) qui, c'est sa vertu primordiale, nous modifie, nous déplace, ouvre en nous un champ de conversion à un savoir nouveau, à une pensée neuve, surtout à une interrogation fécondante.*

Cette parole nous a fait naître à nous-mêmes. Le plus important de ce qui s'est joué là tient à ce en quoi ces éveilleurs, homme ou femme, avaient une ***présence*** ; *et à ce que celle-ci était rendue sensible dans l'accomplissement même de la production langagière. Un processus où s'enlace et se mêle à ce qui est verbal toute la part vitale qui émane des registres du corps. Car au même titre qu'elle appartient à la pensée, la parole vivante et animée relève du physique, par la respiration, par les gestes, les postures, les expressions (celles de la physionomie et du regard), qui sont langage par eux-mêmes en même temps qu'ils forment les appuis et, pourrait-on dire, les propulseurs du verbe. Verbe alliance et de fusion : esprit et corps unifiés. De là naît la vive coulée parolière, qu'assiste et travaille l'usage efficace de ses moyens spécifiques : l'articulation, les inflexions, les rythmes, mais d'abord et par-dessus tout* ***l'intonation*** *(...). Parlent de cette façon, et dans cette irradiation du sens, aussi bien les mères-grand que les orateurs inspirés. Deux sortes de personnes, au demeurant, qui semblent désormais appartenir à des espèces à peu près disparues...*

Peter est à l'opposé du cognitiviste qui garde la dichotomie mental/passion en ignorant le fondement affectif de toute (véritable) culture : *(...) les récits, les idées, les éléments de représentation ou de savoir, les rêves mêmes, qui s'impriment en nous au fil de la transmission orale, loin de constituer les multiples entrées d'une sorte de dictionnaire interne de références, dont nous userions pour en évoquer les contenus, les citer, nous appuyer sur leur autorité ou leur puissance de séduction, au contraire s'identifient à nous qui les avons reçus du dehors, se fondent et s'assimilent au point de ne plus faire qu'un, désormais, avec notre propre substance. Nous les exprimons alors comme foncièrement nôtres, tirés du fond original de notre pensée ou de notre sensibilité. Cela non par captation ni dérive plagiaire. Mais en toute certitude, en toute légitimité oublieuse de ses sources, et par l'effet d'un mécanisme qui équivaut à une sorte de fonction digestive naturelle. De la sorte, il n'y a plus de premier auteur repérable, plus d'origine. La parole créatrice qui fut prononcée s'est dissoute ; elle est passée dans notre sang, faisant de nous les inventeurs de ce que nous avons un jour reçu si passionnément. Dans le rapport d'oralité féconde, c'est donc la transmission qui triomphe ; l'ensemencement. Il n'y a bientôt plus trace du semeur* (5).

L'abandon est aussi la voie du religieux contemplatif. Celle encore de Spinoza que les chrétiens appellent *la contemplation* (de Dieu) *jusque dans l'action*. C'est aussi ce que ma culture toujours réductionniste appelle la relaxation, peut-être aussi parce que ce mot fait moins peur que l'abandon. C'est encore la voie de l'hypnotisé : *vous n'entendez plus que ma voix*...Pas de raptus, mais plutôt une ouverture progressive, une séduction. Plus simplement, c'est celle que l'on cultive, même agnostique, si l'on veut bien prendre son temps.

Accueillir est recevoir et non prendre-posséder. Préparer un dîner n'est pas seulement faire un bon plat. Les traiteurs le font très bien. C'est se préparer à recevoir. Depuis le matin, on se met dans l'attente active du don/contre-don, de l'offrande entre personnes singulières. Une méditation. On s'ouvre. On se donne, ce qui induit automatiquement un sentiment d'abondance... d'où le dicton populaire *les amoureux se suffisent d'amour et d'eau fraîche*. Les invités s'ouvrent aussi, même si c'est plus à leur insu. Ils se réchauffent à l'idée que quelqu'un passe la journée à penser à eux. Une symbiose-communauté affective se prépare autour de l'oralité. Un plein, un état de grâce, une joie, qui se passe très bien de Dieu ou qui aimerait que ce Dieu s'appelle la Vie. Et à l'époque où les voyageurs, ceux qui apportaient des nouvelles de l'autre bout du monde ou même seulement de leur pays, étaient rares, ils étaient chaque jour attendus. Ce qui est exactement la démarche de l'abandon plus sensuel et totalement confiant dans l'attente active de l'aimé (e). Les multiples petites voies de l'atemporalité. Glissement de sens : la passion d'un grand plein/la passion de la multiplication des petits pleins. Une société co-responsable de petits pleins. Si je continue, je vais bientôt laisser Charles ! Mais à Paris, emmitouflés dans nos manteaux, comment faire des petits pleins de caresses ?

Il est vrai que l'abandon des défenses rend d'autant vulnérable qu'il est profond. Je n'ai toujours pas trouvé comment éviter de glisser du plein d'allégresse au plein de tristesse. Les rues de la Cité ne se prêtent pas à la danse. Souvent, on glisse sans s'en apercevoir et sans comprendre que cette tristesse, comme ce bonheur, vient avant tout de soi, qu'il suffit de changer de décor. Pris dans un paradoxe, on est pétrifié. De plus, ces sentiments transcendants sont vécus comme atemporels (une autre raison de l'oubli de l'hystérie). Dans le temps linéaire, on peut sortir du présent pour s'orienter vers le passé ou le futur ; contrairement à l'atemporalité qui est vécue comme un éternel présent.

Pour le manque de l'aimé, j'ai trouvé. Je l'appelle le jeu du mec/mac(intosh). Avant que le ravissement reflue franchement, je me mets volontairement à ma passion intellectuelle qui est plus autonome. Après un certain temps de cet exercice, on est étonné : d'abord, il est très efficace pour prévenir la douleur ; mais surtout arrivent des instants, puis des moments superbes de passion-ravissement. On est soi avec un A(a)utre en conscience périphérique (une pensée, un paysage, une musique, un auteur, l'amant...).Encore un peu et j'arriverai à être consciemment Moi avec l'A(a)utre en jouant librement de l'un et l'autre. Une manière d'être poétique-passionné au monde ?

Pourquoi la voie de l'abandon quotidien est-elle rare chez ces hommes ? Jeune femme, je croyais devoir me surpasser pour être aimée d'un homme digne de ce nom. Aimée, ou dans la croyance de l'être, je suis ravie, presque atemporelle. L'homme, le vrai, se surpasse pour être aimé de qui ? Que craint-il ? Que désire-t-il ? Pourquoi a-t-il souvent peur de se laisser pénétrer, de s'abandonner, avant tout avec la femme ? Pourquoi veut-il tout maîtriser-dominer jusqu'à parfois ses écoulements ? Pourquoi se lève-t-il si vite pour se reprendre ? En disant, au mieux, comme Charles, *le bonheur malheureusement toujours éphémère.* J'entends que, quoiqu'il fasse ou qu'elle fasse pour lui, cet homme ne s'aime pas ou, plus précisément, il n'aime que l'image (l'idée) qu'il se fait de lui-même. Devant la réalité du miroir, il défaille. J'entends aussi qu'il *s'engage dans un parti pour une idée, pas par sentiment...* Il s'engage dans le mariage, dans sa carrière, en politique, en religion... et même en psychanalyse, alors qu'il *tombe amoureux* (la femme qui se réfléchit entre en amour et ne tombe enceinte que si c'est une catastrophe). Mais à la fin des fins, il resterait solitaire. Personne à qui se fier. Alors que peut-il faire d'autre que de devenir un surhomme, Dieu puissant ou Bête, et/ou de fusionner avec une belle et grande idée ? Et ne reste plus à *l'hystérie* qu'à entrer en amour avec son fils, Jésus ou son chat. Est-ce la faute de la mère qui l'étouffe (8) ? Du père et de ses frères rivaux qui le tuent ? Ou de son père et de sa mère et de notre culture en général qui, dès la naissance, lui suggèrent : *Tu dois être à la hauteur* (de qui, de quoi ? lui qui ne croit plus en Dieu le Père) ou *tu es un incapable* ? Et de sa fiancée puis de son épouse qui lui ressassent les mêmes refrains ? Est-ce la faute de ce sexe trop *petit*, trop *incertain* face à l'univers trop grand, trop menaçant ? Face à la femme trop fluide ? Est-ce la faute aux hormones mâles qui l'assoiffent de conquêtes ? Mais les hommes non conquérants ne sont pas nécessairement impuissants. Est-ce plus intolérable depuis qu'il se regarde longuement vieillir ? Maîtriser, conquérir, se surpasser dans l'action, dans la construction, dans l'ascèse ou sur une page blanche ou, au mieux, s'enflammer pour Dieu ou la Raison ou autre grande idée, ou se défoncer ? Des psychanalystes pensent que les rapports de puissance qui fondent notre civilisation sont dus à *une fixation au stade anal*, l'âge où l'enfant devient maître de ses selles, libre de les donner ou non à sa mère. Si c'est vrai, il serait temps que des ethnologues prennent en main notre éducation... Plus haut, plus haut, tu verras... tu retrouveras le paradis perdu des *stades oral* (celui de l'enfant au sein) et *fœtal*, mais cette fois en toute sécurité ?

On peut imaginer un scénario : une montée au Ciel, pas pour tous évidemment, pour les riches analphabètes. Chacun dans sa bulle virtuelle avec des autres virtuels directement branchés sur ses aires cérébrales en circuit fermé. Un petit monde à soi tout seul où chaque homme peut se dépasser-défoncer tout à loisir, exactement comme peut le faire le citadin sur son jeu électronique, le mystique dans sa grotte ou l'idéologue dans son cabinet...Et pour ceux qui préfèrent la sérénité fusionnelle, pas de problème : il leur suffira de se brancher réseau dans le magma de la non pensée-consommation planétaire. Quant à ceux qui ont vraiment le meilleur QI, ils partiront conquérir et essaimer dans l'espace, peut-être finalement la seule chose importante pour la vie qui n'a franchement rien à faire de notre morale.

L'expansion de la conscience du Nouvel Age est devenue réseau ! Je ne m'étonnne pas d'avoir ressenti de la transparence dans l'amour californien. La *communication* réseau « prend », car elle est sans risque affectif. Enfin plus de fluide sauvage, d'imprévisible, animal ou féminin. Un interrelationnel, mais entre des personnes virtuelles, et doublement pervers de surcroît car construit par l'Ordre devenu non identifiable. La question n'est pas les technologies, mais les idéologies-utopies-mythes qui se cachent derrière. Une normalisation. Le rêve du dominant. La question n'est pas de savoir si le « magnétisme animal » existe comme énergie physique, si la télépathie existe comme communication non sensorielle, mais pourquoi le Corps médical, scientifique, les rejette résolument ? Que craint-il ? Des pertes ? Des fuites ? J'ai « communiqué » Internet. Mon impression est exactement celle que me procure le flipper. Suivant la consigne, je réponds du tac au tac, en petit nègre. Je suis fascinée. Quatre heures plus tard, je m'arrache de l'écran. Je suis vide, comme épuisée par une trop longue frénésie à taper des coups. Il ne me reste rien, si ce n'est le vague souvenir d'une jouissance nerveuse, avec la réflexion que je pourrais vivre la même avec une mitraillette ou le sexe. Je crains cet orgasme facile où l'on perd la conscience de soi humain. Le magnétiseur (XVIIIe-XIXe siècles) et le sujet magnétisé s'enrichissaient l'un l'autre dans une conscience élargie ; contrairement à l'hypnose (XIXe siècle) qui réduira le sujet à un automate fasciné par un hypnotiseur maître du jeu. Une parole plus ethnologique : l'homme de raison dit encore indifféremment retrouver la raison ou retrouver ses esprits, et non son esprit, comme s'il savait encore que pour retrouver le bon sens, il faut retrouver ses esprits. Or, contrairement au monothéisme ou autre vérité unique et abstraite qui tombe du Ciel, l'animisme est induit par le concret dans sa diversité : des vents, des terres, des eaux, des animaux, des humains...

Néanmoins, l'abandon sans réflexion critique ouvre sur des risques collectifs. Combien d'hommes se laissent habiter, transporter par une idéologie de conquête... du paradis avec ses mégalomanes tels Napoléon, Hitler ou Mao et des milliers d'autres plus petits ? Après nos horreurs de ce siècle, nous craignons les mégalomanes, alors ils se cachent derrière les nouvelles technologies et le libéralisme. Je me refuse à l'abandon au collectif dans une culture de toute-puissance.

Le transport peut-être plus subtil. Que se passe t-il dans la passion amoureuse ? Je me rends à une conférence où je ne m'attends pas à trouver Charles. J'entre. Je jette un regard sur l'assistance. Charles est là. A l'instant même, je suis absorbée-fascinée. Il est la (Ma) réalité, le (Mon) tout. « Je » est ravi. Supposez que cet amant soit un conquérant ? Je partirais à la guerre avec lui, par amour non de la guerre, mais de mon homme !

Nettement plus inconscient : c'est par la passion amoureuse de l'enfant pour sa mère, son père, ses grands-parents,...ses maîtres, que se fait l'empreinte culturelle. C'est dire que l'adulte qui ne s'abandonne plus à personne car *je suis autonome, libre,* dit Charles, est en fait totalement façonné par les mythes de sa culture, y compris celui de se croire libre.

La passion dans la complicité

J'ai déjeuné avec Charles. En le quittant, sans raison, je suis passée chez l'une de mes amies chèvres. Nous sommes allées faire courir son chien au bois. Nous avons beaucoup ri, pour rien. Rentrée à mon bureau, je sais ce qui ne va pas. Franchement, si je vivais avec Charles, je ne pourrais résister à mettre des oursins dans son lit ou du poil à gratter dans son pantalon. Le ravissement, c'est superbe. Mais assaisonné de passion, c'est tellement meilleur ! *Tu causes, tu causes, ça t'amuse de t'écouter parler...* Charles, les grands philosophes et même Koestler m'ont fait déraper... Mais où ? Pourtant j'ai écrit que Spinoza m'ennuyait un peu, beaucoup ! Reprenons en réfléchissant.

...A nouveau la question de l'alternative. Soit le libertinage, soit l'ascétisme, soit la bête, soit la raison, soit la raison, soit dieu... soit la joie de l'affirmation de soi défensive-agressive-possessive, soit le ravissement. Pire : le ravissement doit éviter le toucher car, écrit Koestler, *dès que l'on prend dans ses bras, pour jouer avec lui (...), un élément de possession intervient et le charme est rompu.* Charles : *La passion quelle horreur !* Ne me reste donc qu'à l'admirer ou à être admirable avec mes yeux de crevette amoureuse. Même lui s'ennuierait mortellement ! Pourquoi le Moi ne jouirait-il pas passionnément d'être au monde ? d'être amoureux, de (se) comprendre, de (se) découvrir, de (se) créer, et de (se) ravir les uns les autres ? Les jubilations victorieuses ne sont pas nécessairement désir de dominer, posséder le monde, les collègues, une partie de soi, ou l'amant (e), avec des théories du Moi tout-puissant, ou haïssable. Les rires et les colères avec Jean me manquent. Passion n'est pas synonyme de possession ; masculin n'est pas synonyme d'affirmation de soi défensive-agressive-possessive, et féminin de rêveur éthéré. Charles : *Je regrette de ne plus être jaillissant...* Le jaillissant ne se réduit pas au sexe.

Koestler classe nos émotions en deux grandes catégories :

– Les émotions de toute-puissance qui sont ***affirmation de Soi*** ou **tendance *agresso-défensive***. *Le Moi s'éprouve comme un tout autonome, comme une valeur absolue.* Dans la mythologie, c'est la quête prométhéenne d'immortalité et de toute-puissance conquérante. Cette affirmation de Soi se trouve non seulement dans la découverte, mais aussi dans la soif, la faim et le sexe. Ces émotions sont liées à l'action et sont sous le contrôle du système sympathique.

– *Les émotions auto-transcendantes. Tout état de grâce – l'audition de Mozart, le spectacle d'un grand acteur, ou le fait d'ête amoureux – peut provoquer une montée d'émotions heureuses qui aboutissent aux larmes. La pitié et le deuil peuvent avoir le même effet physique. Cette classe d'émotions, joyeuses ou tristes, comprend la sympathie, l'identification, la pitié, l'admiration, le respect, l'émerveillement. Le commun dénominateur de ces émotions hétérogènes est un sentiment de par-*

ticipation, d'identification ou d'appartenance ; en d'autres termes le moi se sent faire **partie d'un tout** *plus vaste, d'une unité supérieure – que ce soit la nature, Dieu, l'humanité, l'Ordre universel, ou l'*anima mundi *; ce peut être une idée abstraite, ou un lien humain avec des personnes vivantes, mortes ou imaginaires. Je propose d'appeler* **tendance à la participation** *ou à la transcendance l'élément commun de ces émotions.* Ces émotions impliquent l'abolition des défenses et donc la passivité et sont sous le contrôle du parasympathique.

Koestler critique sévèrement notre éducation qui valorise avant tout l'affirmation de soi (défensive-agressive-possessive), et dévalorise les émotions auto-transcendantes, en particulier la tendresse. De plus, cet auteur a le grand mérite de donner une place importante aux émotions transcendantes, sans les expliquer par la grâce de Dieu. Il pose même ces deux tendances comme complémentaires : *Le besoin d'autotranscendance est aussi fondamental que la nécessité de s'affirmer.* Malheureusement, Koetler ne remet pas en question l'affirmation de soi-action défensive-agressive-possessive ; de plus, il place cette affirmation de soi et la participation dans une conception générale évolutionniste-hiérarchique, avec comme analogie la hiérarchie militaire.

Les tendances à l'affirmation de soi et à l'appartenance se trouvent du minéral à l'humain....*La polarité des deux groupes de tendances apparaît simplement comme cas particulier d'un phénomène général : à savoir que tout membre d'un organisme vivant ou d'un groupe social possède les deux attributs de la « totalité » et de la « partiellité ». Il agit comme un tout autonome sur les parties qui lui sont subordonnées aux échelons inférieurs de la hiérarchie organique ou sociale ; mais il obéit au centre coordinateur de l'échelon immédiatement supérieur.*

Le fait de penser le monde hiérarchiquement conduit à trois erreurs :

Premièrement, une identité enfant/primitif avec la civilisation-progrès. Deuxièmement, une affirmation de soi synonyme de domination. Troisièmement, une appartenance dans un ensemble supérieur.

Le primitif comme l'enfant serait dans la toute-puissance, dans la fusion corporelle et dans la magie, tandis que le civilisé sublime la toute-puissance et la fusion magique avec au sommet les (grands) arts (extase esthétique), la science (extase intellectuelle) et la conscience cosmique des mystiques.

Non !

Le primitif n'est pas un enfant, ce que sous-entend le mot de primitif (l'ontogénèse suit la phylogénèse). Sa fusion résulte d'une connaissance intime de son environnement et non de notre projection infantile. S'il ne conquiert pas, ce n'est pas – nécessairement – par impuissance, mais parce qu'il a imaginé d'autres mythes, d'autres manières de jouir, d'être un homme. Son art n'est pas inférieur au nôtre. D'ailleurs, il est aussi grossier de parler du primitif que de parler de l'animal. Il existe des groupes culturels et des espèces animales avec toute leur variété-complexité.

Il existe une affirmation-assurance de soi sur fond de ravissement, joie d'être soi, de se chercher, de s'affirmer dans la complicité. Je suis ce que je suis grâce aux autres. La question n'est pas ce que l'on m'a fait... ou pas fait, mais ce que ((j))'en fais... qui soit de l'ordre de la vie.

Il existe une appartenance à un ensemble non pas supérieure, mais plus large, plus généreuse, qui inclut la Terre. Il ne s'agit pas de dépasser les limites du Moi à force d'excitations ou d'efforts, mais de les laisser tomber, de les poétiser... dans une relation de confiance réfléchie.

Et je ne crois plus que *la science* et *la mystique pure* sont supérieures au concret-symbolique du primitif, du paysan, de l'artisan, du pêcheur... tout à fait capables d'abstraction. Je pense que la fusion mystique de saint Augustin et du Bouddha n'ont rien à voir avec Dieu ou le cosmos, mais avec la vérité limbique de toute révélation (9)*. Même *la contemplation de la divine danse des nombres* de Pythagore ne me parait pas plus évoluée que Zorba le danseur jaillissant. *L'ivresse mentale*, ou même *supra-mentale*, n'est pas supérieure à l'ivresse sensuelle. Nombre d'esprits artisans sont aussi paisibles que Spinoza et autres contemplatifs de Dieu et/ou de la Raison jusque dans l'action. Enfin, que penser de la toute-puissance et de la fusion sublimées par les *règles du jeu de la société civilisée* ?

---

* L'extase ne peut être assimilée à un Réel a-spatial et a-temporel, source de phénomènes paranormaux.Tout au plus, peut-être, l'extase-enstase facilite-t-elle son actualisation ? Cependant, ces manifestations sont également rapportées dans des moments de peur et de conflit...

V.

DE LA BETE...

Que dit Nietzsche ? L'homme, le vrai, est une Bête brute ou divinisée, un guerrier conquérant qui rêve d'être maître du monde et même d'en être le re-créateur. C'est comme ça et il ne peut en être autrement, c'est dans sa nature !

Je sais que certains ont dit que la nazisme avait outrageusement récupéré Nietzsche. C'est en partie vrai. Je ne crois pas que Nietzsche aurait été un fasciste. Il faut voir le film *Shine* de Scott Hicks pour comprendre comment notre civilisation peut égarer nos hommes créateurs. Un interprète touche le soleil en jouant le troisième concerto de Rachmaninov et, comme ce dernier, se brûle le cerveau. Il existe une autre création, joyeuse, généreuse, et non grande, glorieuse. Néanmoins, la première lecture de *Par-delà bien et mal* me mène directement aux transes guerrières et de là aux camps.

La guerre, c'est résister, se défendre pour le droit de vivre humainement. Sans exaltation, avec la conviction qu'il faut se battre pour obtenir ou retrouver le nécessaire suffisant au bonheur quotidien. Pour moi, ces hommes et ces femmes sont les véritables héros, qui sont en fait des anti-héros, des résistants à toutes les folies de notre monde.

La guerre, c'est aussi parce qu'il faut se battre pour être reconnu comme homme, un devoir-responsabilité – la Mère Patrie – même si on n'en a pas nécessairement le goût.

La guerre, c'est encore l'occasion unique de sortir de son village pour aller voir le monde, quand on a oublié qu'il suffit de prendre une roulotte et un cheval, et, souvent, que l'on ignore l'horreur de la guerre.

La guerre, c'est aussi la révolution pour une grande et belle idée ou un grand et beau sentiment : la liberté, l'égalité et la fraternité, dans un mythe de paradis. Malheureusement, on ne change pas une éducation fondée sur la peur de l'autre et la jouissance de la toute-puissance conquérante par enchantement.

La guerre, c'est encore la possession sauvage, la bête (et non l'animal) de guerre, régulière ou révolutionnaire, qui est aussi la bête de sexe. L'assoiffé de conquêtes. Témoignage d'un colonel français pendant la dernière guerre : *Qu'est-ce que vous croyez ? Bien sûr qu'ils violaient les filles, mais au moins j'étais assuré qu'ils seraient prêts au combat le lendemain...* Chiens dressés pour tuer, qui ne se tiennent que tenus en laisse par leur maître ! Combien de métiers tiennent et entretiennent ainsi des bêtes ? Un homme s'approche de la table de restaurant où je dîne seule, lisant tranquillement une revue quelconque : *Excusez-moi, je vois que vous n'avez pas de vin, je ne finirai pas le mien.* La quarantaine, bien tenu de sa personne, un peu fatigué. Je le remercie. Il est de passage à Paris. Je lui propose de s'asseoir pour un café. Il est orphelin. Jeune, il s'est engagé comme mercenaire. Il n'a pas aimé la guerre, mais il regrette *la grande famille.* Entendre combien les hommes de pouvoir, institutionnels ou révolutionnaires, exploitent notre soif de fusion, me dégoûte. Retraité de cette armée, il est garde du corps ou gardien de boîte de nuit. Il parle posément, plutôt douloureusement. Il aimerait se marier et avoir de beaux enfants.

Un couple entre : une femme épanouie dans la cinquantaine avec un homme réservé. Ils s'assoient à la table voisine. Deux, trois minutes plus tard, celui qui n'aime pas se battre postillonne des mots, les yeux exorbités, en renversant mon verre : *Je les baiserais toutes... chatte...salope...le sexe... la guerre... et ce vieux con... je vais l'enculer...* Je me lève, règle mon addition et sors.

Dans un bar intellectuel, à Paris. Un homme à ma droite. Je ne désire pas converser avec quelqu'un qui a les lèvres pincées. Mais, bon, nous n'allons pas rester en chiens de faïence. J'engage la conversation sur le ciel gris..... l'argent, l'histoire, le christianisme, le chamanisme. Je lui indique que j'ai quelque expérience dans le voyage en esprit. *Donc, l'âme survit à la mort* « – Je ne le pense pas. » – (*D'un ton sec*) *Donc après, rien, terminé.* Ce monsieur, dans la cinquantaine, est historien des premiers textes, marié, père de famille et élevé dans le catholicisme. Il me demande la technique du voyage. Je la lui explique brièvement. Il ne sait pas qu'il rêve la nuit. Le chamanisme, Homère, Orphée, ce sont *nos structures archaïques.* – « Je pense qu'elles sont toujours là » (...) – « J'ai du mal à comprendre ce que je n'ai pas vécu. » – *L'homme distancie toujours l'objet, cela lui permet d'être neutre, sans mélange avec les émotions, objectif* (inhiber ses réactions et ses sentiments de peur ne rend pas objectif car cela ne supprime pas la peur comme motivation consciente et surtout inconsciente). – « A quoi ça lui sert ? » – *Il est obligé car il doit mourir.* – » Je ne comprends pas, expliquez-moi ? » *Un homme doit mourir à la guerre.* – « Qui a dit (à l'homme qui se croit libre) : il doit ? » – *Il vient de là. L'homme est coupable de ne pas être mort.* (...) *Il y a trente ans, ici, il aurait raconté ses blessures, ses exploits, montré sa jambe de bois. Aujourd'hui, il s'ennuie. Je vous conseille d'écouter les chants des parachutistes ou de la légion étrangère des années cinquante, vous comprendrez l'homme.* Il parle de textes anciens. *Toutes les religions ont demandé de dépasser la bête.* – « Notre homme est élevé comme une bête qui doit être dépassée. » – *Les religions...* – « Qu'est-ce que la bête ? Le bas-ventre ? » – *Pas seulement : les crachats, la morve...* (Kant tout craché !) – « Comment faire pour que l'homme et la femme s'entendent ? » – *Il faut séparer.* – « Séparer quoi ? » – *La bestialité, on la libère, on s'en débarrasse et on n'en parle plus.* « – Alors on ne fait rien, car la femme n'a pas de sexe à libérer. »(...) – « La tendresse, la caresse ? » – *Franchement, ça nous emmerde.* Nous reprenons les textes anciens, puis nous parlons de sa fille, *jolie comme est toujours sa fille...*Ce monsieur me tend la main. En fait, il me serre les doigts, le bras rétracté. – *Bonsoir Madame.* – « Bonsoir Monsieur. » Franchement, si j'étais sa fille, je deviendrais homosexuelle et/ou hystérique pathologique.

Une belle guerre, même révolutionnaire, est donc pensée en cabinet par des hommes sans émotion et qui s'ennuient. Ainsi, la raison prend sereinement le temps d'élaborer de bonnes raisons, des stratégies et des techniques raffinées avec de grands discours transportants. Pour penser une guerre, il faut être intelligent, secondaire, idéologue, militaire. Le guerrier est un impulsif, un primaire, un sauvage... Le secondaire le met en première ligne, à la boucherie.

Je glisse de la guerre aux camps nazis, puis communistes. Je sais qu'il n'est pas de bon ton de confondre les deux. La plupart des émissions médiatiques évitent de généraliser la question des camps. Les premiers étaient des camps d'extermination, les seconds étaient des camps de redressement. Il est vrai que les premiers étaient les premières usines d'épuration, avec les vêtements, les dents et les lunettes parfaitement ordonnées. Raffinement efficace de la raison organisatrice, de l'Ordre.

Un jour, il faut bien se demander pourquoi la droite et la gauche conduisent à l'épuration ? En considérant le nombre de camps dans le monde depuis le XVIIIe siècle, on ne peut plus dire : c'est à cause... du nationalisme ou de l'internationalisme, des capitalistes ou des communistes, des Allemands, des Russes ou des... musulmans. Ne serait-ce pas plutôt à cause de notre rage-jouissance à maîtriser, posséder et épurer ? Toute-puissante Bête, Raison ou Dieu immortel ? Les camps, de droite et de gauche, comme l'apothéose logique de nos mythes fondateurs ?

Nietzsche se trompe : la cruauté, la bête féroce n'est pas la nature d'*Homo*. Rousseau et Spinoza se trompent également : il n'est pas dans la nature de notre espèce d'être bonne*. Il n'existe aucune opposition nature/culture. Il est dans la nature humaine et même de toutes les espèces nidicoles (dont les petits restent au nid), inscrit dans leur programme génétique, d'être cultivées. Un chimpanzé, un éléphant ou une poule mal cultivé par son groupe devient fou : une bête. Mal cultivé, l'homme devient la bête ou le diable qui rêve de devenir un dieu conquérant tout-puissant, ou un impuissant qui ne rêve plus de rien ; bien cultivé, il devient un primate humain.

Un seul émerveillement. Un incroyable. La résistance à l'état pur. Décapée des idéologies et des grands sentiments, la survie nue, silencieuse, économe, dépersonnalisée, jusqu'au témoignage. Comment Chalamov, par exemple, a pu résister à dix-sept ans de camp en Sibérie ? Il ne se suicide pas contre les barbelés électriques parce que, parce que... il vient de trouver trois brins de tabac ! Pourtant la vie, ce n'est pas si grave, un petit tour et terminé ! Le psychanalyste Dwyer de Macedo (1) formule l'hypothèse que seuls ceux capables de développer des défenses psychotiques survivent à la torture (de la famine, de la guerre, des camps, etc). Je ne peux accepter que ces hommes, ces femmes et ces enfants soient morts pour rien.

L'intérieur des camps n'est une aventure pour personne.

---

* En fait dans *Emile*, Rousseau n'écrit pas que l'humain est bon par nature. L'enfant n'est ni bon ni mauvais, car il ignore la morale. Il devient bon si on l'éduque selon l'ordre naturel, et non dans des désirs artificiels. Rousseau critique avant tout la vanité des cités à laquelle il oppose un esprit artisanal.

C'est le mépris de l'autre à l'état brut, jusqu'à la transe, de centaines d'humains, dans une escalade et cascade de méprisant-méprisé. Rage de mythes-rêves déçus avec ses boucs émissaires. Le mépris c'est aussi la peur des rats.

On tue, on extermine par toute-puissance ou par impuissance, deux mots relevant de la même logique. On tue aussi par indifférence : *qui ne dit rien consent*. Peut-être peut-on dire qu'une société est un mouvement brownien, ce qui donne une résultante vivable, alors que dans un camp, il s'ordonne. Encore que... nous nous sentons un peu coupables des camps. C'est désagréable. Alors la raison (économique) raffine encore sa cruauté en se contentant de faire des morts-vivants : des consommateurs, des exclus, des survivants.

Nos récits prétendument objectifs sont terrifiants. Je me souviens d'avoir lu, vers vingt-cinq ans, le premier tome de *Médecins maudits*, je crois, un récit des expériences *scientifiques* sur les prisonniers dans les camps nazis. Et ce n'est que, la lecture très avancée, que je me suis aperçue que je m'étais laissée captiver avec oubli total qu'il s'agissait de cobayes humains.

L'autre est un étranger. Je me trouve avec une amie au bord de la mer dans un grand hôtel qui a cassé ses prix. Dans la salle à manger, cent touristes bruyants, pressés et goulus. La cantine. Je nous regarde nous échapper, retarder notre arrivée et emporter notre café sur une terrasse éloignée. Et si l'on m'enfermait avec cette racaille, si la pièce était plus petite, si l'un d'eux ou plusieurs me touchaient, et si l'on me donnait une mitraillette ? Je tirerais dans le tas. Je converse avec quelques-uns. L'étranger devient une personne. Je ne peux plus tirer. Seulement, le civilisé tue à distance, abstraitement.

Bête de guerre/Bête de sexe. Les témoignages du mercenaire et de l'historien dans le bar me laissent stupéfaite. Naïve ? Non. Des réalités que, normalement, ((je)) filtre.

Petite, j'étais mal-entendante ; de plus j'étais myope sans m'en plaindre ; et j'ai marché tard. Filtres qui peuvent aller jusqu'à l'autisme pour ne pas souffrir. Folie pour ne pas devenir fou. Commence une période où je questionne d'autres hommes, tous au moins Bac plus 5, séparés, dans la quarantaine : *Banal, qu'est-ce que tu crois ? Les sorties entre hommes, le repos du guerrier du vendredi soir. On boit, on s'en fait une ou plusieurs, le lendemain, on n'est pas propre, mais bon.* Des proches m'assurent : *Ce sont des malades.* – « Mais il y a des guerres et des camps partout. » – *Laisses tomber, ils disent cela pour te provoquer* (...) *Qu'est-ce que tu veux démontrer, que les hommes sont tous des salauds ?* – « Non, il existe des orphelinats-camps d'extermination tenus par des marâtres. Je veux comprendre leurs motivations. » – *Il n'y a pas de guerre en France !* – « C'est vrai, il y a des Français captivés par des jeux électroniques sur le Golfe. » Pas moyen de parler de sexe-guerre. Ces proches reviennent à la qualité des fromages et à la beauté du gâteau au chocolat. Nous blaguons. Je rentre, seule. C'est difficile d'éprouver le besoin d'être aimé et, simultanément, celui de dire des choses qui blessent. Arrêter d'écrire ? Se taire ? Danser.

Peut-être est-ce l'enfant qui veut parler, crier, comprendre les grands mots et les silences. Peut-être suis-je lasse de Cendrillon, Blanche Neige ou La Belle au Bois Dormant ? Peut-être, je veux dire à Sophie que sous nos bonnes manières, nous méprisons la vie, qu'elle doit chercher un art de se respecter et de (se) créer avec les garçons de sa génération, à la lumière du passé, chercher un art de vivre qui soit beau, sans être nécessairement *grand*, un art généreux.

Chercher le sens d'un commentaire du philosophe Comte-Sponville qui craint le sexe d'Onfray : *Le sexe n'a pas de morale, mais c'est aussi pourquoi il nous oblige à en avoir une...L'horreur est en nous, en nous la bête et le bourreau...* Post coïtum omne animal triste *: c'est qu'il est sorti de soi et de ses illusions, c'est qu'il a vu la vie en face, et qu'elle ressemble à la mort comme une sœur jumelle... Sous la mer,* *les bas-fonds. Sous l'amour, la mort...* (! Charles : *Derrière l'éjaculation, c'est souvent la mort.*) *Les jeunes d'aujourd'hui, tout élevés qu'ils furent par les soixante-huitards de parents, ont peur autant que nous, et pas seulement du Sida. Ils ont peur de la sexualité, comme tout le monde, et c'est ce qu'on appelle la pudeur : l'effroi devant soi, et devant l'autre...* (!) *Je me méfie de cette tendance à surévaluer la sexualité, à en faire je ne sais quelle extase, quelle porte ouverte sur l'absolu, comme si l'univers était à portée d'orgasme, comme s'ils voyaient Dieu au bout de leur sexe !... La fureur du désir... La passion amoureuse relève de l'Eros ; l'amitié relève d'Agapé. Faire l'amour avec sa meilleure amie, quoi de plus merveilleux* (2) *?*

Devant notre crise de civilisation, beaucoup se lamentent de l'effondrement de nos valeurs. *Il n'y a plus d'idéologie, d'utopie... Il n'y a plus de morale... De mon temps...*Et si c'était un bien ? Sous ses manières policées, charitables ou compatissantes, notre civilisation n'est peut-être pas si estimable ?

Nos hommes sont d'abord visuels, écrit le sociologue Alberoni. Certains restent là dans la contemplation de la beauté ou vont et viennent joyeusement-fougueusement d'une femme particulière à la beauté, ou, pourquoi pas, de beauté en beauté, comme les personnages de Camus. Mais pour un jeune guerrier conquérant en fin de semaine, n'est-elle pas l'inducteur d'une tout autre transe ? Irrésistiblement attiré par un sourire, de jolies jambes ou une démarche de femme, d'autant plus qu'elle ne parle pas et d'autant plus aussi qu'elle lui résiste et qu'il a bu. A sa merci, ses gestes deviennent désordonnés, violents et sa baise furie. Comme si cet homme, soudainement, devait posséder jusqu'à mettre à mort ce sexe fascinant. On pourrait penser que c'est uniquement par peur soudaine d'être englouti par la mère dévoreuse. Seulement la violence n'est pas moindre entre des hommes qui, sans échanger une parole, tirent plusieurs coups.

Une bête sublimée

Nietzsche : *L'homme est une Bête brute ou spiritualisée.* Nos chasseurs et pêcheurs m'ont toujours ennuyée. Quelques insomnies me font allumer la télévision à la recherche d'un documentaire sur la nature, ce qui implique souvent de prendre avec des chasseurs ou des pêcheurs. Officiellement, la motivation de notre chasse est simple : elle est un plaisir sportif par des hommes qui aiment la nature et qui assurent en plus la nécessaire régulation des espèces. Tout le reste est affaire de goûts personnels et surtout de traditions culturelles : chasse à la palombe, au sanglier, au cerf...Je ne les crois pas. Chaque fois que je regarde une de nos chasses, je ne peux m'empêcher de penser : dis-moi si et comment tu chasses, et je te dirais comment tu considères la femme ou le féminin.

Quelle est cette proie que ces hommes vont piéger, tuer et partager pour le plaisir ? Questions que je pose à un chasseur à courre de cerfs, dans la soixantaine, marié, et conseil en entreprise.

– *Une fois que le cerf est pris, c'est-à-dire qu'il s'arrête, on le sert. Servir signifie tuer. C'est le même mot que celui utilisé pour le cerf qui monte la biche* (!). *Tuer est un acte sexuel* (!). *Dépuceler. Couler le sang. C'est pour cela que les femmes ne chassent pas, sauf exception.*

Je m'accroche à ma chaise, un sourire aux lèvres, le regard intéressé.

– « Dans la chasse, il y a un long prélude ? »

– *Nombre de chasseurs sont des viandards* (des primaires, des sauvages). *Ils tirent sur tout ce qui bouge, à mauvais escient, trop loin, trop vite. Cela fait de gros dégâts. Ils se défoulent rapidement. A la limite, s'ils ne voient rien, ils tirent sur leur chapeau.*

– « Que signifie *chasser ? C'est capturer la liberté* ; *la liberté de l'homme est d'arrêter la liberté.* »

– *Le cerf est libre. On récupère sa liberté.* (Silence.) *A mon avis, c'est une recherche d'existence. Vous prouvez que vous êtes plus fort qu'une certaine liberté apparemment inaccessible. Si je tue quelqu'un, je prends ses dons...* (Nous sommes à Paris, en 1996.)

– « Que ressentez-vous au moment où vous servez ? »

– *Au moment de la prise, il y a une espèce de tension chez les gens de l'équipage. A la limite, ils entreraient un peu en compétition pour savoir qui va le servir. C'est un acte sexuel. D'ailleurs je l'ai expérimenté récemment. Nous étions trois ou quatre autour d'un cerf et je regardais un de mes amis en train de le servir. Il était tout blanc, à la limite de l'orgasme. J'en ai discuté avec lui après. Il ne voyait pas de quoi je voulais parler. C'est un grand passionné de la chasse, toujours bien placé, mais pas conscient. Des mécanismes qui fonctionnent hors de la conscience.*

– « Le chasseur pourrait vivre quelque chose de très intense sans mettre de mots dessus ? »

– *Oui, parce que c'est contre sa culture* (vraiment ?).*C'est un plaisir, c'est tout. Je me suis longtemps demandé pourquoi la chasse m'intéressait. Je n'ai pas trouvé tout de suite. Il y a tout le côté forêt noire, chtonien, inconscient, aux sources. J'ai compris petit à petit (...) A la limite, les chasseurs ne tiennent pas à savoir. Je me demande d'ailleurs si le discours n'est pas réducteur quelque part pour celui qui le vit* (ou culpabilisant ?). *On en profite beaucoup plus par résonance avec les autres chasseurs* (comment donc !).

– « Entre un chasseur, un guerrier et un chef d'entreprise ? »

– *C'est comparable* (...)

– « Comment choisit-on un type de chasse plutôt qu'un autre ? »

– *Une combinaison entre le territoire où l'on est né et donc le type de chasse que l'on y pratique et le mythe de la chasse.*

– « Et la pêche ? »

– *Le pêcheur est plus contemplatif. Je n'aime pas la pêche. J'ai envie de bouger, de ne pas être dépendant du lieu.*

– « J'ai écouté un homme à la télévision témoigner, en pleurant, son regret d'avoir été chasseur. »

– *Il n'a pas intégré ses passions, ses pulsions, et, en plus, il a les sphincters qui se relâchent. Moi, je connais des gens de quatre-vingts ans qui chassent.*

– « Vous trouvez normal qu'un homme de cet âge ait encore une jouissance à arrêter l'animal et à le mettre à mort, avec la même symbolique sexuelle ? »

– *Quel est votre critère de normalité ?*

– « Je conçois un guerrier de vingt ans, mais à quarante, il me lasse et à quatre-vingts, il me choque. C'est comme si cet homme n'avait rien conscientisé. »

– *Jamais un homme ne pourra parler du maternage, pas plus qu'une femme ne peut parler des aspirations d'un homme.*

Chacun chez soi, et Dieu tout-puissant... amour pour tous.

– « D'accord. Selon ma valeur que je vous demande non de partager, mais de discuter, si à quatre-vingts ans, un homme fait la même chose qu'à vingt ans, je m'en étonne. »

– *Il n'a pas envie de paramétrer certains de ses boutons.*

– « Est-ce que les chasseurs ont les mêmes émotions à tous les âges ? »

– *Avec l'expérience en plus. Il y a des engrammages sur certaines chasses. La répétition, c'est extrêmement important. On marche tous à la répétition.*

– « Il y a des hommes qui chassent en bande, d'autres qui chassent seuls ? »

– *Oui absolument ; cela se voit dans les équipages. Il y en a qui sont toujours en paquet et d'autres toujours seuls. D'une manière générale, le chasseur est un individualiste ; mais certains sont plus en bande, avec la peur de tomber, de se perdre...*

– « Et quand on tue l'animal ? »

– *On se rassemble. (...)C'est une nouvelle émotion. A chaque chasse, c'est différent.*

– « D'une femme à une autre aussi ? »

– *C'est même très différent.*

– « Et si elle n'est pas vierge ? »

– *C'est comme si c'était la première fois. Il est de toute façon le premier à la prendre de cette façon-là* (tu parles !). *L'idée de virginité, c'est aussi ici et maintenant. Jamais pareil, comme dans la chasse.*

Je souris toujours. Merci Charles de m'avoir enseigné un peu de maîtrise. Dans ma tête, j'écoute la mise à mort de Carmen. Jean me manque.

– « Que fait-on de l'animal mort ? »

– *Il y a la cérémonie de la curée. On le découpe et on le donne aux chiens ; comme ça ils repartiront chasser la semaine suivante, sauf deux, trois cuissots pour les braconniers.*

La suite est la plus incroyable des histoires entendues en cinquante ans. C'est la première fois que me saute à la conscience pourquoi cet homme aime tant l'Histoire avec tous ses détails, celle des grands hommes d'action, celle des grandes découvertes, celle des grandes entreprises, celle des grandes chasses... avec leurs affiliations, classifications et hiérarchisations... C'est comme mon goût des contes de fées, sinon qu'il s'agit ici d'*affaires sérieuses*. Ecouter, derrière l'Histoire, une autre histoire dont cet homme lui-même ne sait rien, ou ne veut rien savoir ; et même lorsqu'il sait, il la continue.

– « Sur le plan émotionnel personnel ? »

– *Il y a les sonneries de trompe, une espèce de convivialité pour la vénerie. C'est la remise en communauté, la communion, le repas le soir avec le vin, l'histoire qu'on raconte ; on refait le parcours. On en fait le récit, donc ça devient l'histoire. C'est presque la moitié de la chasse, le tiers. La convivialité avec les copains, raconter l'histoire, un relationnel qui s'établit avec une culture de base.*

– « Si je comprends, il y a un moment sexuel ? »

– *Au moment de servir.*

– « Et lorsque vous partez à la chasse ? »

– C'est la chasse, c'est-à-dire la séduction. Vous voyez une fille qui passe sur les Champs-Elysées. Vous vous mettez en mouvement, et cela peut durer deux ans. Les mêmes trucs, des stratégies.

– « Au repas, c'est comme les garçons qui se racontent leurs conquêtes ? »

– Ils ne se racontent pas leurs conquêtes, ce sont les femmes, je crois. Les femmes racontent tout, mais les hommes ne racontent rien.

– « Que racontent les hommes ? »

– Ils corroborent ce qu'ils ont vu. Les uns se trouvaient à un endroit, les autres à un autre, ils complètent le fil de l'histoire.

L'homme parle autant que la femme, mais il parle Histoire ! Si j'avais compris qu'en écrivant, lisant, racontant l'Histoire, il me parlait de ses émotions, de ses jouissances, de ses motivations, je l'aurais écouté à l'Ecole, à l'Université... et j'en serais partie plus tôt. (En réalité, si jeune je l'avais compris, je serais devenue folle.)

Femme, si je vous raconte un voyage au Ciel, sur Terre et même sous la couette, je vous donne quelques points de références, mais juste de quoi camper le décor pour parler sensations, émotions et sentiments, imagination et pensées. Je ne les cache que si j'ai honte ; et dans ce cas, je ne fais pas une histoire ; je ne dis rien du tout. Or, je n'ai pas grand chose à cacher, car j'aime trop l'esthétique-éthique ; mais non par principe moral, par sentiments. Sur ce point, je m'entends avec Spinoza.

Reprenons le chasseur et le chassé :

– Pourquoi les femmes se voient toujours chassées, alors que les trois-quarts du temps, c'est elles qui chassent ?

– « Je ne sais pas, si nous chassons, nous éveillons le chasseur. »

– Il y a d'autres types de chasse : les grands pièges, les trous carrément, à l'éléphant par exemple ; c'est de la chasse retour-

née, c'est la chasse passive. On attend à un endroit précis. La chasse au filet est passive, celle des palombes.

– « Vous le faites tomber dans un appât ? »

– Dans le trou. C'est aussi de la prédation. Pour moi, séduction est synonyme de prédation, et dans prédation, il y a la chasse active ou passive.

– « Qu'est-ce qu'une femme qui chasse ? »

– Ce n'est pas le mot chasse. La prédation, prendre le pouvoir sur...C'est tuer l'indépendance, c'est tuer la liberté... Mettre à la maison.

Si j'ai bien entendu cet homme tue la femme pour capturer sa liberté, tout en lui reprochant de le castrer. Et qui oblige cet homme à se marier, et qui l'oblige à le rester, lui qui est libre ? L'incubateur artificiel ? Le seul moyen d'avoir un fils sans elle ? Mais quand le fils est élevé ? Il est si bien castré qu'il ne lui reste plus qu'à rester chez maman ?

– « Faire d'un loup un chien ? »

– Et d'un taureau un bœuf. La castration. Vous coupez la source de vie. Tuer physiquement ou tuer la capacité de reproduction, c'est la même chose, globalement, c'est la même fonction.

– « Mais vous ne vous contentez pas de couper les testicules de votre cerf ? »

Non, mais les sorciers du coin vont les chercher en priorité ; ils les revendent, les mangent, font des boissons... Ils tuent et ils récupèrent les couilles, les bois...les vertus.

– « La puissance de vie dans tout cela ? »

– Oui, voilà

– « Si vous la mettez à mort, comment allez-vous rejouir ? »

La réponse indique le mythe de la renaissance à répétition, dans notre culture qui assure ne plus croire à la réincarnation.

– La mise à mort, c'est aussi la capacité de tuer le passé, c'est de l'ordre du temps ; tandis que la femme dit, moi, j'ai toujours

la vie dans mon territoire. C'est toujours les deux logiques : l'espace et le temps.

– « Vous vous remettez au temps zéro. »

– *Voilà, on remet les compteurs à zéro.*

(...)

– « Pourquoi les émissions télévisées de chasse répètent que la prédation n'a rien à voir avec l'agression ? »

– *Agression comme pulsion non contrôlée* (primaire). *Il y a trente-six mille façons d'évacuer ses agressivités. Les films de cow-boys, par exemple. Le cow-boy fait des trous, peut-être parce qu'il ne s'intéresse pas au gros trou* (la femme !). *Le cow-boy, c'est l'enfant. D'ailleurs dans les films de cow-boys, il n'y a pas de femme. Il y a des défoulements de pulsion par image interposée, alors que finalement la chasse est antérieure au cinéma.*

Evidemment, je parle de ce chasseur à des proches. La réponse reste la même : *un malade, une exception*. Vraiment ?

L'assassin de salon ?

La séduction : une agression raffinée, sublimée pour une mise à mort ! L'agresseur : un primaire ; le séducteur-tueur : un secondaire !

Cendrillon a quatre mots : la drague ou la chasse, et la séduction ou le charme. L'homme qui drague est celui qui tente sa chance avec une blonde, une brune, une belle ou, à défaut, une moche. Il est en chasse. S'il offre à la femme un dîner, elle lui doit son sexe. C'est, plus ou moins, le viandard de mon chasseur, encore que j'ignorais qu'il rêve de la tuer. L'amant de ma mère qui, enfant, m'a fait dire : « Jamais ça. » Un primaire que le secondaire regarde avec mépris.

Jean m'a charmée presque deux mois, et il ne m'a pas tuée. Charles m'a entourée une année ; donc il m'aime. Pour Cendrillon, mais aussi pour Jean, pour mes amis-amours et pour le philosophe Bachelard, *la séduction* entre l'homme et la femme est *s'écarter* l'un l'autre *du chemin* banalisé, à *la recherche d'un complément d'âme.*

Pas du tout, répond avec dédain, le grand sociologue Baudrillard : *ça, c'est de la mystique.* la séduction est *une relation duelle et agonistique.*

J'ai acheté *De la séduction* (3) pour la beauté de son titre, un jour où Charles résistait. J'en ai lu quelques pages, puis je l'ai refermé. Cendrillon, qui sait qu'elle ne peut Etre sans l'a(A)utre, craint plus que tout de devenir lucide. Aujourd'hui, Comte-Sponville et mon chasseur m'obligent à le reprendre. Baudrillard s'inspire d'un grand philosophe danois du XIXe siècle, Kierkegaard.

Dans *Le journal du séducteur* (4), Kierkegaard raconte son plaisir à séduire longuement une belle pucelle. Il aime faire naître chez elle tous les états d'âme imaginables. Seulement, au moment où elle accepte de se donner à lui, Kierkegaard rompt ses fiançailles. Ce livre illustre ce que ce philosophe nomme *le stade esthétique* : le bien est ce qui est beau, agréable, plaisant, amusant. Le libertinage. Mélange de Pygmalion et de ravissement visuel si caractéristique de la structure obsessionnelle, celle qui craint plus que tout de se donner à une femme. Ce n'est pas par hasard que la vision est le système sensoriel le plus étudié par les scientifiques. Kierkegaard ne se donne à aucun moment de la relation. Il reste le maître du jeu. Il est un voyeur. Au-dessus du stade esthétique, *le stade éthique* (le devoir kantien) et, au sommet, devinez quoi ? *Le stade religieux* évidemment où Kierkegaard finalement s'abandonne à Dieu-Christ. Encore la même rengaine : isolé dans sa tour, l'obsessionnel finit par faire une crise existentielle et s'effondre dans les bras de Dieu qui, lui, serait fiable, au point même de nous assurer l'immortalité.

Baudrillard a peut-être pensé que Kierkegaard, après Saint Augustin, Pascal et d'autres, ne nous suffisait pas. En 1979, il le reprend. Il ne propose pas les stades éthique ou religieux, car il est nihiliste. Mais il se gargarise de la séduction tueuse jusqu'à la généraliser à toutes nos relations.

De la séduction de Baudrillard commence bien. Sans séduction ne reste que le réel du sexe, du pouvoir, de l'utilitaire, de la production... Sans séduction, c'est la mort. La femme ne doit pas s'opposer au pouvoir viril, elle doit le séduire, le ravir. Mais après quelques pages, on comprend que *le tout est séduction* de Baudrillard est en fait *tout n'est que séduction* pour une mise à mort de l'autre.

La séduction est *une relation duelle et agonistique.*

Résumons : la beauté et la grâce de la jeune fille, d'autant plus séduisantes qu'elle en est inconsciente, doivent être détruites parce que c'est elle qui *par nature est douée de toute séduction* (on croirait entendre Adam !). Le séducteur est pris par le mythe du sacrifice qui veut que *toute puissance, et celle de la beauté par-dessus tout, est sacrilège.* (Si cet homme est logique, ce mythe le conduit à supprimer toute beauté : ses filles, la Terre, et même l'univers !) Elle doit être mise à mort. Par une stratégie savante, en se mettant en chasse ou, beaucoup plus raffiné, en devenant son miroir, ce que Baudrillard nomme *l'hypnose passive*, ce que mon chasseur nomme *la chasse passive*, le séducteur va amener la femme *jusqu'à l'abandon érotique, où elle cessera d'être puissance de séduction, c'est-à-dire la puissance la plus dangereuse* (!). Comme pour mon chasseur, le meurtre, c'est la défloration. Mais Baudrillard est grand seigneur : tout en esprit, spirituel ! *L'assassin de salon* de Balzac ? Le grand pervers de la psychanalyse ? Dans la *séduction pure*, cet ultime épisode n'a pas lieu : dès que le séducteur est assuré de sa victoire, la jeune fille est morte pour lui.

Que reste-t-il à Cendrillon ? A devenir, à son tour, intelligente : la séductrice froide, stratégique. Pas question de l'aimer, mais seulement de le séduire. La raison d'être de la raison ! Les hommes ont utilisé tous les *dispositifs de raison et de vérité pour se protéger de la séduction.* Mais *si on les ménage, ils n'auront de cesse de se laisser séduire.* La femme a été dépossédée de tout, mais jamais de la séduction.

Pour le séducteur de Baudrillard, tout est dérisoire, futile. Nihilisme. Camus serait triste. Seule la séduction est transfiguration. Pour cela, elle doit atteindre *l'apparence pure d'un être dénué de sens.*

Donc, face au pouvoir tueur du grand mâle, une alternative : un contre-pouvoir tout aussi tueur. Que reste-t-il à la fin des fins ? Une mort d'âme de la femme et de l'homme ! La mort du féminin de la femme et de l'homme.

Charles : *La vie est un défi permanent....* comme si les défis de la survie ne suffisaient pas contre le froid, la sécheresse, la faim, la maladie. Si des hommes désirent vivre en duel, qu'ils aient au moins le courage de le faire à armes égales : fleuret contre fleuret, le chasseur à pied seul face au cerf avec une arme pour une lutte en corps à corps. Surtout, un défi dans un mythe partagé, et non entre un averti et une pucelle, ou inversement. La séduction-défi est la stratégie du ravisseur de butin, du vampire, de Pygmalion. C'est l'intelligence comme ruse. C'est l'arme de homme et de la femme qui séduisent, qui hypnotisent, sans jamais se laisser pénétrer par l'autre. A l'église : *Acceptez-vous de prendre pour épouse... de prendre pour époux...* ! Quand je me souviens que nos adultes punissent les enfants lorsqu'ils mentent. Si l'homme est plus volontiers un chasseur actif, la femme préfère la stratégie de l'araignée, le filet... qui m'évoque le réseau Internet, inventé par des hommes ! Charles a été élevé dans un univers de femmes... Je suis certaine que les nouveaux conquérants ont changé de stratégie. L'exaltation lepéniste et l'autorité juppéiste sont primaires. Plus grave : elles servent de diversion au totalitarisme libéraliste international. Le tueur secondaire est charmant, féminin. L'hystérie s'y perd... Charles ? Le parfait conquérant-séducteur de Cendrillon ? Je finirai par croire que j'ai rêvé Jean !? Je sais qu'on embellit toujours les morts. La raison-stratégie pure d'un mythe insu de mise à mort et pas seulement de la femme, mais comme manière d'être entre les humains. Insu ? Charles est conscient du pouvoir des suggestions implicites. Il est formé à l'Hypnose thérapeutique. Une des clés de la Programmation Neuro-Linguistique est la vente par hypnose passive. Raffinement suprême, jusqu'au bout des doigts, jusque dans les caresses ? La plus grande ruse du Malin ? *Les ruses de la Raison* de Hegel ? Me tuer sans me tuer tout à fait, pour m'éveiller à nouveau... simplement, car Charles n'a plus l'âge des tableaux de chasse ? Charles ? Le tout-pouvoir ? Arrête de penser. Tu n'auras pas la colère nécessaire pour sortir de tristesse. Et pour aller où ?

Mé-fier, dé-fier ; con-fier. On se demande à qui osent se confier Nietzsche, Pascal, Kant, Onfray, Kierkegaard, Baudrillard... mon chasseur, Charles ? à l'Instinct, à Dieu, à la Raison, à rien ni personne ? *Je suis autonome.* Il faut que ces hommes aient été bien trompés pour ne jamais oser entrer en amour d'une amante. Peut-être par un père et une mère abusifs, eux-mêmes trompés par un père et une mère abusifs, eux mêmes... ?

Il n'y a pas pire vengeresse qu'une femme privée d'amour sensuel. Dans la nature, elle peut compenser ; mais dans la Cité, où trouver de la sensualité ? Si ce n'est auprès d'un amant, d'un fils, d'un chat, de gâteaux à la crème, d'une esthéticienne ou d'un kinésithérapeute ? Le corps de la femme n'est pas une mécanique. Charles : *Insatiable.* Une femme ne construit pas de Cité, sauf si c'est une guerrière. Mais une guerrière n'est pas une femme.

Non, monsieur Freud, toutes les femmes ne sont pas en manque de pénis. Toutes ne sont pas un homme castré. Si Cendrillon rêve d'un pénis, c'est d'abord pour pisser comme lui, en jet d'eau, mais elle jalouse tout autant Charles lorsque, sur sa demande, il jette sa veste par dessus son épaule, se redresse fièrement-joyeusement et crache de cette manière. C'est aussi pour se mettre de temps à autre dans la peau de son homme, afin de pénétrer ce qu'il ressent. Parfois encore pour envoyer les mâles par-dessus l'horizon. Sinon, merci, elle est très contente avec ce qu'elle est... avec un inconscient beaucoup moins torturé que celui du civilisé.

On trouve, dans *La promesse de l'Aube* de Romain Gary (5), une remarquable illustration du cercle vicieux femme abusée/ mère abusive. La mère est sans amant. Sa sensualité déborde de partout. Elle a l'outrecuidance de faire croire à son fils unique qu'elle s'est sacrifiée pour lui. Dès l'âge de raison, elle le menace de ne plus l'aimer s'il ne la protège pas, au risque d'en sortir les pieds devant. Elle fabrique sans relâche un héros défendant sa mère qu'elle confond avec sa Mère-Patrie. Et, suprême vengeance, elle lui suggère de séduire les femmes sans jamais les aimer.

Conclusion : le fils n'a pas grandi. Il est passé de l'enfant au surhomme. S'il s'abandonnait, ce serait donc à moins de sept ans. Une femme frustrée d'amour sensuel se nourrit de son fils et fait payer son mari. Et un fils élevé par une femme frustrée est un tueur. Cercle vicieux.

Un autre roman de Gary, *Au delà de cette limite, votre ticket n'est plus valable* (6), met en scène ce fils devenu père. A son tour, il abuse de son fils pour en faire un héros. Cependant, le père vieillit. Reste alors à celui-ci l'alternative : soit demeurer fidèle à son image de surhomme en se suicidant, soit tomber amoureux d'une femme ? Mais quelle amante voudrait d'un amant de six ans ? Une amante n'est pas une mère. Elle est la gardienne de l'amour de la vie avec un homme.

Les mères, même grand-mères, mal aimées comme femmes, ne se vengent pas moins sur leur fille-Cendrillon, Blanche Neige ou La Belle au Bois Dormant, en lui faisant espérer un Prince charmant ou, dans *Le petit chaperon rouge*, un chasseur qui la sauvera du loup qui, en fait, ne mange pas les humains !

Quelle est en vérité l'histoire de Cendrillon et consœurs ? Un prince l'éveille ou la sauve, l'enlève sur son cheval vers son château, la laisse avec sa belle-mère et un fils, et part tranquillement à la guerre. Inutile de l'enfermer ni même de lui mettre une ceinture de chasteté. Cendrillon l'attendra. Et lui, reviendra, plein d'usage et raison, se faire panser ses blessures le reste de ses jours à la maison...

Cendrillon, Blanche Neige, La Belle au Bois Dormant, Pénélope, ou ?

La voie de sortie n'est pas guerrière ou militaire conquérante avec lui, ou contre lui. Si j'écoute mon inconscient culturel, j'entends la colère de la femme historique. L'amante ne devrait pas accepter un conquérant dans son lit. Une citadine joyeuse, dans la quarantaine : *Ton amant ni impuissant ni surpuissant, tu le trouves où ?* (Silence).

La voie de sortie est la Chèvre.

Baudrillard reconnaît que sa séduction est cruelle. Néanmoins, elle a l'avantage d'être un jeu, c'est-à-dire de ne dépendre que de règles, et non, comme la civilisation, de la loi, d'une soi-disant vérité et de normes ; de plus, le jeu préserve de l'ennui. Baudrillard propose donc de généraliser la séduction-défi à toutes les relations.

D'ailleurs, le *défi duel et agonistique* serait le fondement même des rituels de séduction et des parures animales. Il serait aussi le fondement de toutes les sociétés primitives : entre les éléments, entre la nature et l'homme, entre les hommes, entre les dieux et les hommes, entre l'homme et la femme. Vraiment ?

Bien évidemmment, le défi existe dans les sociétés dites primitives. Mais le défi agonistique est-il la seule fonction du don-contre-don ? L'entraide vitale n'existe-t-elle dans aucune culture ? Ni l'échange pour renouveler la confiance ? Ni le partage ? Ni le don juste pour le bonheur du bonheur espéré de l'autre et même juste pour son propre bonheur ?

Et le *jaillissement immotivé du monde*, de la Terre, de la Vie ? Je m'étonne que Terre-Vie donne encore.

Comme Baudrillard, je suis nihiliste : je ne crois plus qu'il y ait de vérité métaphysique à trouver. Déconvertie de l'objectivité du monde visionnaire, j'ai compris que le secret des grands maîtres mystiques cache jalousement le rien. Initiation au silence du Ciel. Un psychiatre, après la lecture de *Rêves éveillés*, me raconte ce qui l'a conduit comme patient aux urgences de l'hôpital Sainte-Anne. Son maître, un grand sage oriental, se sentait mourir. Il rassembla ses disciples : *Pour partir en paix, je dois vous dire qu'il n'y a rien à trouver ; j'ai vécu grâce à vous* (on peut aussi entendre cette phrase comme une vengeance : *puisque je meure, vous mourrez avec moi.*) J'ai beaucoup écouté les confidences d'un autre grand maître qui, totalement vide et perclu de troubles végétatifs, continuait à enseigner la voie jusqu'à finalement se suicider plutôt que dire : *Je me suis trompé*... Comme Baudrillard, je suis lasse de la loi, de nos modèles et des contrats. Comme lui encore, je trouve notre société ennuyeuse. Néanmoins, je ne crois pas que sa séduction-défi soit la solution. La séduction de Baudrillard me dégoûte ; non pas, comme il le pense, par principe moral, toujours par sentiments. Que sont des hommes et des femmes qui n'ont jamais aimé ? Mon nihilisme n'est pas : le monde est sans valeur ; mais : sans tendresse-complémentarité-complicité-émerveillement-passion entre les terriens – qui n'est ni politesse, ni stratégie de prédation, ni soumission, ni charité, ni peur de la solitude – *Homo sapiens* ne vaut rien.

A lire Beaudrillard, je suis au moins assurée que même si nous ne ne croyons plus en l'objectivité des mythes, les mythes n'en continuent pas moins à nous mener, car ils nous donnent un sentiment d'existence. Plus : à lire cet auteur et à écouter mon chasseur, j'en conclus que l'on peut être conscient d'un mythe tueur, et continuer, sans gêne aucune, à le jouer. La puissance du désir. Le désir hypnotiseur. Une transe irrésistible. Charles est-il conscient ?

Ce n'est pas la transfiguration par l'apparence qui est mythique. Le mythe est une manière d'être au monde. Au mieux, nous pouvons nous laisser séduire par un autre mythe plus jubilatoire, qui est le plus souvent une variation du même mythe, car on craint ou on ne sait jouir autrement. Ce sont les inducteurs du mythe qui varient, ce que nous appelons généralement les causes. La séduction sert d'inducteur de mythes dans une transe éveillée. Chez Baudrillard, la beauté de la femme appelle le mythe de la toute-puissance rageuse de l'homme qui doit se trouver bien laid, petit... alors que pour Cendrillon, la Chèvre, Jean, Bachelard... le charme appelle la reconnaissance. Ces deux mythes transfigurent à leur tour, mais différemment. Ces deux mythes ouvrent sur un sentiment de vie, mais différent : puissance/contre puissance chez le premier jusqu'à la mort, la folie ou la honte d'un des deux protagonistes ; pour le second, celui de la confiance réciproque dans une sensualité sexuée.

Maîtresse (gardienne) de l'amour (mystique-mythique), mon défi est : le mâle ne tuera pas la naïve. La femme dupée, par lui et par elle-même, ne tuera pas l'enfant. Charles ne tuera pas Bonne-Maman et Jean. Charles-Tueur, je ne peux pas y croire. Son féminin le séduira. Charles cessera d'avoir peur. Il s'abandonnera à son sentiment transcendant Tendresse. Il fera confiance à l'A(a)utre. Il deviendra l'ami sensuel d'une amie sensuelle. Pourquoi ne pas chercher un autre amant ? Parce ce que... je demande qui nous mettons dans nos hôpitaux psychiatriques ? Et dans nos prisons ? Parce que... il me fait toujours craquer avec ses yeux d'épagneul et ses oreilles d'éléphant. Parce que... échouer avec Charles, c'est échouer avec tous les civilisés. Ce défi ne m'amuse pas, il est grave, il me mène, me colère, me lasse et m'attriste. J'en veux à Charles de m'avoir obligée à apprendre le calcul. Ma séduction : la beauté-liberté-vie (quelle frime certains jours !) ; en riant lorsqu'il me croit à *satiété*, tout en ajoutant : « j'ai faim, si nous sortions déjeuner ? »

J'écris ces lignes à la terrasse d'un café, à Paris. Un homme élégant, dans la quarantaine, entame une conversation. Courtois, Marocain, premier intellectuel de sa famille, *rationnel*, biologiste au CNRS et poète... Nous conversons sur sa recherche et sa poésie. Soudainement : *Il existe deux orgasmes : le sexe et les idées. Le sexe finit avec la mort, pas l'intellect.* – « Pourquoi pas l'intellect ? » (Silence) – (*En bredouillant*) : *Pourquoi ai-je dit cela ? Tout finit avec la mort de la biologie.* (long silence) *L'intellect, ça doit continuer, c'est trop beau... Une femme aussi, c'est beau, mais tant qu'elle passe ; dès qu'un homme lui passe dessus, c'est fini ; il en convoîte une autre.*

Baudrillard reproche à notre culture de ne plus prendre le risque de la séduction-défi. Je m'allonge pour une sieste. Voyage en esprit spontané. Je me lève de mon bureau. Je me plains à un copain de ma fatigue devant cette littérature de malades. Il me réconforte en me prenant dans ses bras. Nous rions. Nous dansons. Il me porte sur un lit. Patatrac. Réversibilité du pouvoir, écrirait Baudrillard. Imaginez la scène : l'homme met un genou sur ma gorge, un autre sur mes cuisses et tente de me violer. Heureusement, le téléphone sonne, dans la réalité.

Mais ce voyage en esprit est de bonne guerre. Celui d'hier : sans penser à rien, j'attrape le sexe d'un homme nu qui passe. J'évite de regarder son visage car je pressens que c'est celui de Charles. Je tourne délicatement ce sexe à peine d'un quart de tour. Il me reste dans la main ! Etonnement mêlé d'un léger malaise. Un souvenir me fait sourire : c'est ainsi que l'on arrache les salades. J'ouvre les yeux.

Ces grands penseurs me colèrent. Charles avec un sourire caustique : *Ca vous amuse d'écrire* ou *ça vous occupe* ? Je lui parle peu de mes lectures, mais mon regard doit avoir changé. Autour de moi, hommes et femmes : *A quoi ça sert ? De toute façon, tu ne vas pas refaire le monde ! Laisse tomber.* Non ! Ça continue ce que le Moi ne veut pas savoir. Charles : *Tout se paie !* La vérité au prix de l'amour de... Charles ?

Enfant : *Mange* (nos mensonges) *et nous t'aimerons* ou, au moins, *tu ne seras pas puni*. L'amour de la vérité ? L'amour de l'amour vrai ? Je ne peux plus m'arrêter. J'irai, une seule fois, jusqu'au bout de nos délires culturels. Ensuite, comme beaucoup, peut-être, j'oublierai. Je m'allège avec Vivaldi. Trois amis me mijotent des petits plats.

Sauvage et sauvage

Mon chasseur : *un malade, une exception* ?

Un homme viril ? Une Bête de chasse, de guerre et de sexe ? Ces hommes ne tuent pas seulement les femmes ; ils se tuent entre eux. Pourquoi mon chasseur dépuceleur de vierges ne tue pas plutôt des biches ? Parce qu'il veut aussi tuer ses rivaux, dans une homosexualité insue probablement, comme mon mercenaire. Ce n'est pas un simple préjugé qui conduisait les scientifiques de l'Intelligence à opposer le Blanc au Noir.

Le Sang noir de l'anthropologue Bertrand Hell (7) est l'histoire de la chasse du gros gibier en Europe depuis l'Antiquité, à partir d'une étude sur le terrain dans la France de l'Est : *Le mythe du Sauvage*.

Je sais ces textes répétitifs. Mais, méditer, voie de la co-naissance ou co-préhension, signifie se laisser entièrement absorber dans une litanie : *Jésus, doux Jésus, mon beau Jésus*...que le désir répète jusqu'à se retrouver dans ses bras. Seulement, on ne peut pas toujours méditer sur ce qu'il nous plaît de vivre. Il est grand temps que le civilisé se médite tout nu. En fait, si les descriptions des transes mystiques sont foison, celles de nos chasseurs d'animaux, de sexe et/ou d'hommes sont rares parce qu'elles sont contraire à notre morale, et donc à notre bonne conscience. Et souvenons-nous de ce que disait mon chasseur : il n'existe pas de différence entre la transe de notre chasseur et celle de notre chef d'entreprise.

La chasse est *une affaires de mâles.* Plus encore, elle est un *véritable face-à-face de mâles.* Un même sang anime les chasseurs et les chassés : le flux vital-viril-fécondant. Le goût de la chasse est une fièvre, un échauffement, une possession, une transe : *tuer le rival.* En Europe occidentale, il existe deux modes principaux de chasse : l'affût solitaire et la battue villageoise. Les deux sont fortement ritualisés.

La chasse solitaire au cerf remonte à la nuit des temps. Pour devenir un homme, il faut commencer par tuer des moineaux, puis un chevreuil et, finalement, un grand Cerf en période de brame, celui qui se trouve dans sa pleine puissance sociale et sa pleine *fureur sexuelle.* Le même échauffement sauvage prend ce *cerf royal*, le *grand coiffé* et le chasseur (à la différence près que le cerf en rut ne tue ni ses rivaux ni ses biches). *Pour le chasseur, comme pour le cerf, l'automne est le temps de l'irruption paroxystique d'un flux sauvage de même essence.* Son brame automnal est un appel impérieux. Le chasseur *s'ensauvage.* L'appelé, le possédé – bûcheron ou cadre d'entreprise – devient fébrile, ne peut résister à sa pulsion, laisse tout, cesse de se laver et de se raser et part, seul avec son gardien de chasse, à pied, à sa recherche dans la forêt noire. Le cerf n'est pas un animal nuisible. Le chasseur-cerf lance un défi à son rival, un drame qui implique une grande expérience. La fièvre donne des facultés exceptionnelles : force physique, résistance et endurance, mémoire prodigieuse, étonnant développement des sens, tout cela conduisant à une intuition-prescience de la rencontre mortelle avec le cerf. Le chasseur identifie avec précision l'animal. Il l'abat d'un seul coup de fusil. Puis l'évide rituellement sur le lieu et, il n'y a pas encore longtemps, buvait de son sang : *Dans le sang de la bête, tu rougiras tes mains ! Tel est en substance le canon qui dicte la conduite du chasseur.* La ramure sera le trophée prouvant la mise à mort du rival. Le Sauvage (et Hippocrate) sait que le cerveau est le siège de la sève de vie. C'est lui qui secrète le flux vital qui coule jusqu'aux testicules grâce au canal de la moelle. J'aurai sa peau, chez le Sauvage, est déjà : j'aurai sa tête. *Acquérir la tête, le chef, permet de s'approprier la puissance, l'énergie propre au mâle.* Pour ce chasseur solitaire, les autres chasses – battue et à courre – sont des *tueries* par des *viandards* non conformes à l'éthique traditionnelle. Les chasseurs, *frères de sang*, se réunissent chaque année pour rendre hommage aux chasseurs morts, par la célébration de la messe de Saint-Hubert.

Les chasses villageoises se font en équipe selon des lois et des règles tout aussi contraignantes. C'est le rituel collectif, la sociabilité villageoise qui cadre la sauvagerie de l'individu. Ne chasse pas qui veut. *La chasse, c'est dans le sang.* Ici encore, il faut être atteint par la *fièvre de la chasse*, une pulsion, *un flux sanguin particulier, le sang noir, qui pousse à mettre à mort le gibier des forêts.* Le chasseur croit la fièvre héréditaire, transmise essentiellement de père à fils, parfois d'un ancêtre plus lointain. L'enfièvrement est d'intensité variable selon les individus et chez un même individu. La fièvre de la chasse va du simple goût à une véritable fureur-possession. Les chasseurs en battue sont des *mesurés*, des *nerveux* capables de *canaliser* leur passion pour respecter les règles de l'équipe communale. Bien que plus dépendants de leur pulsion, les traqueurs parviennent néanmoins à s'intégrer dans la pratique collective. Ils n'arrivent toutefois pas à se contenter du rôle passif de tireur posté lors de la traque et, pour assouvir leur goût, se font *fouilleurs des bois*, pénétrant les fourrés avec les chiens et recherchant fébrilement le face-à-face avec la bête. C'est eux aussi qui se chargent de la saignée et de l'évidage. Chacun recevra une viande correspondant à sa fièvre. Les braconniers et les anciens affûteurs sont *pris d'une soif dévorante.* Ils prennent tous les risques pour assouvir leur passion dans un individualisme irréductible. De même les chasseurs solitaires du cerf, pour qui les femmes parlent de *bramingite aiguë.*

La chasse n'est pas anodine. Cette fureur noire nécessite de nombreux rituels garde-fous évitant une relation personnelle trop forte avec l'animal sauvage. Il existe *une peur presque obsessionnelle* de verser dans la sauvagerie. La croyance en la *déshumanisation* du chasseur est la même dans toutes les sociétés agro-pastorales. Le chasseur, même mesuré, peut toujours devenir le viandard qui *a faim de barbaque* jusqu'à l'homicide. Lorsque le chasseur est entièrement soumis à sa passion, il bascule définitivement dans l'ensauvagement : l'homme des bois qui se donne totalement à la forêt, le loup-garou noir, puant, violeur, buveur de sang noir (voisin du...gorille... frugivore).

En Europe, il existe une identité profonde entre la chasse et la guerre, de l'esprit de corps jusqu'au vêtement. *La chasse apparaît comme un substitut de la guerre en temps de paix.* L'apprentissage de la chasse est indispensable à la guerre. *Verser le sang, (chasseur et guerrier) dans les cultures européennes, assure le statut d'homme. L'initiation guerrière du jeune chevalier, dans la forêt face à la bête sauvage, est un motif récurrent de la littérature médiévale ;* de même les troupes d'hommes en armes, *indistinctement chasseurs frénétiques et guerriers farouches.*

Il existe également une identité profonde entre la chaleur du sang, la vigueur sexuelle et la puissance fécondante jusqu'à l'orgie, entre la frénésie sexuelle et la frénésie meurtrière, entre les cornes du cerf ou du sanglier et la vigueur du sexe. *L'appel irrésistible du sang est une des manifestations de la fureur noire ; la frénésie sexuelle en est une autre.*

Les traditions de chasse s'inscrivent dans une cosmogonie. Le monde des morts (chassés, chasseurs et guerriers inclus), situé dans la voie lactée, doit régulièrement descendre régénérer-fertiliser la terre : les femmes, les animaux sauvages, mais aussi le bétail et les champs. Et tout ceci s'inscrit dans un paysage particulier avec des hivers rigoureux et de violentes tempêtes qui ne peuvent qu'être le passage des défunts chasseurs et guerriers.

Voyage en esprit spontané : je suis entraînée à grande vitesse dans le cosmos étoilé. Trop rapide. Nausée. Je ferme les yeux. Je sens la présence d'une bande de barbares et j'entends leurs grivoiseries violentes et leurs armes qui s'entrechoquent. Je descends. J'entrouvre les yeux : du sable, mais je sais que ce n'est pas la Terre. Plusieurs de ces sauvages me plaquent au sol sur le ventre. Ils vont me violer. J'essaye de me protéger. Inutile. Je fais semblant de me laisser faire en attendant une éventuelle échappée. J'ouvre les yeux. Fin du voyage.

Il m'arrive, en voyage, d'être menacée de viol, mais c'est toujours dans Paris. Dans la nature, je vis un grand bonheur d'appartenance sensuelle. A mon souvenir, c'est la première fois que je me trouve dans un ciel guerrier. Leur planète n'est pas ma Terre. La bête de chasse-de guerre-de sexe de Hell n'est pas mon ancêtre. Quelque chose ne va pas dans son livre. Mais quoi ?

Reprenons Hell.

Il a existé un sauvage chasseur-cueilleur en *relation de compagnonage sacré avec le monde animal* (...) *dans une conception d'une Mère-Nature généreuse*. Qui est ce sauvage ? Curieusement, Hell n'en dit rien de plus.

Il y a 4000 ans, lors du passage des sociétés de chasse-cueillette aux sociétés agro-pastorales, ce sauvage est refoulé.

Je vous donne la suite, même si je n'y comprends rien.

Il faudra 2000 ans pour que s'impose dans les société agro-pastorale d'Europe occidentale le domestique contre le *Sauvage* avec sa nouvelle cosmogonie : *affirmation d'une solidarité mystique entre l'homme et la végétation* avec *la vision d'une Nature-organisme dont les hommes, devenus étroitement dépendants des cycles saisonniers doivent veiller à la rénova-*

tion périodique. L'imprégnation par le Sauvage, le sang-âme-fluide animal, reste donc nécessaire pour donner vie, virilité et fécondité à la terre, mais elle doit être ritualisée pour ne pas menacer l'ordre établi.

Qui était, ou est, le sauvage non refoulé des chasseurs-cueilleurs, comparativement au Sauvage refoulé des sociétés agro-pastorales que le groupe et/ou le chasseur doit maîtriser pour ne pas tomber dans la Bête, *la rage archaïque* ?

Incroyable comme la suite ressemble à la bête divinisée de Nietzsche et à *l'ascétisme anémique* d'Onfray parlant de Kant. Je me suis demandé pourquoi les Christs espagnols sont si sanguinolents ? L'Espagnol tue le taureau, contrairement au Camarguais et au Portugais. Je me suis aussi demandé comment le vin est devenu le sang du Christ, et pourquoi le curé, à l'Eucharistie, boit du vin blanc, et non du rouge ?

Hell : La symbolique chrétienne est entièrement placée sous le signe de la mystique agraire. Elle se trouve dans tous les rites agraires. On ne boit plus le sang de la Bête, mais celui du Christ. On ne mange plus de viande sanguinolente. La chair doit être *exsangue et désexualisée.* On la *désanime*, on la vide de son âme animale, ce qui donne une *viande végétalisée.* Et, sur le conseil de saint-Augustin, on consacre *les bois sacrés* du cerf *à Jésus-Christ.*

La fièvre de chasse, de guerre et la pulsion sexuelle vont de paire. Il faut les maîtriser, les contrôler. L'histoire montre la forêt comme un lieu fondamentalement ambivalent. Lieu d'initiation et de ressourcement donnant des héros qui maîtrisent leur bouillonnement, leur fureur sauvage (sages, artistes, anachorètes vivant de cueillette, saint Hubert, chasseur mesuré, chevalier du saint Graal...), ou lieu de déchaînement bestial, tragique et incontrôlé que sont la folie, la rage, l'épilepsie.

Le lecteur est confondu. Comme s'il y avait un glissement de terrain. S'il existait un autre sauvage que celui des sociétés agro-pastorales, il est vite oublié par le lecteur (et l'auteur ?). Comme si Hell lui aussi partait de l'idée que l'homme initial, le Sauvage, est une Bête. Il peut parler de *débordement de bestialité* chez les *mammifères sauvages.* Il y aurait une *rage archaïque* partagée par toutes les cultures agro-pastorales qu'il faut refouler. Je me répète : je ne crois pas à la bête initiale, ni chez l'être humain ni chez l'animal, sauf s'ils sont élevés comme tels. Je ne vois pas le rapport entre l'appel héréditaire irrésistible à l'accouplement assurant la perpétuation de l'espèce, et l'appel de notre chasseur, si ce n'est que les deux stimulent peut-être les mêmes aires cérébrales de jouissance. L'auteur donne l'impression de se faire prendre dans l'histoire de l'homme bestial qui doit être ritualisé, légalisé, civilisé, christianisé, refoulé.

En avançant dans le livre et/ou dans la chrétienté, les rituels s'effondrent sous la force du réprimé. La fureur noire envahit l'Europe, et de la bile noire on passe au diable. C'est le Diable qui donne le goût du sang, avec comme symbolique le loup. Les chasseurs, les guerriers barbares, les enragés, les Aboyants, les lycantropes, les vampires, les sorcières, du Moyen Age au XVIIIe siècle, deviennent de véritables épidémies. J'éprouve effectivement l'impression de vivre chez les bêtes ; mais surtout celle d'un vaste délire d'opprimés/oppresseurs.

Le domestique impose déjà « le Sauvage est partout ». Maintenant s'ajoute le Diable (noir) est partout, synonyme de : le païen est partout. Il est d'autant plus là que le pouvoir de l'Eglise veut s'imposer. Toutes les sauvageries se mêlent : les paysans contre les nomades chasseurs-cueilleurs ; les paysans contre les guerriers, et inversement ; les sorciers contre l'Eglise, et inversement ; les frustrées des couvents, les pestiférés, les lépreux, les bandits...

A la fin des fins, seuls sont acceptés les paysans qui se sont pliés au christianisme, les mystiques et thaumaturges chrétiens, et les seigneurs qui se battent pour le saint Graal ou le royaume de Dieu-Eglise-Roi-Empereur qui plus tard s'appellera la raison d'Etat. Et, à partir du XVIIIe siècle, le corps médical se chargera des derniers sauvages (l'hystérie incluse). Le reste, cultivé comme refoulé conscient et inconscient, s'infiltre partout sous des formes variées.

On ne peut douter que notre conquérant est un chasseur de gibiers : territoires, marchés, animaux, hommes et femmes confondus. Néanmoins, on peut penser que des chasseurs gardent le tabou interdisant de tuer un être humain. De plus, l'initiation à la chasse n'est pas nécessairement l'initiation à tuer un rival ou un ennemi, mais simplement l'honneur-jouissance d'être un homme synonyme avant tout de bon chasseur comme nécessité vitale. Et si ces hommes ne trouvent pas d'autres valeurs culturelles pour se constituer, ils continuent à chasser, même si ce n'est plus une nécessité alimentaire. Sinon, ils se destructurent.

Hell donne les principaux héros de la Sauvagerie, les omophages ou *mangeurs de viande crue*. Wotan/Odin de l'ancien monde nordique-germanique est le maître de la fureur des chasseurs-guerriers-chamans, les guerriers-fauves. L'équivalent grec serait : les Centaures, les ménades et bacchantes des Mystères de Dionysos (que l'auteur distingue du carnaval), les nymphes, Héraclès avant de refuser la viande crue, et dans la religion romaine archaïque, les prêtres-loups. *Guerriers-fauves scandinaves, prêtres-loups ou ménades en furie du monde méditérranéen ont un terrible appétit en commun : ils sont viscéralement omophages*, allant jusqu'à l'anthropophagie. Chez les trois, toujours d'après Hell, il s'agit d'un phénomène d'ensauvagement rituel par la fureur noire, elle-même engendrée par le sang noir. Manger rituellement la chair de l'animal sauvage tué donne tous les pouvoirs. La mantique des druides (prêtres d'une société guerrière) s'inspire du même principe. Après avoir immolé un taureau, ces derniers étendent sa peau sanglante sur des claies de bois et s'y étendent. Grâce au contact du sang sacrificiel, il leur est possible de révéler les choses cachées. Il existerait aussi une maîtresse du sauvage : la grecque Artémis qui devient Diane chez les Gallo-Romains. Elle est la vierge mère protectrice du gibier contre les abus des chasseurs, mais aussi leur guide. Ses colères sont redoutées.

Je vérifie dans une encyclopédie.

Pourquoi Hell ne dit rien sur les dieux de l'Olympe qui pratiquent tout autant la guerre et la chasse ? Parce qu'ils ne boivent pas le sang ? Parce qu'ils tuent au nom de la Cité ou de Zeus ? Pour être citoyen d'Athènes, il faut être initié à la guerre. Apollon ? La beauté-illusion sereine de Nietzsche est le responsable de cette initiation ! Il n'est pas question de ne plus tuer, mais de tuer avec stratégie et, le combat passé, de retour dans la Cité, d'être polis. Ceci m'évoque les nazis (et tant d'autres) qui exterminent proprement le jour et, le soir, pleurent en écoutant de la musique. Cendrillon élevée dans la dévotion doit-elle plaindre ces hommes ? Je me souviens aussi d'un documentaire récent sur des mercenaires, si émus par un pauvre chien trouvé sur la route qu'ils l'adoptent.

Le primaire est un barbare. Avec mon chasseur, Hell et mieux encore Baudrillard, je suis assurée que le secondaire viole et tue tout autant, mais il le fait avec raffinement. Il serait temps que nos professeurs enseignent aux banlieues chaudes le minimum de savoir-faire.

Le goût de la guerre dépasse de loin le goût du sang. Lier guerre et sang conduit à la réflexion rassurante que les chasseurs ne représentent que 1,35 % de la population française : 1 million de Français contre 1,7 million de pêcheurs et 1,8 million de footballeurs), donc des exceptions. On peut aimer la guerre-sexe, et pas le sang. La guerre froide par autorité ou séduction-défi : de la raison économique, de la raison technologique, entre pairs intellectuels, des nantis contre les rats, du masculin/féminin... Que le plus intelligent gagne, depuis les bons points à l'école. Entraînement dès l'enfance à la jouissance victorieuse qui implique un perdant. Notre transe-manière d'être culturelle. Dans le lobe frontal siège l'intelligence. Le sang, cela ne fait vraiment pas propre ! Heureusement, on ne tue plus à coups de lance, de baïonnette, et même de bêche. Pour faire la guerre, il n'y a même plus besoin d'« être un homme ». Aujourd'hui, le plus lâche peut jouer des humains au flipper. Et n'importe qui peut se laisser fasciner par les jeux électroniques. La guerre du Golfe sur écran, de sous sa couette...

Le réductionnisme scientifique est quelquefois utile : tant de morts (morts ou esclaves), juste pour la sécrétion de quelques molécules chimiques qui me donnent un sentiment de renaissance, de renouveau, un sentiment de vie ! simple en esprit, mieux vaut un circuit fermé avec des êtres virtuels qui activeraient directement une électrode implantée dans mes aires de jouissance. Et consciente : une fois née (au sentiment de vie), ne pourrais-je poétiser le quotidien pour qu'il ne s'assèche pas dans l'habitude-ennui-sentiment de mort appelant nécessairement un renouveau limbique ? Renouveau qui, dans notre culture, se cherche volontiers dans la jouissance de la toute-puissance conquérante qui, de surcroît, prouve que l'on est un homme, un vrai.

Encore : le monde de la chasse est un monde de mâles. Alors, que viennent faire là les bacchantes et les ménades comme identiques aux guerriers fauves ? Des femmes qui communient avec Dionysos par le sang ? Nietzsche : la puissance vitale, mais bestiale, barbare que devra dompter le bel Apollon, qui, en fait, est un (chaman) guerrier policé ?! Qui est aussi la vérité, le soleil sans ombre, c'est-à-dire la mort. Aucune fécondation/création n'a lieu à la lumière. Des femmes sensuelles en révolte ? Hell écrit qu'elles tuent et mangent le roi de Thèbes. Donc elles mangent la loi, l'autorité, l'obsessionnalité, comme des sorcières hors d'elles pouvaient manger du curé ?!

J'en ai marre. Je ne crois pas ou refuse de croire : à une femme *viscéralement omophage* (mangeuse de viande crue), même s'il est évident qu'il existe des guerrières ; à la *rage ancestrale* présente dans toutes les cultures agro-pastorales et citadines ; et à des rituels uniquement par peur que la fureur vous prenne ou que le malheur vous tombe sur la tête. Il existe dans notre société, et même dans Paris, des personnes qui n'éprouvent pas le besoin de se maîtriser toute la journée ou de craindre Dieu ou de culpabiliser pour ne pas tuer, dominer ou ruser l'autre ; ce qui n'a rien à voir avec le fait d'être ou non impulsif. Si ces humains avaient à chasser pour s'alimenter, ils feraient plutôt comme le lion et sa lionne. Tuer une proie (ce qui n'est sûrement pas sans jouissance, en supposant que les félins sont conscients de leurs affects), la manger, s'allonger dans la fraîcheur et rêver tout en gardant une veilleuse sensorielle pour flairer un éventuel danger. *Des paresseux*, disent les hommes sérieux qui veulent arriver. Arriver où ? Comment ? En s'entre-tuant ? Tout en faisant de charmants enfants ?

Je sors marcher dans Paris. Je m'arrête dans un café pour boire un chocolat. Une femme vient s'asseoir à ma gauche. Elle sort de son sac un écrit d'Epicure. Intriguée, je l'interroge : *Pour finir un article*. – « Sur quel thème ? » Emmanuelle Olivier est ethno-musicologue chez les Bochimans, deux mille chasseurs-cueilleurs peut-être originaires du Caucase, qui nomadisent en Afrique australe. J'écoute. Peut-être pas le mode de vie des premiers hommes, mais au moins celui des sauvages dont Hell indique qu'ils sont encore en *compagnonnage sacré avec le monde animal*. Un sauvage qui ne ressemble en rien à celui du civilisé.

Le sauvage refoulé du chasseur-cueilleur aurait donné la Bête agro-pastorale ! Je crois que c'est beaucoup plus simple : chez nous, quelques familles entretiennent, de père en fils, le goût du sang ; et la majorité cultive, consciemment ou non, le goût (la jouissance) ou une prétendue nécessité de la guerre...scolaire, militaire, économique, universitaire, du couple, etc.

Les scènes de danse et de chasse des Bochimans actuels se retrouvent sur des peintures rupestres estimées à – 10 000 ans. Tout se joue dans l'espace. Le temps est cyclique. Pas de stockage. Aucune thésaurisation. Une seule épouse, sauf chez deux hommes qui en ont deux. Jusqu'au mariage, la sexualité, essentiellement endogame, est libre ; si la fille tombe enceinte, on tue le bébé à la naissance ou, rarement, on la marie avec le géniteur. Normalement le mariage est exogame, arrangé par les familles sur le seul critère d'une jeune fille *gentille et propre*. Il existe des crises de jalousie autour de l'adultère initié généralement par les femmes avec de jeunes célibataires, les hommes adultes, bien que chasseurs, étant peu portés sur la chose. Pas de guerriers, en dépit du fait que les Bochimans sont agressés par des noirs et des blancs. Pas d'activités strictement masculines ou féminines, à l'exception de l'arc, utilisé pour la chasse et comme instrument de musique. Par exemple, les hommes peuvent participer à la cueillette (insectes inclus) ; et les femmes peuvent chasser le petit gibier. Les hommes vont à la chasse lorsque le groupe manque de viande (20 % de l'alimentation). Il n'existe pas de rituel de protection contre l'ensauvagement. Les chasseurs peuvent profiter d'une charogne. Sinon, ils tirent sur un animal avec une flèche empoisonnée, puis reviennent au village. Le lendemain, hommes et femmes partent sur les traces du gibier. Celui qui a blessé l'animal reçoit les pattes arrières. Personne ne mange cru. Aucun sacrifice. Pas de hiérarchie. Pas de chef. Tout problème est immédiatement réglé par l'ensemble du groupe, hommes et femmes, dans des palabres aux règles complexes permettant de « vider son sac ». On partage tout, à l'exception des épouses. On se répartit même les morts sur l'ensemble des familles, car tous les membres d'une même famille ne doivent pas mourir. Les Bochimans ont plusieurs mots pour « ami ». Par contre, ils fuient les esprits. Si une personne meurt, on change de lieu pour éviter que son esprit retrouve les vivants. On craint aussi les maladies et les rêves, manifestations des morts.

Les Bochimans sont en voie d'extinction. Deux raisons : les sociétés agro-pastorales (qui, me semble t-il, ne chassent pas) s'installent sur leurs terres. Les troupeaux de vaches épuisent la végétation et donc aussi le gibier des Bochimans, qui reçoivent en échange du lait. La seconde raison est la scolarisation qui leur apprend jusqu'à notre solfège. Or tous ces sauvages sont musiciens et/ou chanteurs. Plus : ils composent non à partir d'un thème majeur (dominant), mais de plusieurs, d'égales valeurs... Autre conséquence de notre savoir : dans les années 60, 50 % des hommes et 30 % des femmes étaient « guérisseurs », chaman et possédé à la fois. Aujourd'hui ne restent que les vieux.

Il existe donc au moins deux Sauvages. Un primate cultivé en être humain et un autre élevé comme une Bête refoulée... et un Dieu tout-puissant... amour... possessif.

VI.

DIEU TOUT-PUISSANT AU PARADIS

Cendrillon se souvient de ses cours d'histoire. En dépit de quelques professeurs passionnés, et de la bonne volonté de sa mère qui lui fait des résumés et des vues générales sur le monde, l'Histoire ne l'intéresse pas. Des noms, des dates, des guerres à cause de ceci ou de cela... Elle naîtra à l'Histoire beaucoup plus tard, en découvrant celle des mœurs avec Philippe Ariès : l'invention de la fourchette, du couteau et du mouchoir, les changements (et non les progrès) de notre conception de la mort ou de l'enfant... Cendrillon se souvient aussi de ses cours d'instruction religieuse avec de bons chrétiens ânonnant leurs prières, et juste un mot sur les voix : celle de la brave petite Bernadette. Elle s'ennuie. Et pourtant l'essentiel de sa culture est intégré comme des évidences : le blanc universitaire est le plus intelligent ; nous progressons ; la jeune fille rencontrera son prince charmant... Je me marierai comme consécration d'une trop belle histoire d'amour, en blanc, conduite dans une carriole par un cheval, avec ma tribu ; pour les enfants : c'est non.

Charles joue (ou ne joue pas) de plus en plus à cache-cache.

Apprendre à lire n'est pas la capacité de mettre des lettres ensemble. L'alphabétisation ? Un prétexte. Notre école est le conditionnement le plus efficace jamais inventé. Un des plus sûrs moyens, avec peut-être les Jeux olympiques, et, aujourd'hui, la télévision, de déstructurer les cultures non seulement de nos terroirs, mais sur toute la planète en suggérant notre manière d'être, de jouir, dès l'enfance. L'éducation des *masses*, des *primaires*, des *sauvages*, des *païens*, des *paresseux*... En vérité, une main-d'œuvre à bas prix et un marché pour écouler nos produits.

Exactement comme la grande philosophie ou la grande chasse, la grande histoire est celle des hommes qui parlent de causes, alors qu'il s'agit d'inducteurs de mythes conquérants. Que d'actions, d'idées, et de morts-morts ou morts-vivants pour si peu de ravissement ! Et moi qui croyais notre culture intelligente synonyme de rationnelle ou de réfléchie !

Je demeure dans la remarque de Koestler : la toute-puissance et la fusion de l'enfant sont sublimées par *les règles du jeu de la société civilisée*. En fait, il n'existe pas un discours social ou psychologique où l'on ne vente la nécessité de sublimer. La question reste : que donne une culture qui sublime ses peurs, ses colères et son besoin de fusion ?

Impurs le ventre et le bas-ventre, les mauvaises odeurs, le sang de la Bête... Que devient l'homme qui se fonde sur la Bête refoulée, compte tenu qu'elle est la toute-puissance jouissive ? Il ferait exactement ce qu'écrit Nietzsche : *La cruauté vit, prospère, elle est seulement divinisée* et, comme la raison se confond longtemps avec Dieu tout-puissant avant de se prendre pour lui, la Bête se rationnalise : *le secondaire.*

Certains auteurs préfèrent partir du bon sauvage Adam, ce qui n'est pas très différent, puisqu'il aurait chuté dans le Péché originel (à l'origine de quoi ? De l'Histoire ?), que le fils de Dieu en personne serait venu racheté mais, à cause des juifs (ou de la femme ?), il est malheureusement retombé dans la Bête.

Comme je l'ai déjà écrit, mon paradis est simple : laisser la complétude amoureuse se faire avec l'amant dans une clairière. Je n'éprouve donc pas la nostalgie-colère d'un paradis perdu en raison d'un péché originel. J'ai beau fouiller mon inconscient culturel : historiquement, la femme que je suis n'a pas péché, elle ne se sent pas coupable. Globalement, je ne passe d'ailleurs pas par la culpabilité (qui implique la peur d'être puni), mais par le dégoût, équivalent de l'anorexie mentale. Je ne vais pas à confesse, pour recommencer le lendemain. Je ne compense pas par la charité. Un jour vient où je ne peux plus en manger. Ma nausée grandissante : avoir adhéré à notre intelligence qui ignore-méprise la Terre et *les simples*. Je leur demande de me pardonner.

Le philosophe de l'Histoire Jean Brun est judéo-chrétien. Il croit à la Genèse et au paradis céleste. Néanmoins, ce chercheur m'apprend que le mouvement général de notre Histoire peut s'expliquer par deux mythes, ceux de mon chasseur :

– Prométhée tout-puissant au paradis ;

– La mort-renaissance.

Prométhée qui ne cesse de renaître de ses cendres.

Je commente peu car que pourrais-je dire ? Que plus j'avance, plus je suis sidérée, triste, étrangère ?

Dieu tout-puissant

Qui est Prométhée ? Dans *Encyclopédia Universalis* (1968), on peut lire : *Pour la pensée historico-culturelle de l'époque classique, Prométhée (...) est celui qui par l'apport du feu et l'invention des différentes techniques a détourné les hommes de la bestialité et les a arrachés à la vie sauvage. Ce héros culturel que la cité a mis au centre de sa vision progressiste (...) Refuser Prométhée, c'est entreprendre de déconstruire une société et une civilisation dont le Porte-Feu a été le symbole et le héros.* Il me semble que Brun prend une conception plus large de Prométhée en incluant le révélé nietzschéen qui est aussi celui de Koestler. Prométhée est un dieu (inventé par des hommes) qui s'est révolté contre Zeus dieu le Père (inventé par des hommes) qui abusait de sa toute-puissance, afin d'en abuser à son tour. Brun ne distingue pas l'histoire de la raison de celle de la révélation. Si vous observez attentivement : un obsessionnel qui s'hystérise n'est pas une structure hystérique. L'Ingénieur et le Révolutionnnaire partagent le même mythe : devenir le dieu tout-puissant au paradis... Un dieu aimé tout-puissant... L'enfant-roi, mais sans la mère, donc androgyne. Etre en Soi complet. Charles : *Je me suffis à moi-même, je n'ai besoin de personne.* Jean : *J'ai besoin de toi pour rire...et pour créer.* Il est bien évident que Brun étudie les idéologues et non les humains démunis qui simplement se révoltent pour le droit au nécessaire vital, ceux que j'appelle les anti-héros.

Depuis que l'homme n'habite plus le paradis de la Genèse, où il se trouvait en parfaite osmose avec le milieu, l'homme (le civilisé) a dû se protéger des éléments, des animaux et des autres hommes (et de la femme.). Il s'est donc mis à construire des refuges sans cesse améliorés, la rationalité incluse, jusqu'à s'autoasphyxier. Plus encore, d'après le ton de l'écriture de Brun : le civilisé est en colère d'avoir été chassé de ce paradis, en colère contre la femme, mais aussi contre Dieu (inventé par lui-même). Il veut donc devenir Dieu tout-puissant, soit par la maîtrise et le travail, soit par le miracle des révolutions.

Peu importe que l'Histoire se fonde sur le bon Sauvage déchu ou sur la Bête originelle et/ou encore sur un Dieu qui abuse de sa puissance, ce qui est certain c'est qu'elle progresse.

La philosophie de l'histoire de Brun (1) montre donc une histoire de l'Histoire : celle de Prométhée à partir de la

Grèce et de la Genèse. L'histoire de la civilisation est la réalisation de la promesse qui nous est faite (que nous nous faisons) dans la Genèse : *Vous serez comme des dieux*, promesse qui rencontre d'une part la croyance de Platon que, grâce à un savoir ascensionnel, l'homme peut accéder à la Connaissance absolue et d'autre part l'idée stoïcienne de la Providence qui fait l'Homme, contrairement au Destin qui le défait.

Le désir du grand homme gréco-judéo-chrétien-laïque ? Soumettre la Terre à sa volonté et construire une Cité qui soit à la fois un refuge pour tous ses tourments et un temple élevé à sa propre gloire. Avec Prométhée, il ne s'agit plus de rêver, mais de devenir Dieu tout-puissant par le savoir (la raison), l'action et les techniques, éléments assurés du progrès. *Ainsi par le biais de la science et de la technique, l'homme a récupéré ce dont le désir avait investi les mythes* (...) *Dans les dieux et dans les héros, l'homme avait mis les modèles qu'il désirait devenir.*

L'homme ne veut pas souffrir. Mieux : il veut être heureux. Le Bouddha tente d'éteindre *tous les désirs* (il garde celui du Nirvana... cosmique, mais libéré à jamais de la Terre et de l'amante !) Au contraire, l'Occidental choisit de dominer la nature, puis le temps. Il maîtrise les quatre éléments souvent ravageurs : la terre, l'air, l'eau et le feu. Plus encore, il veut les forcer à accoucher de leurs énergies avec l'invention de l'agriculture, de la métallurgie, des moulins puis des moteurs. Prométhée technologique prend son plein essor au XVIIe siècle et Prométhée historique se réalise à partir du XVIIIe siècle.

De moteur en moteur, l'histoire même devient motrice et accoucheuse, avec forceps si nécessaire, du Dieu tout-puissant qu'elle porte en son sein ou de l'Evolution de l'alpha (la Bête) à l'oméga (Dieu tout-puissant... amour). La science de la nature se prolonge en science des Hommes (sociologie) et en science politique. L'Histoire est progrès et le progrès de l'Histoire est synonyme de progrès de la conscience synonyme de la raison vers la pleine réalisation de l'homme-Dieu puissant... *démystifier les « faux dieux » et donner naissance au vrai Dieu, c'est-à-dire à l'Humanité elle-même. Celle-ci sera alors capable de prendre son destin en main pour se diriger vers un Omega baptisé de noms divers.* Réalisation d'un Nouvel Age avec un Nouvel Adam, un Nouvel Etre, l'Homme total appelé encore Humanité, Peuple, Classe, Etat, Race, Parti, Société, Espèce, Raison, Dieu fait Homme ou Homme fait Dieu, Esprit, Absolu, dont l'Histoire est la biographie. *Ce Nouvel Etre était l'enfant du grand désir de l'homme de transformer son statut de créature en celui de Créateur, désir qui constitue un des plus puissants moteurs de l'histoire des idées, de la science, de la technique et de la politique.* Et l'Europe a une mission rectrice sur le monde car elle seule possède la Lumière-Raison.

Ces abstractions, ces représentations, ces concepts deviennent la réalité et les personnes des abstractions. *L'individu n'est qu'une abstraction, l'Humanité seule est réelle* déclare, par exemple, Auguste Comte (et déclarent aujourd'hui les statistiques). Des idéologues en chambre cherchent la grande idée qui pourrait faire le bonheur d'une autre abstraction, le Peuple. *Les individus étaient alors ravalés au rang d'atomes, d'abstractions élémentaires, qui ne pouvaient trouver de raison d'être que dans une soumission totale à ces nouvelles divinités dotées d'une infaillible puissance.*

Brun fait porter notre faute à Prométhée qui opère quelques glissements de mots afin de faire descendre la promesse de bonheur au Ciel sur Terre. Comme Nieztsche, et avant lui, l'homme créature veut devenir surhomme créateur. Je suspecte l'erreur antérieure : elle a dû commencer avec la projection de notre bonheur au Ciel. Je me demande pourquoi des hommes se sont inventé de grandes religions célestes ? Le paradis avec l'amante entre la terre et le ciel, c'est si simple, trop peut-être ? Néanmoins, voyons ce qui constitue, pour le moins, la seconde erreur : l'Au-delà devenant demain, sur la Terre.

Surnaturel/naturel. Demeure, Jérusalem céleste/Cité terrestre. Dieu/Raison divine/raison humaine, sciences. Roue solaire/roue de l'automobile. Apocalypse/fin de l'Histoire. Providence, Promesse/Sens de l'Histoire. Bien/biens. Promesse/plan. Espérance (atemporelle)/espoir (temporel). Révélation/ Raison, Histoire. Verbe, Logos/logique.Verbe/ Action. Révélation/révolution. Grand Œuvre/ Histoire. Evangile, Genèse/Histoire. Religion/Politique. Transcendance/socio-politique, espèce. etc.

Le Verbe qui s'est fait chair (Jésus) devient le Verbe s'est fait Histoire ou Evolution. L'histoire commence avec Dieu-providence qui réalise l'homme à son égal. Elle peut aussi être Dieu qui se coréalise avec l'homme-Dieu. Enfin, l'homme se divinise sans l'aide de Dieu. Il devient son propre Sauveur.

Prométhée devient politique. Il s'en prend directement aux hommes. On aboutit aux épurations de ce siècle. *De guillotine en camps d'extermination et en goulags, des millions d'hommes ont été rationnellement assassinés au nom de la Grande Idée dirigeant l'Homme et l'Histoire, Grande Idée que certains prétendaient avoir scientifiquement dévoilée. Ainsi s'organisent les épurations implacablement logiques et les planifications intellectuelles, économiques, sociales et politiques. Les nazis brûlèrent les œuvres « décadentes » qui ne répondent pas à ce qu'exige leur sens racial de l'histoire ; les marxistes éliminèrent les œuvres « bourgeoises » au nom du réalisme socialiste qui doit éduquer le peuple selon le sens de l'histoire et les directives du Parti. La Révolution française héritière des Lumières avait fait de même en s'acharnant sur des chefs-d'œuvre de l'art sacré dénoncés comme autant de témoins d'un obscurantisme révolu* (l'Eglise a fait de même avec les œuvres païennes). *Ainsi se mettent en place ces gigantesques machines à penser et à exister qui fabriquent des moules conceptuels dans lesquels tous les hommes doivent se couler ; le mot création est dès lors banni, même dans les domaines artistiques et littéraires, au profit du terme de production. A la tête de ces machines et de l'appareil du Parti, de droite ou de gauche, trône un ingénieur de l'histoire qui, à l'aide de multiples courroies de transmision, fait fonctionner des fonctionnaires pour transmettre à tous le mouvement de l'histoire.*

Comme pour *La malmesure de l'homme*, on ne peut dire qu'il s'agit là d'erreurs historiques ou reporter la faute sur un civilisé ou sur un autre. Il s'agit d'un mythe qui s'actualise en continu, avec une laïcisation liée aux pouvoirs technologiques. Les philosophies de l'Histoire sont des récits qui se font passer pour des analyses. *L'histoire messianique s'alimentera et se fortifiera de tout ce que la chimie de l'intellect peut élaborer : raison, foi, science, religion, esthétique, chroniques, enquêtes sociales, statistiques, conjonctures, politique et juridiction, afin de conférer au Nouvel Etre, l'Homme-Dieu, l'ensemble des dimensions sans lesquelles il ne serait qu'un être du défaut et non l'Etre de l'accomplissement.*

Au paradis

Pour le paradis de Prométhée prophétique ou technologique, il vaut mieux s'adresser à l'historien Jean Delumeau dans *Mille ans de bonheur* (2)

Delumeau est également judéo-chrétien. Dans un autre livre, *Ce que je crois* (3), cet auteur se montre un grand-père paisible. Il se laisse ravir par la beauté des paysages, par ses petits enfants, par la profondeur des Textes, par l'Eucharistie, et même par la beauté de l'amour avec la femme. Il est une créature de Dieu-amour qui n'est pas sur la défensive, et qui rêve seulement de paradis-ravissement céleste éternel. A partir de là, Delumeau étudie la quête de paradis du Judéo-Chrétien, *avec ses erreurs*, et sans ressentir la volonté de puissance de Prométhée. Par comparaison, on a l'impression que Brun à subi l'oppression de Prométhée, et qu'il est en colère, ce qui lui permet une meilleure analyse de ce dieu. Un commentaire de François Varillon, repris par Delumeau dans *Ce que je crois*, image le sentiment du lecteur qui passe de *La philosophie de l'histoire* aux *Mille ans de bonheur* : *Toute l'histoire de la Révélation* (christique) *est la conversion progressive d'un Dieu envisagé comme puissance à un Dieu adoré comme amour*. En réunissant Brun et Delumeau, on comprend que la progression de Prométhée ordonné dans un paradis fabriqué se fait autour d'une promesse révélée sans cesse renouvelée d'un retour imminent du paradis terrestre perdu.

Une seule espérance guide l'homme occidental depuis la Bible : retrouver dans le futur le paradis perdu des origines (heureusement que Gaarder nous assure que la philosophie nous a sortis de la mythologie). La promesse d'un retour au paradis par la venue du Sauveur se trouve dès l'Ancien Testament, avec régénération complète d'Israël (nous sommes dans le mythe mort-destruction-passage par le feu / renaissance, résurrection-nouvelle érection, mais projeté dans l'Histoire). La promesse est précisée et fixée par une vision de Saint Jean (20, 1-15). Après une période catastrophique, satanique, Il y aura mille ans de bonheur avec retour du Christ et résurrection des Elus. Puis, après une nouvelle période anté-Christ, ce sera la *résurrection de tous* et le jugement général. Le millénarisme correspond au septième jour. Le huitième jour marquera l'avènement d'un monde à jamais renouvelé avec des hommes qui entreront sous forme d'anges dans la Cité céleste. Quel ennui ! Remarquez qu'il s'agit d'une Cité. On se demande à qui s'adresse le *tous* ? Aux citoyens ? Ceci m'évoque un récent Cercle de minuit sur science et société en l'an deux mille. Les seuls termes employés furent les scientifiques et les citoyens. Je me trouvais alors chez des maraîchers nimois : *Et nous alors ?* Pays/paysans ; cité/citadins et citoyens. Ces maraîchers savent que la République promet la citoyenneté, c'est-à-dire la liberté de chaque être humain dans l'égalité des droits et des devoirs. En fait, les prospectives donnent 80 % des humains en cité pour les années 2020. Aucun des intellectuels sur le plateau ne s'est demandé comment enrayer le mythe de la Cité ?

Le paradis est un temps hédoniste et, à partir du Moyen Age, plutôt contemplatif. Mais tous nos paradis ont en commun d'être le règne du repos, de l'abondance, la paix, la *plénitude*, la réconcilitation du monde avec lui-même, la pureté, la communion fraternelle en une seule foi et un seul amour. Nouvel âge d'or, nouvelle terre, nouveau ciel, Nouvel Adam. Certains voudront instaurer ces mille ans de bonheur par la violence ; d'autres se contenteront d'annoncer sa venue prochaine. Souvent, les acteurs de ce mouvement eschatogique sont des opprimés qui aspirent à un monde d'égalité et de fraternité. Mais il existe des exemples montrant que ***l'aspiration à revivre la période heureuse d'avant l'histoire est plus générale et plus profonde. Elle plonge au cœur de la psychologie humaine****

Au VIe siècle, Saint Augustin prend position contre le millénarisme. La résurrection a commencé avec la venue du Christ, l'Eglise est déjà le Royaume du Christ. Néanmoins, le bien et le mal resteront mêlés jusqu'au jugement dernier avec avènement de la Cité céleste qui n'aura pas de fin. Nous ne trouverons la paix et le repos que dans l'au-delà.

Ces deux eschatologies chrétiennes affirment donc une humanité en marche vers *le salut éternel*. L'homme n'est pas soumis au destin de l'éternel retour (le mythe de Sisyphe) ; il sera libéré à jamais (de quoi ? De la mort ? De la Terre ? De la femme ? De lui-même ?). Néanmoins, la lecture de Saint Augustin convient mieux à l'Eglise qui commence à assurer son pouvoir, épaulée par le pouvoir impérial. On comprend alors la crainte de l'Eglise envers les mystiques :

* C'est moi qui souligne.

le combat entre l'institution et l'inspiration. *A partir de Saint Augustin, le millénarisme est marginalisé par l'Eglise,* car *la prophétie incontrôlable met en danger l'autorité...*

Cependant, la tradition millénariste va refaire surface ouvertement à partir du Xe siècle pour devenir à la fin du Moyen Age et à la Renaissance un véritable *fourmillement mystique.* (Remarquez que notre paradis est toujours au bout d'une conquête militaire, détournement d'un très beau mot : co-quête – découvrir ensemble, le n étant une lettre de liaison.) On trouve cette espérance millénariste dans les Croisades ; dans la confiance faite aux empereurs, rois et papes sauveurs qui, comme le promet encore Chirac montant au pouvoir, annoncent que tout va changer (c'est ce que croit notre limbique chaque fois qu'il s'enflamme dans l'action), que les injustices sociales vont être abolies. Nouveau Moïse, nouveau David, nouveau Saint Pierre qui vont rétablir le paradis. On trouve encore cette espérance dans les conquêtes des Amériques, le Nouveau Monde avec des *bons sauvages* qui se laissent convertir sans peine et les paysages paradisiaques de l'Amérique du Nord. L'avènement du règne de l'Esprit est proche. *Le soleil se lèvera à l'Ouest.* Les migrants sont des hommes libérés de la Bête laissée sur le vieux continent. Avec l'indépendance des Etats-unis (1776), les mille ans de bonheur vont enfin pouvoir commencer. On lira aussi *Australie terre du rêve* de l'historien Jean-Michel Deveau (4) avec le rêve « écologique » des Aborigènes, et le rêve d'un paradis fabriqué des Blancs avec son exploitation sans fin de la terre et des êtres humains.

A partir du XVIe siècle, l'idée émerge que le paradis ne se fera pas tout seul, que l'homme doit le créer (le Prométhée de Brun). Des utopies se multiplient, d'abord situées dans un ailleurs, puis dans le futur (anticipation). La science, le politique, la technique, l'architecture, la raison, le progrès conduiront l'homme vers le bonheur, pouvoir humain qui peut même se passer de l'aide de Dieu...*L'idée de progrès, qui se cherchait au XVIIe siècle, a largement gagné du terrain à l'époque des Lumières. Au XIXe siècle, elle est présente partout, investissant la pensée occidentale dont elle forme alors l'une des composantes majeures. Ainsi l'espérance millénariste d'une cité du bonheur, longtemps minoritaire et marginale, devient un des moteurs de la civilisation, tantôt en conservant ses aspects religieux, tantôt en se laïcisant. Cette époque est désormais tendue vers un avenir radieux réalisable ici-bas, qu'il faille y parvenir à travers des épreuves et des violences dans la continuité des prophéties de l'Apocalypse ou, au contraire, par une marche graduelle en avant éclairée par la science, l'instruction et une morale adulte.* A partir de la fin du XVIIIe siècle, une immense littérature est consacrée à l'espérance chrétienne ou laïque d'un bonheur terrestre de l'humanité. *Par contraste, on saisira mieux, en finale, l'importance du vide qui s'est ouvert en notre temps et sous nos yeux quand ce mirage s'est évanoui*, mirage qu'une autre littérature dénonce depuis la guerre de 1914 : ennui du bonheur organisé, machinisme, totalitarisme, solitude, déstructuration...du *Meilleur des Mondes* d'Aldous Huxley. De plus, *il apparaît par comparaison avec le passé, que le XXe siècle a été de toute évidence le siècle le plus criminel de l'histoire.*

Néanmoins ce mirage est encore relancé par le Nouvel Age, ou ère du Verseau, commencé dans les années 60. Le prophète couturier Paco Rabane, toujours dans le mythe mort / renaissance projeté sur l'Histoire : *Celui-ci verra, à travers d'inévitables convulsions, l'avènement d'un monde nouveau qui aura trouvé son unité spirituelle : la vraie libération de l'esprit* (5).

La mort-renaissance

Delumeau, du fait de son tempéramment, disons tranquille et poétique, n'entend pas que le désir fondamental de cet homme est celui de l'enfant-Dieu dans un paradis amour où, enfin, il ne risquerait rien. Narcisse s'ennuiera à mourir ou sera paisible comme une vache, pour l'éternité. Un homme qui ne peut donc être qu'androgyne. Delumeau ne voit pas non plus que cet homme, du fait de sa peur de tout, avant tout d'être tué, se protège dans une forteresse physique et psychique. Solitude qui va le pousser à exploser, se défouler, conquérir, piller, pour s'enfermer à nouveau. Pour entendre ce mythe mort / renaissance, il faut revenir à Brun nettement plus défensif et, plus que ce dernier, à des hommes tels que Pascal, Nietzsche, Sade et tant de Solitaires.

Comme mon chasseur qui remet *les pendules à zéro* en tuant un cerf symbole du rival et de la pucelle, l'homme (le prototype du civilisé) n'aurait qu'un désir : sortir de la prison du moi soit en délivrant le moi (occident), soit en se délivrant du moi comme illusion (le Bouddha). Dans *Les vagabonds de l'Occident, l'expérience du voyage et la prison du moi* (6), Brun tente de démontrer que ce mythe de la renaissance fonde *tous les* ***grands**** comportements humains.

Il est juste que notre mort/renaissance est liée à la solitude (et à l'ennui), mais Brun, comme tous les solitaires, se trompe en disant que c'est la condition existentielle de l'être humain. Nous sommes seuls car nous avons peur de tout ; seuls car nous ne recevons rien comme un don, mais recevons, prenons, rapinons tout comme un dû ; parce que nous méprisons ce que nous avons, dans le seul désir de ce que nous n'avons pas ; parce que nous avons peur de perdre, d'être dépossédés ; parce nous nous comportons comme des gosses de riches qui cassent leurs plus beaux jouets... Il faut lire Brun pour mesurer les conséquences de notre manière d'être culturelle au monde. Il existe une manière poétique-jaillissante-émue-sacrée d'être au monde. Nous sommes très loin des cultures paysannes chez qui la renaissance est simplement le renouveau jaillissant du printemps ou de la saison

* C'est moi qui souligne.

des pluies dans un temps fondamentalement cyclique, avec néanmoins les arbres qui traversent les générations.

Il serait dans la condition existentielle de l'homme d'être prisonnier de lui-même*. Son *erreur* est d'avoir cru pouvoir sortir de son isolement : par la conquête, la possession de l'espace, de la terre, du temps, par la fusion dans des collectifs (Cité, Parti, Nation...), par l'amélioration des conditions historico-économico-technologiques, par les voyages intérieurs dans la folie, le Zen ou les drogues...par la réduction du voyage au matériel, en éliminant le rêve, l'imaginaire, le merveilleux, la prière et l'amour (et l'esprit artisanal).

L'erreur est de ne pas voir que même non opprimé par les autres, l'homme reste un opprimé par son Moi (quelle chance d'être hystérique !). Prisonnier, l'homme étouffe, se meurt. A chaque renaissance, il espère, comme mon chasseur, devenir *Tout Autre*, *Hors du Temps*, *radicalement Ailleurs* ; pour, à chaque fois, se retrouver *le Même*. Quelles que soient ses libertés, l'homme se heurte à ses propres murs. Même celui qui *possède* tout est en manque (évidemment ! A l'instant où l'on cherche à posséder, le sentiment d'abondance, de complétude disparaît. Le paysan et le marin ne dominent pas les éléments, et l'amant/amante ou les amis ne sont pas dans le défi, mais dans la confiance.)

Et Brun, comme Delumeau d'ailleurs, de reprendre les Ecritures : les hommes sont *étrangers et voyageurs sur cette terre*. Ca alors ! L'homme judéo-chrétien : un extraterrestre** !

Je ne suis pas étrangère à la Terre. J'ai simplement reçu une éducation familiale, scolaire, culturelle qui a tout fait pour que je ne l'aime pas. Jean dansait et chantait fougueu-

---

* L'éthnologue E. Martino (7) montre que le *drame* des sociétés traditionnelles, chamaniques et de possession, est la perte de *présence au monde* du moi, et non la prison du moi propre à la culture judéo-chrétienne-laïque (et au bouddhisme).

** Cette étrangeté du civilisé devrait inspirer les ufologues.

sement la vie (terrestre). Il m'a sauvée. Charles aussi m'a sauvée, mais à quel prix ? Aujourd'hui, ce sont les grands hommes qui me deviennent étrangers. Je commence à comprendre pourquoi Jean, comme Zorba, était dégoûté des idéologies (monothéisme et monoathéisme inclus) et de la morale. Une mise en culture si défecteuse ne se rattrape pas. Jean a poussé dans les steppes russes, Zorba en Macédoine.

Néanmoins, assise dans le soleil hivernal devant la baie de Tunis, je suis assurément un enfant de la Terre et les grands hommes assurément malades avec leur volonté de jouissance au paradis, bestial ou calculé. Si-Di-Bou-Saïd : des maisons blanches qui sont peut-être des igloos, des orangers en fruits, un ciel bleu-blanc fondu dans une mer-lac-miroir irisé de lumière avec sur l'autre rive des montagnes troublées par une brume habitée par le Loch-Ness. Je ne suis pas jaillissante, mais néanmoins ravie. Une complétude est devant moi. La mort est là, mais elle se mêle à la vie. Elle n'est pas un drame. Elle vient d'une touche de nostalgie mystérieuse évoquée par le paysage. Je pourrais glisser vers la mer-lac, m'enfoncer dans l'eau, disparaître, sans vraiment m'en apercevoir. Cet abandon m'inspire un poème. Si l'on m'avait cultivée dans le rythme avec ses instruments de musique, je jouerais de la harpe...Je me tourne à peine, j'attrape une orange et la croque à pleines dents. De retour à Paris, le gris plombé me tombe dessus : condamnée au purgatoire-lessiveuse, dans un monde d'idées préfabriquées pour l'éternité. Ce matin, le ciel est bleu, mais pour le voir, je dois lever la tête. Plus haut la percée, plus haut encore entourée des gratte-ciel de New-York. La Capitale (le capital) est vérité unique et céleste. Dans la Cité, même laïque, le paradis se gagne au ciel, ou on ne sait plus où. Dans la baie hivernale de Tunis, un paradis est là. Religion de *religare*, relier, sentiment d'appartenance à la terre, sans Dieu ou dieux célestes. Pour aimer un auteur, il faut le lire dans son terroir ; pour le réfléchir, il est préférable de choisir un paysage qui lui est contraire. Peut-être faut-il reprendre

Montesquieu qui écrit sur le climat déterminant la pensée ? Cependant, il n'explique pas tout. Le climat de l'Allemagne, par exemple, est rigoureux. Néanmoins, l'Allemand ne pense pas comme un Inuit.

En supposant même que Dieu existe, les croyants pourraient le remercier d'avoir crée tant de beauté, au lieu de pleurer sur ce qu'ils n'ont pas. Il n'est pas nécessaire de détruire pour découvrir et créer. Mais les peureux, nantis et conquérants ne savent pas remercier. Remercier, c'est recevoir, accueillir, recueillir, se donner, comme Delumeau reçoit l'hostie, se donne au *Christ*, l'Etre touché, l'Etre ému, l'Etre émerveillé, joyeux d'un rien qui devient Tout (sur le même principe que le placebo... et le nocebo). C'est le présent symbolique des êtres aimés. C'est la primevère à chaque printemps, le lilas, la cerise, la pêche, le raisin...

Le rêve du grand-petit homme ? Celui que je réalise à l'instant même où je glisse ma main dans la main dans la poche de Charles ! Découvrir le chemin, la vérité, la vie, le salut, la paix, le repos de la plénitude de l'extase, le retour à la terre promise, le sentiment d'abondance, la complétude ; espoir que cet homme va projeter partout, dans toutes ses conquêtes, y compris dans les messianismes et millénarismes. Encore une fois, le paradis ni ne se mérite ni ne se gagne, il n'est pas plus haut, mais couché... comme une chatte. Koestler s'est trompé : chez nous au moins, le sentiment océanique est une projection infantile. On peut finalement conclure que la toute-puissance et la fusion projetées dans l'Histoire sont aussi désastreuses. Désir de trouver *le refuge suprême, la Matrice des matrices*, ce qui est antérieur au surgissement du moi et toi, le ***sentiment océanique**** chez un homme qui est l'unique habitant d'une île déserte : lui-

* C'est moi qui souligne. Par ailleurs, souvenons-nous que pour Nietzsche ce qui est antérieur au surgissement du moi et toi, de l'individu, est non pas le repos béat après la victoire, mais Dionysos le jaillissant barbare-conquérant-prométhéen prophétique. On s'y perd...

même. Seule la belle œuvre d'art nous fait toucher *notre Identité* (Non, pas uniquement ! La beauté d'une fleur, d'un animal, d'un geste, du ciel, de l'amour.)

L'Occidental non seulement demeure solitaire, mais il se trouve en plus prisonnier de ses propres refuges. Pire, il se retrouve pris dans sa *Poubelle mondiale*. Reste deux *ersatz du pélerin, le robot vivant et l'aventurier hagard*. L'Occidental a perdu le nord. Lorsque l'on ne peut plus voyager, ne reste plus qu'à défoncer, éclater son Moi.

Brun donne une raison à la guerre que je n'ai pas imaginée :

Les conduites technico-désirantes débouchent finalement sur un Grand Désir de guerre qui n'est pourtant jamais reconnu comme tel et derrière lequel se cache le désir de quelque voyage extraordinaire dans une explosion assourdissante (...) Lorsqu'on parle des guerres on invoque, non sans raison, des causes économiques démographiques, mais on laisse de côté la cause principale : celle du Désir de Guerre. Les tensions économiques ne sont rien, en effet, en comparaison des tensions psychiques (...) Elles relèvent de l'homme lui-même qui se débat de plus en plus dans les solutions, dans les désirs non-naturels et non-nécesssaires, dans la surproduction qui ne lui donne pas la Surabondance, dans les transformations qui le laissent insatisfait et dans les nourritures qui n'apaisent jamais sa faim pour quelque chose d'autre. Dès lors le Grand Désir du moi en quête des routes le conduisant hors de lui-même, se mue en un désir d'autodafé qui cherche à se venger du moi au sein duquel il bouillonne. Tout détruire pour repartir, voir pour rester, à zéro (...) Dans et par la violence l'homme retourne contre lui-même tous les appareillages dont il a entouré la nature, il en espère une démolition de sa résidence ontologique et la préparation d'un chantier pour un être inconnu. Tout abolir dans un carnage de feu, de sperme et de sang, à la fois crime monstrueux et fête hurlante (...) Faire mourir les autres, mourir soi-même faute de pouvoir mourir à soi (...) les ruts de Thanatos. L'homme travaille à attiser le feu de Prométhée pour devenir cet Erostrate qui allumera l'incendie capable d'embraser l'univers tout entier au cri orgiastique de Vive la Mort ! Ainsi le Jour et la Nuit se mêlent étroitement l'un à l'autre, loin de s'opposer comme la Loi du Jour, rationnelle et positive, et la Passion de la Nuit, incontrôlable et souterraine. La loi du Jour n'est jamais assez puissante et lumineuse pour dissiper l'ombre de l'homme, ombre qui l'accompagne dans toutes ces entreprises de délivrance au cours desquelles il se retrouve lui-même comme obstacle. L'homme veut *s'affranchir de son ombre, c'est-à-dire finalement de lui-même* (...) *L'art étant un des plus grands témoignages de l'homme et de son pélerinage dans le temps, il était fatal que l'annonce de la mort de l'homme fût suivie de la mort de l'art.*

J'ose l'écrire, Messieurs : Vous êtes historiquement fous. Et il vous (nous) faut trouver pourquoi.

Brun termine sur le pathétique du Solitaire généralisé à l'espèce humaine. Le témoignage est long, mais il faut le lire pour se réjouir d'être une femme. Je me demande si le Bochiman ou l'Aborigène australien le comprendrait ?

Voyages autour de la chambre, voyages imaginaires, voyage au bout du monde ou au bout de la nuit, tous obéissent à l'appel venu du large ou à celui qui surgit de la route. Mais la cage du monde demeure inexorablement close et les chants tragiques que l'homme y fait retentir attendent que leur réponde un Message. Message que Jean nous transmet dans l'Apocalypse : « Il essuiera toute larme de leurs yeux, et la mort ne sera plus, et il n'y aura plus ni deuil, ni cri, ni douleur. » Car l'homme finit par sentir obscurément, même si par orgueil il ne veut pas le reconnaître, que tous les systèmes d'assurances qu'il peut instituer, que toutes les protections qu'il peut organiser ou les évasions auxquelles il peut songer, ne l'empêcheront pas de demeurer ce qu'il est profondément : un être qui a besoin d'être consolé.

... Ce qu'il cherche : une Présence au delà des présents, une

Présence qui le garde. Des sanglots, un sourire d'enfant, un regard, des bras de femme, semblent parfois surgir d'un univers où personne n'habite mais que chacun cherche. Charles : *La couette des moments de réconfort malheureusement toujours fugitif. Je dois y aller. Tout se paye...*

Ainsi va l'homme : il passe d'un continent à l'autre, progresse de découvertes en découvertes, marche de révolutions en révolutions, erre de folies en folies, vagabonde de rêves en rêves. Quel que soit le véhicule qu'il choisisse pour son voyage il croit y découvrir l'Arche qui l'abritera des tempêtes, le sauvera du Déluge et le mènera là d'où lui viendra le secours.

Il part et inlassablement repart parce qu'il cherche à découvrir la Voie de l'Exode le menant en dehors du Désert, celle au bout de laquelle brillera la Révélation, plus lumineuse que le soleil.

« Mais les pas s'ajoutent au pas et le voyageur répète :
Mes yeux ruissellent de larmes ;
Car il n'y a auprès de moi personne qui me console
Et qui me rende vie. » (Lamentations, 1, 16.)

Comme Noé, il guette la colombe qui lui apportera « dans son bec une feuille d'olivier toute fraîche. » (Genèse, VIII, 11.), symbole du message venu d'un nouveau monde issu des océans.

Elle viendra « vers le soir ». En ce moment où l'Homme Errant, épuisé et affamé, couvert de la poussière des chemins, entendra la Voix lui disant le seul mot qu'il espérait du fond de sa prison : un mot que lui-même avait murmuré dans une prière silencieuse mais qui, cette fois, s'adressera à lui comme un appel suprême :

« Viens ». (Apocalypse, XXI, 9.)

Trois attitudes possibles devant cet homme. L'envoyer dans le grand Nord, pour qu'il ait une vraie raison d'avoir peur et l'occasion de découvrir la chaleur humaine : *Avant qu'elles n'aient trop d'enfants accrochés à leur parki, les jeunes Esquimaudes aiment accompagner leur mari, partout. Les hommes aiment la présence de leur jeune femme, sur le traî-*

neau, et dans leur petit igloo le soir. L'immensité, la solitude des déserts blancs donnent au jeune couple un sentiment de dépendance mutuelle, d'intimité profonde, plus fort peut-être que partout ailleurs dans le monde (8). Aimer notre solitaire en le consolant...comme une mère (sans le caresser, il se sauverait) ; ou l'aimer en tapant sur la table : arrête de te faire peur ; arrête de construire des tours physiques et psychiques.

Pour finir soit comme le roi du monde du Petit Prince de Saint-Exupéry, riche, mais solitaire, rétracté, asséché sur ton trône ; soit, épuisé au point d'être séduit par ta propre voix hallucinée (au féminin) dans la mort, le repos éternel-sentiment océanique dans l'androgynat de *l'Etre en soi*, soit encore : pour finir par te défoncer le Moi en te suicidant.

Arrête de tuer la Vie.

Puisque nous mourons, et plutôt que de mourir à la guerre ou au travail, autant prendre le risque d'accueillir les étrangers dans son château ; autant vivre dans une chaumière ; autant vivre nomade... Le Petit Prince, allongé dans l'herbe, dit mieux : *C'est le temps que tu as perdu pour ta rose qui fait ta rose si importante* ; ou parlant avec le renard : *Mais si tu m'apprivoises, nous aurons besoin l'un de l'autre. Tu seras pour moi unique au monde. – Je serai pour toi unique au monde,* répond le renard. J'entends : *Mais si l'un des deux venait à mourir ?* Pour vivre le sentiment océanique-amoureux-ému (pour un humain, la musique, la poésie, la terre, l'univers), il faut laisser la puisssance, et prendre le risque de la vulnérabilité avec sa tristesse. Celui qui reste trouvera-t-il à dire : J'ai eu la chance de le connaître ?

Le pathétique de ce civilisé m'est passablement étranger. Peut-être parce que j'ai longtemps pratiqué le voyage en esprit, jusqu'à comprendre que la transcendance n'a rien à voir avec Dieu, l'Action, le Voyage, le Tout autre... mais avec les émotions-sentiments. Lorsque je me fais prendre par la solitude, ce qui m'arrive, c'est chaque fois parce que j'oublie que je me suis enfermée moi-même. Charles : *Je suis libre, je suis autonome, je ne vous demande rien.* Charles a ouvert son *Journal d'un voyageur solitaire.* Pour ne pas être seul même à Paris, c'est simple. Il suffit de parler (pas du bout des lèvres, en se donnant) à son voisin, au café, dans le métro, à un feu rouge...Néanmoins, non amoureuse d'un homme ou, par défaut, de Jésus si je croyais qu'il est une personne, je ne pourrais que survivre. Un amant (e) est celui avec qui on peut s'abandonner totalement, corps-âme, en toute confiance : la condition nécessaire et suffisante pour Etre au paradis. Lorsque je me prends dans la puissance, ce qui m'arrive souvent, c'est chaque fois parce que je me suis oubliée dans une jouissance facile, immédiate, conditionnée ; c'est aussi parce que je manque de confiance en moi, et crains d'être attaquée ; c'est parce que je crains de m'abandonner.

L'homme sort de chez lui. La femme s'y trouve très bien. Extase/enstase. Une observation facile dans les trains venant de la banlieue à Paris tôt le matin : la majorité des hommes lisent un journal politique, comme s'ils avaient besoin de vérifier que le monde est toujours là, ou comme s'ils devaient toujours se fuir. On peut même parier qu'ils ont pris des nouvelles du monde dès le lever en allumant la radio. La majorité des femmes, au contraire, lisent encore des journaux d'intérieur.

Non pas devenir le Tout Autre, mais se laisser doucement habiter par l'a(A)utre en restant chez soi. Estompage poétique des limites du Moi. Le Petit Prince et le Renard savent que le paradis se cultive avec la patience, l'attention et l'amour du jardinier. Il est faux de croire que la grâce tombe du ciel. C'est une complétude affective donnée à celui qui se met en état de la recevoir, de s'émouvoir... et pas seulement devant une peinture. Et, il est inutile de s'épuiser, il suffit de s'abandonner, ce qui ne veut pas du tout dire le laissez-aller de la médiocratie. C'est le *redevenez des enfants* du Christ, faites confiance, mais non à Dieu le Père tout-puissant... amour possessif, à la Vie. Plus profondément on se donne, plus on se remplit de ses propres émotions-sentiments transcendants. Et la grâce demeure jusqu'à l'instant où le Moi veut la posséder. Soyons émus par le sentiment sacré, au lieu de toujours parler de la gloire de Dieu, de la Nation, de la Raison ou de l'Action. La femme ne rêve pas d'un corps glorieux, mais jubilatoire-tendre-beau-émouvant. Elle n'a rien à faire de gloire. Elle rêve d'un bonheur... qui n'est pas Repos éternel, mais action de grâces et joie de vivre. Amoureuse, elle n'est pas fatiguée. Et, amoureux, l'homme ne l'est pas non plus. Observons longuement un tzigane jouer de son violon ou un très vieux Noir américain souffler dans son saxophone (ceux qui ont appris la musique par le rythme du corps et non par le solfège). Je rêve un dicton populaire : *La femme est un violon*. Je rêve aussi de pouvoir le dire de l'homme. Le féminin de l'homme et de la femme est un violon... A chacun de découvrir comment jouer avec les sentiments de vie autres que la puissance conquérante. A nous de cultiver nos enfants différemment, de leur suggérer d'autres manières d'Etre humain.

Il est un point que je partage absolument avec Brun et que Delumeau formule aussi d'une manière proche, si ce n'est que je l'étends aux Eglises : Les sciences et les techniques outrepassent leurs devoirs. Il en est de même du politique (les Eglises incluses) : *La politique au lieu de se contenter de mener à bien une tâche humble mais efficace – permettre aux hommes de vivre mieux en leur laissant la liberté d'exister – se lance dans de véritables expéditions au cœur même de l'Etre de l'Homme dont elle prétend renouveler le mode d'existence tout entier, même si, à ce prix, des hommes, voire les hommes, se voient refuser le droit de vivre. On fuit ainsi vers des saluts impossibles, au détriment des sauvetages nécessaires, et le monde risque sans cesse de périr des entreprises de ceux qui prétendent le sauver.*

La question n'est pas de ne rien faire comme le Bouddha qui d'ailleurs méprise tout autant la Terre (se libérer à jamais de l'incarnation ou revenir par compassion pour libérer les endormis de l'éveil androgyne) et la femme tentatrice, mais de faire dans une autre intention. Explorateur et non guerrier ou militaire. Confiant, assuré, complice et non méfiant. Créature-créateur d'un univers fondamentalement créateur. La vie n'est pas un dû, mais un cadeau. Le paradis n'est pas la fusion entre « frères » anonymes ou clonés pour une grande idée ou sentiment universel sur une Terre-concept. Fusionner autour d'un objet tiers et abstrait de surcroît, n'est pas inter-relationner entre des humains. La vie est une manière d'Etre avec, d'écouter, de rire, de chasser, de danser, de manger..., de pleurer dans une relation singulière avec un Breton, un Peul ou un Inuit, chacun existant comme être humain, le fruit d'une histoire personnelle-culturelle dans un terroir singulier. Que deviendrons-nous lorsque les peuples porteront un jean, mangeront du hamburger, boiron du coca-cola et parleront anglais comme si une langue était indépendante de la culture ? Un jeune de vingt-huit ans, Bac plus six : *On se branchera virtuel.*

Peut-être est-ce plus facile à la femme qui se sent encore née de son Prince-Dieu-Adam (d'avant la sortie du paradis où ils étaient *semblables* nous dit la Genèse !?). (Il est son dieu car il la révèle comme femme au paradis, et elle rêve d'être sa déesse.) Peut-être parce qu'elle est trop faible physiquement pour se croire toute-puissante ? Peut-être parce qu'elle ne secrète pas de testostérone, au moins avant la ménopause ? Peut-être parce qu'elle est pénétrée ? Peut-être parce qu'elle a été cultivée à recevoir dans sa maison ? Peut-être parce qu'elle est élevée dans la dévotion, soi-niante... de ses parents, de son époux, de ses enfants, des malades, des blessés de guerre, des pauvres ? On ne s'étonne pas qu'elle se venge... Peut-être parce qu'elle n'a pas séparé son désir, ses sensations, ses différents affects, son imaginaire et sa pensée dans une sérénité apollinienne ou, synonyme, dans un détachement bouddhiste ? Peut-être parce qu'elle ne pense pas au prix de la vie, mais pense la vie ? Peut-être parce qu'elle préfère l'enstase sensuelle à l'extase abstraite ?

Peut-être encore parce qu'elle n'a pas les idées assez solides pour construire une cité éternelle ? Parce qu'elle reste étrangère à la Cité. Les pieds sur terre et la peau caressée par le vent, orientée par le soleil et la lune, elle se sent encore partie de la nature que le civilisé a rejetée comme le Sauvage. Peut-être y fut-il contraint dans un lointain passé ? Mais aujourd'hui, où est le danger ? Une culture prise dans sa névrose de répétition ? La paix nécessite l'abandon de l'être puissant, qui n'est pas impuissance ; mais une assurance suffisante pour la confiance-se fier l'un à l'autre, à la Terre, à la vie. Les autres primates ne tremblent pas de peur du matin au soir..., mais lorsqu'il y a réel danger. Le civilisé se fait peur pour rien. Sans rapport avec la paix par puissances/contre-puissances. Aimer une personne, c'est accepter qu'elle nous quitte. Aimer la vie, c'est accepter qu'elle continue sans moi. Ce n'est pas drôle. Contrairement au Bouddha, je souhaite me réincarner encore et à chaque fois. Je sens de plus en plus que je quitterai la Terre avant d'en avoir fait le tour, bien avant de l'aimer vraiment. Mais c'est la vie. Le souhait de Sacha Guitry : *Mourir centenaire assassiné par un mari jaloux*. Néanmoins, lasse de nos *grands comportements* planétaires et de Charles, je souhaite aussi m'endormir.

Quelle que soit la raison de mon étrangeté, une chose est certaine : je n'irai pas vers l'*Autonomie* du civilisé qui, non seulement est une illusion, non seulement détruit la Terre, mais qui conduit à la royale solitude. Plus : la femme doit demeurer le témoin d'une autre manière d'être au monde. S'il est vrai qu'elle doit apprendre à réfléchir, se conscientiser, trouver ses limites, elle ne doit pas cesser d'être femme amante de la vie.

Delumeau est nettement moins pathétique que Brun. S'il manque de jaillissant, il est néanmoins paisible. Il connaît mieux le sentiment religieux et l'action de grâces (3). Dommage qu'il ne s'y laisse pas aller jusqu'à découvrir que l'atemporalité abolit le besoin d'un Dieu au Ciel et d'un paradis dans un au-delà temporel. L'atemporalité, par définition, fait disparaître la question du futur. C'est à partir de cette expérience reconnue comme sentiment transcendant le Moi, mais néanmoins humain, que les grandes religions et autres idéologies s'écroulent comme constructions-promesses élaborées pour combler le manque de sentiments de plénitude et de vie. L'atemporalité n'est pas l'éternité ; elle ne le devient que lorsqu'elle est relue dans le temps linéaire : l'atemporalité qui dure toujours. Dans le temps linéaire, l'Humain se veut jeune-parfait-tout-puissant-invulnérable-immortel.

Delumeau interprète son sentiment de plénitude sacrée, ce que Romain Rolland puis Koestler, Brun et d'autres appellent *le sentiment océanique*, comme des signes de la Promesse : *L'Univers sera glorifié, la chair sera ressuscitée* (...) *Je veux parler de sa dimension cosmologique. Unité de l'Univers, unité de l'humanité et corps mystique de l'Eglise sont joints ensemble dans une même harmonie.*

Pour Delumeau, comme pour beaucoup, l'appel à la plénitude vient de Dieu, alors qu'il vient très probablement du limbique. Le sentiment divin ou cosmique n'est ni Dieu ni l'univers physique. D'ailleurs, remarquez que dans nos expériences mystiques, le sujet reste au centre de l'univers. La découverte scientifique de l'Humain, de la Terre et de notre galaxie excentrés n'est pas passée dans notre affectif car elle déplaît à notre mythe de l'Homme-Dieu.

Et l'histoire du Christ serait réelle. Dans la Bible, la chair est la personne tout entière et le sang sa force vitale. L'ange, l'homme christique, est une chair glorieuse, un corps glorieux. *Les apparitions constituent l'initiation à cette autre forme de vie,* alors que je pense qu'il s'agit d'hallucinations, le corps de rêve inclus. C'est sous cet aspect que le Christ serait sorti du tombeau. Il n'y a pas séparation du corps et de l'esprit, mais glorification, spiritualisation des deux. C'est aussi cette glorification que manifestent le pain et le vin de l'Eucharistie : la chair et le sang du Christ-amour.

Delumeau a besoin de l'espérance de transcendance objective et d'immortalité, pour ne pas nier l'homme : *La seule réponse possible est que l'homme est un sujet avec sa dignité propre, que sa vie a un sens et que ce sens vient d'une Source transcendante* (...) *Cette Source a un projet concernant l'espèce humaine, laquelle ne peut être le fruit plus qu'improbable d'une loterie cosmique* (...) *L'humanité entière a une vocation et chacun d'entre nous est appelé à un destin qui doit le conduire vers Dieu.*

Moi, je crois que le premier (étymologie latine de primitif) sens naît de la sens-ualité. A défaut, on survit et même on souffre en tricotant d'autres sens. Je ne crois ni en un peuple ni en une humanité élus de Dieu. Que cela plaise ou non à mon affectif, ma personne et même l'espèce humaine importent peu au regard de la vie. Les dinosaures ont disparu, les premiers *homo* ont failli faire de même.

La question n'est d'ailleurs pas là. Peu importe que le christianisme soit une illusion. Mais est-ce une illusion, un mythe, une espérance, de l'ordre de la vie ?

Et pour l'an 2000 ?

Dans *Encyclopedia Universalis* (1968), on lit encore : *Mais on peut se demander si Prométhée continue d'offrir un symbole propice à l'humanité* (non, au civilisé. Nous sommes vraiment des malades de la généralisation abusive) *pour laquelle la reconquête d'elle-même contre tout dieu a cessé d'apparaître comme un problème obsédant.*

En 1990, date de parution de son livre, Brun est pessimiste... ou réaliste ? Prométhée est entré dans sa phase d'autodévoration. *La culture européenne commence un processus de barbarisation et se trouve plongée dans une errance historique comparable à celle qui entraîna la ruine du monde antique* (à la différence près que cette fois, elle touche la planète). Uniformisation grandissante, fatigue, défonce, éclate, le Dieu Hasard qui fait de l'autre un partenaire de jeu sans but et sans finalité dans un univers *happening*. Brun est décédé en 1994.

Delumeau, en 1996, est résolument optimiste. L'humanité progressse (!), en dépit de *ses erreurs* (ce mot si souvent employé pour tant de crimes m'horripile). Le christianisme, même s'il s'est égaré dans l'Histoire, est fondamentalement un humanisme (?). Néanmoins, la vie sur terre ne sera jamais paradisiaque. Elle peut simplement aller vers toujours plus de liberté, de fraternité, de beauté et de bonheur, par de *petits gestes quotidiens*.... en attendant le paradis céleste.

Ni l'un ni l'autre, selon d'autres auteurs. Si Prométhée s'est retiré du socio-politique, il s'est engouffré, avec la même puissance, ailleurs : dans les finances, l'économie, la prétendue communication, la génétique et l'intelligence artificielle. L'homme occidental rêve toujours de devenir maître de la vie et de la mort, de posséder les clés de la création et de créer une autre espèce-Dieu sur une autre planète : l'Homme parfait qui le sortirait de lui-même (exotisme, extase). Il aspire toujours à voir *surgir un mutant qui ouvrirait à l'homme les portes de son espèce et de la divinité qu'il adore en lui-même.*

Le philosophe Dominique Folscheid écrit : Fin des années 80, *on est passé sans crier gare d'un discours monolithique sur le « tout politique », le « tout acquis » et le « tout social » à un discours non moins monolithique sur le « tout économique », « le tout inné », le « tout biologique ».* (...) *Dans les deux cas, la destinée de l'homme ne saurait être autre chose que celle d'un produit* (...) *car enfin, que l'homme ait été raté selon l'histoire ou selon la nature importe finalement assez peu : dans les deux cas, il est à refaire. L'ingénierie sociale a beau différer considérablement de l'ingénierie biologique, il s'agit toujours de maîtriser* (...) *Il ne s'agit pas d'appliquer l'éthique aux nouveaux problèmes posés par les biotechnologies, mais de « biologiser » l'éthique* (9).

Le sociologue Lucien Sfez, dans *La santé parfaite, critique d'une nouvelle utopie* nous peint certains traits de l'ingénierie de Prométhée renaissant une fois de plus de ses cendres (10).

1960-1980, période de *l'idéologie de la décision*, une petite religion car, en fait, elle touche presque exclusivement les sphères dirigeantes avec quelques gros ordinateurs.

En 1980, cette idéologie s'intègre dans une religion plus populaire : celle de la *communication*. « On » promet le bonheur pour tous (les riches) par la communication de groupe et surtout technologique, qui assurera une société réconciliée avec elle-même, transparente, neutre, intelligente, scientifiquement gérée, ayant surmonté l'ignorance, les inégalités et les conflits meurtriers.

La *Paix et l'Amour* des Hippies purifiés par la technologie, comme chez Timothy Leary. Le passage de la religion de la décision à celle de la communication s'accompagne d'un changement de visage des décideurs : les anciens dieux plutôt autoritaires-guerriers zen deviennent bons-enfants-cabotins-séducteurs, tel Bill Gates à la tête de Microsoft. Mais invisibles ou porte-paroles du bonheur pour tous, ils ne sont pas moins féroces et représentants d'une culture sans densité. Un journaliste du *Figaro* (18/12/95) questionne Gates à l'occasion de la sortie de son livre, *La route du futur* grâce aux autoroutes de la communication (11), devenu un best-seller : *Vous vous interrogez souvent ? Sur vous-même ? Sur la vie ? – Je me demande comment aller plus vite, comment faire mieux, qui nous prend des parts de marché ?*

Aujourd'hui, cette religion de la communication est sur le déclin. Si elle reste celle des consommateurs, dans les hautes sphères scientifiques, elle se trouve englobée dans un plus noble projet, universel et donc toujours aussi totalitaire : Adam II dans des Biosphères II générant des créatures artificielles dans des ordinateurs. La Grande Santé, avec toujours le même *défi ultrarationaliste prométhéen de changement radical de l'humanité et de la planète, grâce à un « bon » plan, à un « bon » programme de transformation.* Sfez propose le terme de *bio-éco-religion* : un corps parfait sur une planète parfaite. Un Homme revenu à sa pureté originelle. L'âge d'or. Une seule chose a changé : ce n'est plus Dieu, la Nation ou le Prolétariat... qui est tout-puissant, mais la Technologie capable de réaliser tous nos désirs.

Il n'y a vraiment plus aucune révélation à attendre. Il ne s'agit plus non plus de bricoler, à la manière des artisans ou des poètes. La communauté des Elus – des ingénieurs – se charge de tout. Dans leurs laboratoires, ils nous construisent un paradis bien ficelé de A à Z, pour demain. La vie, c'est la santé ; et la santé, c'est la vie. Pour cela il leur faut seulement encore épurer, nettoyer, purifier, éliminer tout ce qui est impur chez le primate humain et sur la Terre, avec une raison elle-même épurée-réduite : la technoscience. Notre origine est devant nous. *La nature, nous n'avons qu'à l'inventer ; l'âme,* **nous** *pouvons la construire ; la prévision peut remplacer le destin.* (...) *Nous marchons vers notre origine et devons devenir ce que nous sommes vraiment. Au bout de la route nous attend l'homme parfait.* Au paradis, enfin, tout sera réglé au quart de poil : le travail, les loisirs, la santé, la justice, la température, le cholestérol, le poids... Charles doit se sentir menacé... par Cendrillon : *Je suis très occupé.* Les éthiciens du Parti se chargent de la publicité-éducation du Peuple. Enfin *l'Histoire est revenue, non pas la petite histoire politique, mais la grande Histoire, la plus grande possible, celle de l'espèce humaine, de la surhumanité, voire du système vivant dans son ensemble.*

Trois projets donc – Adam II, Biosphères II et la vie artificielle – reposant entièrement sur la biologie, l'écologie et l'informatique.

Le génome n'est plus des informations en interaction entre elles (entre les gènes), avec le reste de la cellule et avec l'environnement. L'ADN humain est le saint Graal, la *materia prima* des alchimistes, le Livre ou l'Encyclopédie des

Lumières, le Souffle vital, la Vérité, l'Ame, le Connais-toi toi-même. Malheureusement, la vérité se trouve mêlée au diable, au mauvais sauvage, le responsable de tous nos maux et déviances. Les généticiens doivent donc trier, réparer, redresser, changer... pour ne retenir que les « meilleurs » gènes pour un Adam II parfait : un (des ? tous indentiques, interchangeables) ange rationnel et serein pour l'éternité, hermaphrodite et stérile, le nouveau *Surhomme*.

Nous avons vu apparaître cette idéologie décrite par Sfez en décembre 1995 lorsque les médias nous annonçaient *une grande première* : les chercheurs scientifiques ont isolé le fragment de chromosome responsable *du caractère* (psychologique) *normal* chez l'humain !

Biosphères II sur le modèle de l'expérience en Arizona qui mit sous hangars de verre, durant deux ans, les cinq principaux biomes, trois mille espèces d'animaux et de végétaux et huit humains. Arches de Noé, écosystèmes spatiaux sous cloche, une techno-nature parfaitement transparente, parfaitement gérée, désinfectée, homéostatique, purifiée, sous surveillance continue par des biosphériens experts contrôleurs, des Adam-ordinateurs inter-connectés en réseaux et méga-réseaux intra et interbiosphères II. Avec un tel couplage intelligence technologique/intelligence adamique, la noosphère ou technosphère ne peut que tendre vers oméga.

La vie artificielle. Adam II, Dieu asexué va engendrer une nouvelle espèce d'êtres artificiels-réels, de surhommes informatiques, des anges immortels. Réels car, comme l'ADN, l'information électronique, c'est la vie et l'intelligence, c'est-à-dire la raison. La vie à partir de la non-vie, le rêve des alchmistes. De plus, la vie est représentation. Ces êtres auront une conscience, une volonté, une raison, une âme ; donc il nous faudra légaliser une éthique vis-à-vis de ces êtres intermédiaires. *La fiction a songé à l'âme dans la silice. Et pourquoi pas des gènes électroniques dans tout individu, modifiable électroniquement.*

Parfait. Nous retournons, pas seulement au paradis originel, mais dans la soupe originelle où tout se retrouve enfin confondu : le masculin/féminin, l'inanimé/animé, le réel/le non-réel, la nature/ l'artifice, le sujet/l'objet/le collectif, la cause/l'effet. Le Nouvel Age, l'ére du Verseau épuré-réduit et technologisé, avec une langue enfin unique pour tous, universelle : pratique, fonctionnelle.

Les pauvres sont évidemment exclus de ce Paradis. Mais aussi tous ceux qui ne participent pas directement à cette aventure. Je ne doute pas que les scientifiques, comme les alchimistes, s'amusent et même s'enflamment à créer leur paradis dans leur laboratoire. Seulement ceux qui sont à l'extérieur, en supposant même qu'ils soient riches, ne peuvent que consommer les résultats. C'est ignorer que c'est le chemin avec ses émotions et sentiments qui fait la vie, et non l'arrivée... qui est, pour tous, à égalité, la mort.

Surtout que la Terre promise est aussi ennuyeuse que *Le Meilleur des Mondes* de Huxley. J'ai presque honte d'aimer mon paradis visionnaire avec sa lumière, ses structures cristallines et ses anges. Je ne sais par quel tour de mains, les épurateurs l'ont réduit à rien, pour l'éternité : une mécanique parfaitement huilée de non-êtres transparents, sans densité, normalisés, réduits à des stratégies minimales, prévisibles, sans âme, sans vie ; nœuds amiboïdes interchangeables d'un hyper-réseau d'informations programmé par des Elus anonymes. La logique écologique pervertie. Je n'ai pas peur. Je suis écœurée, presque indifférente. Maîtrisez, mesurez, contrôlez, ordonnez, il ne restera ni joie, ni peine, ni colère, ni chemin, ni surprise, ni inspiration, ni liberté, donc rien. Vie éternelle dans le sentiment de mort. L'extraordinaire récupéré par l'Ordre pour être réduit à peau de chagrin.

Bon, mais la *Grande Santé* n'est qu'utopie. Il y aura un gène hystérique qui échappera à leur maîtrise, rappelant la complexité du vivant. Sûrement, mais à chaque avancée du totalitarisme-universalisme, les cultures et les personnes s'uniformisent à notre Norme avec l'alternative : jouir comme nous de la toute-puissance ou de son espérance, ou disparaître. La religion conquérante de la Grande Santé du Capitalisme (l'ordre et la finance via l'économie et la technologie) est plus planétaire encore que celle du Communisme et pas moins que le Christianisme.

Pour entreprendre et pour résister, écrit Sfez, l'homme a besoin de mythes. *Mythes contre mythes : les seuls combats qui vaillent.* Pour s'opposer à Prométhée, il faudrait un autre mythe. Malheureusement, Sfez oppose au mythe gréco-judéo-chrétien-laïque une version du même mythe.

INTERLUDE

Parfois, à ne plus s'occuper d'un symptôme, il disparaît, sans que l'on sache jamais quel mot, quelle phrase, quel geste ou quelle accumulation de gestes, de mots et de temps ou modification neuro-chimique l'a fait s'évanouir.

Je reçois une carte de Charles, son portrait : un crocodile assis sur sa queue, craquant, tout vert, à la face pâle, qui se regarde, embarrassé, devant une glace en disant : *Je m'améliore.* Au dos, un texte écrit en russe ! Je traduis lettre par lettre : *Ou vous m'acceptez tel que je suis et vous renvoyez cette carte dans les huit jours ; ou vous ne la renvoyez pas, et je vous souhaite bonne vie.* Meeerde ! Je tiens à cet homme. C'est la première fois que Charles formule une rupture. Paradoxe entre l'image et le verbe, comme si souvent. Je ne peux accepter cet ultimatum. Charles ne réduira pas l'amour à des miettes. Je pose sa carte sur mon bureau et je m'accroche à mon Mac (intosh).

Une semaine est passée, jour pour jour. Je rentre chez moi. Charles est devant ma porte. Nous tremblons. Nous grimpons mon escalier... Charles reste allongé, comme s'il rêvait. Depuis treize ans, c'est toujours lui qui s'est levé le premier. Angoisse obscure : tendre ? impuissant ? gâteux ? Mon D(d)ieu, qu'il est difficile de se lever la première ! Depuis 10 000 ans, Il s'est dressé pour aller chasser le gibier, pour me construire un abri, pour me protéger des éléments et des animaux sauvages... Si demain, il abandonne, c'est le retour au chaos. Depuis l'âge de sept ans, il s'est levé pour protéger sa mère, égaler son père, tenir l'univers. Charles est toujours allongé sur le dos. Je pourrais l'écraser comme une mouche, d'un mot glacé. Debout ou soumis. Depuis l'histoire du paradis perdu, il me réduit à une putain, à un divertissement ou à une mère et maintenant à travailler comme lui. Charles me regarde. Il me tend la main. Pour la première fois, je crains l'amour. Charles paraît dans les limbes. Je lui tends la main. Il se lève en me souriant.

Je saute dans une suggestion de Charles de démanteler mon bureau, celui de Jean. Je transforme l'atelier pour y mettre un salon. Assise dans un fauteuil, Charles dans un autre, doucement nous trouvons des mots. Je ne ris plus du tout, mais nous nous sourions souvent. Nous rions aussi, doucement. Nous nous aimons dans les prés, au bord de l'eau... avec toujours une petite bête qui monte, qui monte... La séduction complice, sensuelle et tendre. Je peux lui dire : « Pars » et lui : *Je reviens.* C'est pour cela que j'ai cheminé ce manuscrit, comme une adulte-enfant, une amante comblée de dire : la confiance est possible. Enfin, je peux devenir une D(d)ame. Mais comment m'y prendre ? Trouver une élégance, une pensée et une écriture de femme. Je me surprends à regarder mes aînées....en espérant qu'il me suffise d'attendre la ménopause. Mais si la séduction joyeuse, tendre et néanmoins exigeante de la ménopause était un rêve ? Et que faire de Lemaire, celle que j'appelle la grand-père ? Je reconstitue mon bureau, en conservant le salon. Je pourrais prendre le nom de mon père. Il s'appelait Détend... Je suis heureuse.

Néanmoins, néanmoins... je reste angoissée.

Plus d'un mois que Charles ne se lève plus le premier. Il

est irrésistiblement fasciné par l'intérieur de la femme comme s'il voulait s'y glisser tout entier en murmurant que le col de l'utérus est un pénis. Ses paroles s'accompagnent de gestes en volute. Les mots épais lui donnent la nausée. Il parle de ses ancêtres comme s'il se fondait dans sa lignée. Je ne dis rien. Je le borde. J'attends. J'espère. Charles va-t-il mourir ? Renaître ? Au *Même* de Brun ? Autre ? Un adulte confiant ?

Les vacances d'été. Charles part rejoindre son clan.

VII.

RETOUR SOUS LA COUETTE

J'entends : *Franchement, si l'homme judéo-chrétien avait lu Freud, il cesserait de courir après le paradis terrestre d'avant l'Histoire, et il saurait aussi que la grâce ne vient pas de Dieu !*

La maîtrise de soi... et du monde.

Eh bien relisons *Le malaise dans la civilisation*, édité en 1923 alors que Freud a soixante-sept ans (1). Un texte que j'ai rencontré dans mes vingt ans et qui m'a fait fuir Freud par peur d'y perdre mon âme avant même qu'elle ne soit née. Pas d'amour sensuel à espérer. Pour vivre, il faut se protéger de tout.

Ce livre vient d'être réédité sous le titre *Le malaise dans la culture*. Pourquoi ce changement ? Une traduction initiale erronée ? Ou le fait qu'il n'est plus de bon ton de parler de civilisation ? Ou encore que les horreurs de ce siècle ne nous permettent plus de nous croire supérieurs ? Ce changement de terme est une erreur, car il masque au lecteur Freud comme un parfait civilisé.

Caricaturons Freud tel qu'il m'apparaît dans ce livre. Pas

de paradis social pré-historique. Les premiers hommes étaient des bêtes de sexe, vivant en hordes barbares. Le seul paradis est le ventre de maman... d'où sort toujours cette Bête (l'ontogénèse suit la phylogénèse). Une Bête qu'il ne faut pas réprimer, cela crée trop de névroses, mais sublimer. Exactement ce qu'écrit Nietzsche, si ce n'est qu'avec Freud, c'est le psychanalyste-homme de science qui se charge de spiritualiser la Bête. Sublimer... sublime. Nous avons assez rencontré la Bête raffinée, secondaire, créatrice... pour comprendre qu'elle reste ce qu'elle est... défensive et offensive. Freud est un représentant de *l'affirmation de Soi défensive-agressive* de Koestler, on ne peut être autrement, la vie est si dangereuse ! Alors, Freud sublime dans le travail... psychanalytique la journée, puis rentre se reposer-réfugier à la maison (dans ses appartements privés), souvenir du ventre maternel. Mais, s'il osait, s'il n'avait pas un solide sur-Moi et idéal du Moi, et surtout s'il ne craignait pas la mort, il se défoncerait telle la Bête... un autre paradis. En fait, tout finit bien, puisque j'ai lu, dans un autre texte, qu'à travailler entre hommes, on en oublie les femmes... Il faudra attendre ses quatre-vingts ans pour que cet homme me touche. Recevant un énorme bouquet de gardénias de Hilda Doolittle, Freud la remercie : *La vie (à mon âge) n'est pas facile, mais le printemps est beau, et l'amour aussi.*

Quelle révolution ! Freud ne critique pas notre mythe fondateur : devenir un dieu tout-puissant au paradis androgyne, ce qui, dans son langage, pourrait être la sublimation du stade ano-génital pour retrouver le stade fœtal-oral mais sans la mère. Il voudrait même nous faire croire que la civilisation a comme seul objectif de protéger l'Homme contre le monde et contre lui-même ! Charles : *A l'impossible nul n'est tenu.* Freud ne critique pas notre éducation, si ce n'est à dire que le Sur-moi doit être moins exigeant, et qu'il faut répondre aux questions sexuelles des enfants. Comme si finalement son objectif était d'arriver à guérir les névrosés pour en faire de bons civilisés ? Comme si l'inconscient était la dernière chose à comprendre pour enfin maîtriser le monde ! Freud écrit en 1907, à cinquante et un ans : *L'idéal de la courtisane n'a pas de place dans notre culture. C'est notre rôle (en tant que psychanalystes) d'essayer de mettre à jour la sexualité ; mais une fois son existence démontrée, nous voulons que tout le processus du refoulement de la sexualité devienne conscient et que l'individu apprenne à la subordonner aux exigences culturelles. A la place du refoulement, nous instaurons une saine répression. (...) Une femme à qui, comme à la courtisane, on ne peut faire confiance sur le plan sexuel, est une moins que rien.* Sur les plans privé et culturel, comme il l'écrit lui-même, Freud est un petit bourgeois. On peut simplement admirer que ce médecin obsessionnel ait pris le risque de publier son auto-analyse. Charles ne l'écrirait même pas, de peur que quelqu'un ne la lise.

Néanmoins, si je vais décortiquer *Le malaise dans la civilisation* de Freud, je ne voudrais pas qu'on en déduise que je rejette la psychanalyse. Elle m'a ouvert des portes essentielles. Même si ce n'est pas Freud qui invente le mot inconscient, c'est en le lisant que j'ai nommé une impression de désirs obscurs, énigmatiques qui mènent mon Moi.

La psychanalyse vaut, tant qu'elle (se) remet en question, question sans fin puisque notre inconscient, assurément mortifère, est aussi créateur. C'est aussi le mot inconscient qui m'a aidée à intégrer toutes les vagues d'affects comme auto-transcendantes, et les hallucinations comme des projections. Je retiens également que le symptôme peut avoir un sens à décrypter. Lorsque l'hystérie ne peut parler ses désirs, ses refus et ses émotions, elle les expriment autrement (troubles fonctionnels, crises..., mais aussi écriture, chant, danse, costume...), l'objectif restant non pas la sexualité, mais le besoin d'exister, de vivre, d'aimer et d'être aimée, de rire, ce qui, me semble-t-il, ne peut se réaliser sans l'homme. L'inconscient n'a pas de critère de réalité. Les expériences réelles ou fantasmatiques de la première enfance sont déterminantes. J'essaye aussi d'entendre que l'inconscient projette, déplace, condense, rationalise et répète. Charles : *Vous mélangez tout.* Comme toute bonne hystérique, je n'ai aucun difficulté avec *l'association libre* ou analogique, contrairement à l'être obsessionnel qui est en fait si vulnérable qu'((il)) se coupe de ses émotions avec une pensée abstraite qui fonctionne par tiroirs étanches dans une logique inductive-déductive. Enfin, j'apprends que l'amour (et l'amitié) narcissique (dont le transfert/contre-transfert thérapeutique) n'est pas l'amour. Et j'ajoute à cela le constat fait depuis longtemps que l'hystérique est un être qui demeure influençable, impressionnable, émotif, suggestionnable (y compris par Freud). Avec ces donnes, je me débrouille... comme je peux et comme ça désire.

Le Malaise dans la civilisation pourrait être écrit par Charles. Encore que...j'espère que sa conscience sait quelque chose de sa gourmandise.

La peur de tout.

Toute la réalité s'oppose au principe de plaisir, avec un plaisir que Freud associera finalement à la mort...du désir.

L'être humain est le mammifère le plus démuni qui soit, dès qu'il quitte le ventre de sa mère, et depuis qu'il est assez mature pour savoir qu'un Dieu tout-puissant protecteur n'existe pas.

On ne s'étonne pas que des psychanalystes deviennent bouddhistes. Comme pour le Bouddha, la vie pour Freud n'est que souffrance depuis la naissance, avec l'obsession : comment ne pas souffrir ? L'homme est *le Pauvre Poucet de la Nature*. Toute sa vie, il devra se défendre : *La souffrance menace de trois côtés, en provenance du corps propre qui, voué à la déchéance et à la dissolution, ne peut même pas se passer de la douleur et de l'angoisse comme signaux d'alarme, en provenance du monde extérieur qui peut faire rage contre nous avec des forces surpuissantes, inexorables et destructrices, et finalement* (la plus douloureuse) *à partir des relations avec d'autres hommes...* et les femmes.

Freud craint de perdre les limites de son Moi. Dans *L'avenir d'une illusion*, il critique la religion théologienne du Père. Romain Rolland devenu orientaliste écrit à Freud que la véritable religion (*religare*, relier) est non celle du Père, mais le *sentiment océanique*, le sentiment sacré d'*Etre-un avec le Tout* qu'il éprouve souvent et qui n'implique pas de croyances particulières. Freud n'a pas d'âme : il ignore le sentiment sacré. Il écrit : *Normalement, rien n'est pour nous plus assuré que le sentiment de notre soi, de notre moi propre* (...). *S'il est en continuité avec l'inconscient dont il constitue la façade, le moi est clairement distinct du monde extérieur. Pour ma part, je ne puis découvrir en moi ce sentiment « océanique »* (...). Freud craint de s'abandonner même dans les bras de sa chère épouse. *Dans un seul état – exceptionnel, il est vrai, mais qu'on ne peut condamner comme morbide –, il en va autrement. Au comble de l'état amoureux, la frontière entre moi et l'objet* (la femme) *menace de s'effacer. A l'encontre de tous les témoignages des sens, l'amoureux affirme que moi et toi ne font qu'un, et il est près à se comporter comme s'il en était ainsi. Tous les autres cas appartiennnent à la pathologie mentale avec délimitation incertaine du sujet avec le monde extérieur ou projection inconsciente sur le monde de ce qui appartient au sujet,* comme si Freud ignorait que notre civilisation est la projection de nos désirs et de nos peurs ?!

Freud apparaît comme un homme de la maîtrise. Il craint tant l'inconscient romantique (2), la mystique, la transe, l'extase, qu'il jette le vital avec le mortifère. Parlant d'un ami qui pratique le yoga, il écrit : *Mais je me sens quant à moi poussé à reprendre à mon compte les paroles du Plongeur de Schiller pour m'écrier :*

Qu'il se réjouisse, celui qui respire en haut dans la lumière rose !

Car en dessous, c'est l'épouvante,
Et l'homme ne doit pas tenter les dieux
Ni jamais, au grand jamais, désirer voir
Ce qu'ils daignent couvrir de nuit et de terreur.

Le sentiment océanique ne saurait être qu'une régression au stade fœtal-oral en réaction à une peur extrême. Le nourrisson ne distingue pas le moi du monde extérieur. Puis va se constituer *un moi-plaisir pur auquel s'oppose un dehors étranger et menaçant* avec rejet à l'extérieur de tout ce qui est désagréable. Cette première distinction se fonde avant tout sur les sensations de douleur et de déplaisir liées au sein maternel – l'objet le plus désiré – qui apparaît, disparaît et *n'est ramené à lui que par des cris d'appel à l'aide.* Plus tard les frontières de ce *moi-plaisir primitif* sont normalement corrigées par le principe de réalité pour donner un moi adulte. Freud va supposer que le moi adulte se juxtapose au moi-tout, alors qu'il suffit de se détendre un peu pour voir les limites du moi-corps soi-disant mature s'estomper. Lisez attentivement. L'adulte, celui qui sait que le monde est dangereux, est un enfant ratatiné : *A l'origine le moi contient tout, ultérieurement il sépare de lui un monde extérieur. Notre actuel sentiment du moi n'est donc qu'un reste ratatiné d'un sentiment beaucoup plus largement embrassant, et même... embrassant tout, sentiment qui correspondrait à un lien plus intime du moi avec le sentiment du moi primaire. S'il nous est permis de faire l'hypothèse que ce sentiment du moi primaire s'est conservé* (pour Freud, l'essentiel des éprouvés reste engrammé) – *dans une plus ou moins grande mesure – dans la vie d'âme de nombreux hommes, il se juxtaposerait, comme une sorte de pendant, au sentiment du moi qui est celui de la maturité.*

Tel qu'il est utilisé dans cette littérature, le sentiment océanique est simplement un sentiment de tendresse-bonheur-sérénité-plénitude-jouvence-renaissance-transport-ravissement... dans une impression de transcendance, de sacré et d'unité. Le sentiment océanique est donc celui que nous vivons tous, avec plus ou moins de complétude, lorsque nous sommes amoureux-émerveillés-ravis, peu importe par quoi ou par qui. Mais pour Freud, seule une menace grave peut expliquer un régression à une *sensation si archaïque*. Ce *retour à un narcissime sans bornes* est la réactivation du sentiment de *désaide enfantin*. Il a pour fonction d'écarter magiquement le danger en faisant croire qu'on ne fait qu'un avec l'univers. Freud ignore tout du ravissement amoureux, par simple désir d'être heureux. Il ignore tout du bonheur de s'offrir l'un l'autre, en toute conscience-confiance, la régression-jouvence de son choix. Comme si sa conscience n'avait rien entendu de l'amour hystérique ? Freud est si mature ou craint tant l'abandon qu'il ne lui reste que la nostalgie de la mère. Elle seule est sacrée. De lui non plus, je ne souhaite pas être la femme ! Et je n'ai aucun souhait de retourner dans le ventre de ma mère. Le fœtus baigne dans les secrétions chimiques de la mère... et combien de mères sont au paradis durant leurs grossesses ?...*La maison d'habitation est un substitut du ventre maternel, ce premier habitacle qui vraisemblablement est toujours resté objet de désirance, où l'on était en sécurité et où l'on se sentait si bien*. On comprend que Freud se soit choisi une épouse dévouée.

Freud parle haut du sexe, ce truc dont les hommes de Raison, de Dieu ou du Nirvana connaissent l'importance, mais qu'ils cachent honteusement comme tentation de la Bête ou du Diable ou dont ils accusent la femme. Il est bien évident que le sexe préoccupe nos hommes, avec une femme mère ou putain. Seulement, en donnant une telle importance au sexe, Freud fait écran au « risque mortel » de la confiance sensuelle pour le monde en général, entre l'homme et la femme en particulier. Ce sexe protège les hommes de leur féminin... peut-être homosexuel chez Freud ? Freud ne fera donc rien de cet Etre-un serein-heureux avec le Tout, le Dieu-Nature de Spinoza, le ravissement jusqu'aux larmes et tous les sentiments d'appartenance de Koestler, l'expérience mystique de Gaarder, que Brun pressent devant l'art et espère dans le Repos éternel, que Delumeau interprète comme l'assurance de la résurection dans le corps du Christ, l'extase/enstase sensuelle de l'hystérique, le bonheur que Nietzsche décrit au septième jour lorsqu'il tombe épuisé après la victoire, celui que Hegel promet à la fin de l'Histoire... Freud ne verra pas que le souhait du civilisé est ce paradis, mais cette fois en toute sécurité. L'Eros sans sexe de Platon. Donc pas de sentiment sacré, de religieux – *religare*-relier – de féminin, de fluide, si ce n'est celui des symptômes hystériques et de cette confidence faite en 1925 à Marie Bonaparte : *La grande question restée sans réponse* (...) *Que veut la femme ?* Comme si Freud ignorait non seulement que la psychanalyse avec ses initiés a une fonction protectrice de Dieu, le Père supposé savoir, exactement comme la Nation, le Parti, la Raison, la Cité ; mais encore que c'est ce sentiment sacré-mystique-océanique-fusionnel qui explique que l'on puisse être amoureux de ces entités. Freud ne verra même pas le lien entre la mère et la mère-patrie. Il dira que le sentiment océanique est peut-être en jeu dans l'amour de Saint François d'Assise, mais après avoir écrit que l'amour universel est *l'amour génital inhibé quant au but.*

Le sentiment océanique n'implique qu'une condition : l'abolition de ses défenses dans la confiance.

Que demande le psychanalyste, implicitement évidemment, à son analysant ? De s'abandonner, d'abaisser ses défenses, de lui faire confiance... sur quel critère ?... Ce que je préfère faire avec l'amant... c'est gratuit avec une couette superbe de surcroît.* D'ailleurs Charles dit bien assez non, sans le dire, pour que j'aie tout loisir de faire une analyse, sans le risque de rejouer un amour transférentiel avec conversion à une psychanalyse mortifère. L'efficacité thérapeutique ne prouve pas la théorie ; et une relation thérapeu-

---

* Je plaisante à demi. Je ne veux pas dire que le thérapeute peut mettre ses patients dans son lit. La question n'est d'ailleurs pas là. En thérapie, c'est l'abus de confiance, sexuel ou autre, qui est tueur. Or, ces abus sont plusieurs, dont celui d'accepter d'être regardé comme le supposé savoir... vivre.

tique peut être efficace en dépit d'un corpus théorique faux. Le sentiment de réalité-vérité d'un souvenir qui vient faire sens dans la vie du sujet ne prouve pas que l'événement a été effectivement vécu ni même fantasmé dans l'enfance. De plus, il faut définir l'efficacité thérapeutique : une (ré)intégration dans notre culture que je pense malade, ou une recherche de valeurs humaines ? Le bonheur, une meilleure tolérance au malheur ou à l'ennui, une renaissance du désir par le transfert même, ou une lucidité-liberté-résistance-création ? On se demande de quoi la psychanalyse guérit ? Freud, dans ce livre, reprend le refrain du civilisé : la condition humaine n'est que souffrance. La vie n'est que défi et solitude. Le prix à payer en 1996 : 300F x 2 fois par semaine x 52 semaines x 7 ans ! Ce n'est pas la peur du sexe que la psychothérapie doit penser, mais la peur de l'a(A)utre*, notre mode de jouissance-manière d'être... un homme et une femme. Autre commentaire : s'abandonner, abaisser ses défenses, faire confiance... en psychanalyse comme ailleurs, s'appelle régresser. Tous les hommes, les vrais, l'affirment : quand on est adulte, on se méfie, on se protège, on se défend et même on agresse. Alors pourquoi dit-on qu'on entre en psychanalyse et qu'on tombe amoureux ? Parce qu'en psychanalyse, on travaille, sans s'apercevoir qu'on tombe ? Et qu'est-ce que l'homme fait d'autre que de s'abandonner lorsqu'il se donne à la Nation, à l'Entreprise, à Dieu... à la Révolution ou autre cause, si ce n'est qu'il éprouve l'impression d'être transporté, et non de tomber ? Franchement,

* Dans *Médecins et Sorciers* de Tobie Nathan et Isabelle Stengers (3), le plus frappant est l'importance donnée aux esprits dans la médiation entre Africains. C'est vraiment superbe : au lieu de me quereller directement avec Charles, un esprit me possède et l'insulte. Charles consulte un guérisseur-devin (deviner) qui va s'enquérir auprès de l'esprit de mes désirs... Réparation sera faite.

Notre conscient ne croit plus aux esprits. Internet (ou le médicament) n'est pas un bon médiateur car il est présenté comme objet (sans « âme ») et non comme sujet... Quels médiateurs inventer ? Nous faut-il des médiateurs ? Ou sommes-nous capables de courage affectif pour une inter-relation directe ? Franchement, c'est moins risqué que la guerre.

encore une fois, je préfère me donner à l'amant, cela fait nettement moins de morts... Deux au plus, d'après Baudrillard.

Freud a malheureusement raison. Chez le civilisé, le sentiment d'Etre un avec le Tout est, le plus souvent, une régression. Mais comment pourrait-il en être autrement dans une culture qui, avant même l'âge de sept ans, développe un Moi défensif-offensif ? Moi ou l'A(a)utre... Résultat : le sentiment océanique ne peut être que refuge et le Moi avec l'autre un enfant... qui se laisse transporter par tout et n'importe qui et quoi. Il en est évidemment de même de l'hystérie qui est restée dans la fusion-identification-projection inconsciente de l'enfant. Le paysan est au moins cultivé **avec** une terre, le marin **avec** une mer, l'ébéniste **avec** du bois, et le violoniste **avec** un violon. Ces esprits artisans aussi projettent leur imaginaire-inconscient-affectif, mais avec des limites imposées par le concret. Même s'ils le souhaitent, ils ne peuvent pas se prendre longtemps pour des dieux tout-puissants... ou des bébés.

On se demande d'ailleurs quelle perversité se cache derrière la *neutralité bienveillante* de l'obsessionnel qui soigne l'hystérie ? Freud s'affole lorsqu'une patiente lui saute au cou. Il se sauve en expliquant que non, elle n'est pas amoureuse de lui, elle a simplement projeté son père (Charles se sauve, mais il revient). 80 % des patients en psychothérapie sont des femmes. Pour l'obsessionnel pur et dur, l'inconscient n'existe pas, il est maître de soi et de sa vie. La volonté avec l'auto-thérapie comportementale peut tout. Et si par malheur elle échoue, il prendra des médicaments, ce qui évitera de déballer ses *faiblesses* (ses échecs, ses peurs, ses colères, son narcissisme et ses peines) et de se mettre en question. Que va chercher l'hystérique* chez son maître obsessionnel ? Sa stabilité-sérénité. Incroyable ! Il doit savoir... vivre. L'hystérique recherche aussi cet homme qui

---

* Je parle uniquement de la femme hystérique.

la regarde comme si elle existait – mieux : comme si elle était unique – fasciné par le féminin, même s'il n'en sait rien. Et elle mettra des années à comprendre que sa neutralité bienveillante, olympienne, compatissante, séductrice, est celle du mort-vivant vampire (comme l'était son père), et qui, de surcroît, disent mon chasseur et Baudrillard, est pris du désir de la mettre à mort ! Rien de plus facile que de jouer avec l'hystérie. Et quelle est la perversité de l'hystérique qui soigne les rares patients obsessionnels ? Je ne crois pas qu'elle peut écouter leur mépris de la vie, de la terre, de l'amour, de la femme sans être prise du désir de les tuer... Qu'il paye, comme si *la putain* se vengeait... Ou faut-il supposer que sa propre thérapie ne l'a pas n'a guérie de sa dévotion et qu'elle l'écoute comme une mère ? Admiration du maître supposé savoir vivre, espoir d'être aimé, tendresse d'une mère pour son fils à défaut d'un amant, vengeance ou métier facile... sinon, on se demande comment la femme qui s'est trouvée peut se dire freudienne ? Il est vrai que Freud a accepté de donner une place de parole à l'hystérie, de l'écouter, mais je ne crois pas que sa conscience l'ait entendu... On dit Freud d'une charmante simplicité, aussi longtemps que Narcisse est admiré ? Et je ne crois pas que l'hystérie puisse se satisfaire de l'illusion d'une relation. Le silence du psychanalyste (ponctué de suggestions implicites) m'insupporte. Je lui demande de discuter nos perlaborations respectives. Je lui demande de chercher avec moi. L'hystérique peut aussi recevoir quelques patientes obsessionnelles mais là, c'est vraiment le monde à l'envers.

Quand la femme hystérique cessera-t-elle de revitaliser l'obsessionnel ? De se laisser façonner par ses fantasmes ? De croire qu'elle n'est jamais digne de son amour* ? Mais où trouver un modèle d'identité qui ne soit pas fondée sur

* Freud induit la principale résistance de la femme hystérique. Pour s'assurer de l'intêret de cet *archéologue*, ((elle)) doit s'inventer un trésor et le tenir plus ou moins caché. L'oubli, le déplacement, la rationalisation... ou le mensonge de l'obsessionnel relève de motivations bien différentes.

le Père… et la Mère tout-puissants ? Surtout que les femmes sont entrées dans le monde du travail, synonyme de compétition. Comment les femmes hystériques pourraient-elles s'aider à trouver un peu de conscience-stabilité-identité ? Des hystériques co-responsables les unes des autres pour qu'elles cessent de se perdre dans chaque rencontre ? La citadine joyeuse : *Une hystérique sans homme, que devient-elle ?* Où s'égarent nos hommes hystériques ?

Toujours dans *Le malaise dans la civilisation*, Freud donne une seconde définition de l'Homme. Il n'est pas seulement le pauvre petit Poucet. Il serait aussi une pulsion de vie – Eros – poussant *à conserver la substance vivante, à la rassembler en unités de plus en plus grandes* jusqu'à l'humanité entière ; et une pulsion opposée de mort – Thanatos – qui tend *à dissoudre ces unités et à les ramener à l'état anorganique des primes origines.* Thanatos est soit l'autodestruction plus ou moins intense, mais toujours présente, soit la pulsion d'agression et de destruction tournée vers l'extérieur. Eros et Thanatos sont toujours plus ou moins liés. Par exemple, l'agression liée à la sexualité donne le sadisme. La pulsion de destruction modérée et domptée assure la satisfaction des besoins vitaux et la domination de la nature.

Freud ne voit pas que notre universalité se fait au prix de la diversité, au nom de la vérité… de Thanatos séducteur. De plus, je m'y perds. Dans un autre texte, je lis que Eros rassemble les pulsions de vie qui recouvrent non seulement les pulsions sexuelles proprement dites mais encore les pulsions d'auto-conservation, alors que je viens de noter que ces dernières sont une action modérée de Thanatos ! Pour moi, la vie est la vie organique qui se perpétue par le sexe. La mort est le retour à la terre. Eros est le sentiment amoureux avec ou sans sexe. Et les sentiments de vie et de mort sont passablement indépendants de la vie et de la mort. Je me perds aussi dans la sexualité de Freud qui commencerait au stade oral. Pourquoi pas au stade fœtal ? Que projette

Freud en parlant de *perversité polymorphe* chez le nourrisson ? Pour moi, le sexe est le sexe génital qui peut s'accompagner d'un sentiment de vie ou de mort, de plaisir ou de joie, d'un sentiment d'amour ou de haine et d'autres affects encore. Que je puisse être frigide avec un homme et jouir lorsqu'il me stimule le gros orteil droit est une question ni de sexe, ni de perversion, mais de communication. Dans l'impossibilité de lui verbaliser qu'il est nul sous la couette ou qu'il n'a pas tout pouvoir même s'il est un superbe amant, mon inconscient (ou mon conscient si je suis exercée à l'auto-suggestion) le lui signifie autrement. De même je peux, inconsciemment puis consciemment, faire débander un homme qui avance son sexe sans son âme, tout en murmurant des mots d'amour. Quant à la sensualité, elle ne se réduit pas au sexe, ni même à des zones érogènes. Je jalouse les jeux sensuels avec l'eau des mammifères marins. La pratique du massage montre clairement que les citadines sont en manque de sensualité, et non de sexe. Encore : je ne vois aucun lien entre la petite fille qui se blottissait contre sa mère dans une bulle de soleil et celle troublée par des énervements étranges lorsqu'elle se frottait le clitoris. Freud dit que les pulsions trouvent leur source dans des excitations corporelles et que le but est de supprimer cet état de tension. Et bien, justement, ni l'amour, ni la sensualité jusqu'à l'extase ne sont des tensions qui demandent à être assouvies ; elles sont des béatitudes qui rêvent de durer... pour l'éternité... ce qui n'est pas synonyme de mort. Je ne vois pas non plus en quoi la tendresse est *l'amour génital inhibé quant au but*. Je ne désire pas mes ami (e)s, tandis que l'amant rêvé serait un ami que je désire follement. Mais peut-être Freud parle-t-il de l'amitié virile ? Encore : ce n'est pas parce que la bouche de la femme est sexualisée qu'elle l'était enfant. Cette sexualisation se fait avec l'homme. Et cela n'a rien de pervers. D'abord, elle permet de ne pas faire un sixième enfant à une femme fatiguée. Par ailleurs, la sensibilité de la bouche est incomparablement plus délicate et consciente que celle du vagin. De plus, toujours évoquer la régression finit par n'avoir aucun sens. Par exemple : manger se fonde sur l'expérience inaugurale du sein. Mais quelle culture entre l'enfant qui ne goûte que le salé/ sucré et le chaud/froid et l'art de la table ! Plus symbolique peut-être : quelle culture entre l'ivresse du lait au sein et celle de la dégustation d'un grand vin ! Et quel homme a inventé un biberon de la forme de son sexe ? Un autre exemple : la création n'est pas une régression. La logique inductive/déductive n'est pas plus mature que la logique associative, elle est d'un autre ordre. Et celui qui cesse de se questionner sur la vie, qui sait, n'est pas adulte, mais mort. Ce qui ne signifie pas que la question doit remplacer la vie. Lorsque je sors de la mer, que je me fais griller des sardines et que, même seule, je les dévore trop chaudes, je ne me pose plus aucune question. Un savoir d'un autre ordre...

Mais peu importe si le vocabulaire de Freud m'échappe, puisque finalement dans *Le malaise dans la civilisation*, qui traite avant tout du civilisé normal, les deux plus grands plaisirs de l'homme seraient la satisfaction de *l'amour génital* et l'agressivité, la Bête que la civilisation doit modérer, dompter, dominer, sublimer. Nous verrons que Freud finit même par confondre le Nirvana sentiment océanique fœtal-oral avec la mort, ignorant tout de la renaissance jaillissante, alors qu'il pratique la régression cathartique, violente puis à bas bruit, sur ses patientes.

Face à ce drame existentiel de ce *Pauvre Poucet de Nature* bestiale que fait la civilisation ?

Elle assure sa sécurité. Peut-être Freud est-il déjà trop malade pour se souvenir qu'il n'est pas seulement sur la défensive, mais aussi conquérant (ailleurs, il se dit conquérant).

Freud reste un parfait civilisé pris dans le paradoxe positiviste : l'homme est une Bête, un cousin du singe, qui doit être éduquée, tout en affirmant qu'il faut être le plus fort pour lutter pour la vie, sinon on disparaît, ce qui donne une *psychologie darwiniste*, comme l'écrit justement Koestler. Le fait que Freud dise que ce sont les pulsions (sexuelle-agressive) qui motivent inconsciemment le Moi ne change rien. Et le fait encore que l'homme ne soit pas un animal soumis à l'instinct de reproduction, mais un ensemble de pulsions acquises dans les premières relations ne change rien non plus. Il reste un loup par nature, symbole chrétien du Diable-Sauvage. Heureusement, la civilisation-raison (du plus fort) est introjectée comme Sur-Moi et Idéal du Moi protecteurs contre la Bête toute-puissante, l'obligeant à sublimer ! On pourrait comprendre que Freud décrive le parfait civilisé pour en faire ensuite une analyse comme pathologie culturelle. Mais tout laisse penser que l'homme ne peut être autrement que ce qu'il est... comme si les premières relations ne pouvaient développer un autre homme.

Comme je l'ai déjà écrit, échappe également à Freud le grand rêve de cet homme défensif-conquérant : le paradis fœtal-oral sans risque, c'est-à-dire préfabriqué et dans les bras d'une belle idée ou d'un beau sentiment. Cet homme croit qu'à tout posséder, maîtriser, il va combler le manque, l'Eros sans sexe de Platon, le paradis.

Comment s'y prendre pour se protéger des risques qui menacent ce mâle de tous côtés ?

Qu'est-ce que la civilisation ? L'utile (les sciences et les techniques), l'ordre et la propreté, la parcimonie, les idées (et les idéaux), la loi, et la beauté.

Freud, le généreux ! Charles : *Tout se paie*. Freud, comme Charles, est un libéral précautionneux. A chacun *sa technique de vie*, cependant faisons-le *avec parcimonie* : *Tout comme le commerçant prudent évite de mettre tout son capital sur un seul placement, la sagesse de vie, elle aussi, conseillera peut-être de ne pas attendre toute satisfaction d'une unique tendance. Le succès n'est jamais assuré.* Moi qui me demandais d'où venait notre amour de l'abstraction : c'est pour se protéger, pour se rendre indépendant du monde extérieur que l'homme (*narcissique, qui incline à se suffire à lui-même...* en attendant d'être admiré) recherche ses satisfactions dans des processus psychiques internes, qu'il sublime dans des activités artistiques et scientifiques. *Les satisfactions* (sont) *plus délicates et plus élevées, mais leur intensité est amortie, comparée à celle provenant de l'assouvissement de motions pulsionnelles grossières et primaires ; elles n'ébranlent pas notre corporéité* (...) *De plus, cette méthode ne peut accorder une parfaite protection contre la souffrance, elle ne leur procure pas de cuirasse impénétrable aux flèches du destin et elle fait d'ordinaire défaillance lorsque le corps propre devient la source de souffrance.* C'est encore pour ne pas souffrir que l'homme maîtrise ses pulsions sexuelles.

Vraiment, est-ce ainsi que les hommes vivent ?

Pour se protéger de la nature, des déficiences du corps et de la saleté, la civilisation a développé la science et les technologies, *le bonheur pour tous. On passe à l'attaque de la nature avec l'aide de la technique guidée par la science et on soumet cette nature à la volonté humaine.* Pour l'agressivité des hommes entre eux, la civilisation a inventé la loi et les idéaux, en particulier le travail pour tous et la tendresse qui est *l'amour génital inhibé quant au but.*

Freud est assurément un homme d'ordre. Mais curieusement, après avoir dit qu'il s'apprend à l'observation de la nature, Freud confond cet ordre naturel avec l'ordre social hiérarchique. Pour ceux qui n'ont pas l'intelligence nécessaire aux activités intellectuelles, il prône le travail comme déplacement des pulsions libidinales, narcissiques, agressives et même érotiques, et la plus sûre cohésion sociale ; et, ignorant l'exploitation du peuple, il regrette la paresse et la non-fiabilité des travailleurs d'où *découlent les problèmes sociaux les plus ardus.*

Le plus grand échec de la civilisation reste la relation des hommes entre eux. Si les hommes se révoltent quelquefois pour une injustice sociale, la raison principale est l'agressivité naturelle de l'homme.

Est-ce que la civilisation apportera le bonheur à cet homme pourtant *presque devenu Dieu* ?

Sûrement pas, puisque les deux plus grands plaisirs de l'homme sont de l'ordre de la Bête. Freud occulte notre quête d'un paradis confiant d'avant l'histoire, collective ou personnelle, en lui substituant celui de la Bête. L'homme originel était plus heureux avec ses pulsions libres (même les animaux ont des rituels avec l'inceste parent-enfant et frère-sœur rare), mais il ne vivait pas longtemps. *L'homme de la culture a fait l'échange d'une part de la possibilité de bonheur contre une part de sécurité. N'oublions pas toutefois que dans la famille originaire seul le chef suprême bénéficiait de cette liberté pulsionnelle ; les autres vivaient en esclaves dans l'oppression* (!). Freud reprend le leitmotiv du civilisé. Il y a conflit entre la nature (l'individu égoïste) et la civilisation (le collectif altruiste). La culture se construit sur le refoulement, la maîtrise, le déplacement, la répression, la sublimation des pulsions sexuelles et agressives de l'individu. De plus, l'homme est non seulement un loup pour l'homme, mais un loup pour lui-même, du fait de sa conscience morale qui le culpabilise sans cesse et d'autant plus que sa culture lui impose une tâche impossible : *Tu aimeras ton prochain comme toi-même.*

Je m'interroge. Je ne suis pas du tout persuadée que l'amour universel préoccupe cet homme. Sa culpabilité de l'amour me paraît restreinte à la famille. De plus, cet homme aime exactement son prochain comme lui-même qu'il n'aime pas. Beaucoup plus tyrannique est le précepte de l'homme toujours trop « petit » avec le devoir d'« être à la hauteur », toujours plus haut et de s'y tenir. Drogue aussi lorsqu'on a goûté à la jouissance *autonome.* Je m'interroge encore : ce n'est pas par défense que je « sublime » dans l'écriture. Je me cherche en découvrant le civilisé qui se protège de tout, et de moi en particulier. Si je pouvais parler notre relation avec Charles, est-ce que j'écrirais ? Peut-être, nous écririons... Un manuscrit est une aventure, une manière de se tenir en passion...et/ou d'éviter la dépression dans une société d'année en année, de mois en mois, de plus en plus obsessionnelle, perverse, impuissante ou défoncée. L'écriture est aussi une façon de passer, après alchimie, ce que l'on a reçu. Encore : elle est demande de communication. Elle a ses démons (hommes et femmes aimés et/ou refusés, vivants ou décédés) et ses lecteurs qui, s'il y a rencontre, deviendront démons. Enfin, ce n'est pas par peur que je ne pratique pas le sexe. Peut-être les hommes sont-ils désirants de toutes les femmes qui passent, mais l'inverse est très loin d'être vrai.

A quoi sert le sexe de Freud, le désir pour sa mère à l'âge de quatre ans, la sexualité polymorphe du stade oral, etc. ? A occulter sa rage d'avoir perdu le paradis originel plus ou moins fantasmatique du ventre et du sein maternels, à occulter son obsessionnalité ?

D'ou vient la tendresse ? *De l'amour génital inhibé quant au but.* On peut lire chez les psychanalystes que c'est ne rien comprendre à Freud que de penser qu'il a tout réduit au sexe et à l'agressivité. Eh bien, je vais faire de même. Lorsque Freud parle d'amour génital, je pense qu'il parle de sexe. Et s'il propose une libération (modérée) du sexe, il ne le pratique pas, car il a peur de la mort qu'il confond avec le sentiment de mort par peur de la mort du désir et de la perte des limites de son moi... mêlées à celle d'être à nouveau abandonné par la mère qui pourtant le chérira toute sa vie.

Une question amusante à poser à un homme, tunisien par exemple, dans la cinquantaine : « Une journée sous un cocotier avec une femme ? » – *Oui* (avec une légère grimace) – « Deux jours ? » – *Jamais.* – « Pas de femme au paradis ? » – *Si, la mère.* – Et qui d'autre ? *Mon fils.* Pour cet homme, seule la mère est fiable ? Elle seule, quoi qu'il fasse, même guerrier, même mercenaire, l'accueille comme un dieu ? Non seulement parce qu'il est un enfant sorti de sa chair, mais un garçon. Parce que l'amour de la mère pour son fils est inconditionnel. Et pourquoi donc ?

La femme *génitale*, même devenue *son objet*, n'est pas fiable. De plus, elle est comme son père, toujours à lui reprocher quelque chose, même si ce n'est pas la même. L'amour sensuel ? Il l'a vécu avec la mère. En fait, si l'on écoute attentivement : cet homme est nostalgique du paradis éprouvé avec la mère, mais pas de la mère. Ce qui fait dire à un autre tunisien : *Là haut, ça sera l'amour pur, l'amour en soi*... L'androgynat.

Comme on a déjà pu le comprendre, Freud craint aussi l'amour génital. *L'amour sexué nous a procuré la plus forte des expériences, celle d'une sensation de plaisir qui terrasse, et nous a fourni ainsi le modèle de notre aspiration au bonheur. Qu'y a-t-il de plus naturel que de persévérer à rechercher le bonheur sur la voie même où nous l'avons rencontré pour la première fois ?* (non, la première fois était, parait-il, dans le ventre de maman). *Le côté faible de cette technique de vie apparaît clairement ; sinon il ne serait bien sûr venu à l'idée d'aucun homme de quitter pour une autre cette voie du bonheur. Jamais nous ne sommes davantage privés de protection contre la souffrance que lorsque nous aimons, jamais nous ne sommes davantage dans le malheur et le désaide que lorsque nous avons perdu l'objet aimé ou son amour.* Plus loin, Freud reprend dans un langage dont on remarque la qualité poétique : *Nous ajoutions que par cette voie on se rend, de manière la plus problématique, dépendant d'un morceau du monde extérieur, à savoir de l'objet d'amour choisi, et qu'on s'expose à la plus forte des souffrances si l'on est dédaigné par lui ou si on le perd pour cause d'infidélité ou de mort. Ainsi les sages de tous les temps ont-ils, avec la plus expresse insistance, déconseillé de suivre cette voie dans la vie ; elle n'a cependant pas perdu l'attraction qu'elle exerce sur un grand nombre d'enfants des hommes.* Une minorité prend cette voie de l'amour, mais avec des modifications considérables : le sexe génital inhibé quant à son but, magistralement figuré par saint François d'Assise, l'amour de tous.

Freud parle d'*amour génital* avec la femme, mais, d'après moi, il s'agit en fait de sexe. S'il laissait aller son plaisir, il se défoncerait par le sexe synonyme de la Bête. *On nomme amour la relation entre l'homme et la femme qui, sur la base de leurs besoins génitaux, ont fondé une famille... Le sentiment de bonheur lors de la satisfaction d'une motion pulsionnelle sauvage, non domptée par le moi, est incomparablement plus intense que lors de l'assouvissement d'une pulsion domestiquée. L'amour sexué* : *une sensation de plaisir qui terrasse.* Freud se vide dans la jouissance génitale. Plus précisément, il est *terrassé*, synonyme de mort. Etrange bonheur ! Charles : *Derrière l'éjaculation, c'est la mort*, alors que Jean jaillissait joyeusement pour se blottir souriant. Et pour Freud, la source d'énergie est la libido dont l'expression naturelle est le sexe ; et la sublimation : les énergies psychiques, culturelles... agresso-défensives. Donc, si l'on veut un homme de culture, il faut limiter le sexe, détourner l'homme de la femme. Avec une touche misogyne juste en passant : la femme est peu apte aux sublimations pulsionnelles, et donc à la culture... obsessionnelle. Quelle chance !

Freud parle là d'un sexe sans amour de la femme. Il parle du sexe défoulement, puissance/affirmation de soi/possession qui doit être sublimé en culture... conquérante ; du sexe sans abandon... car on risque de *se perdre dans l'objet...* Le choc amoureux passé, on n'a jamais vu deux amoureux plus bons à rien. Ils débordent de vie mais, joyeux, on peut espérer qu'ils font autrement. Et si la création de la femme ne venait pas du sexe conquérant, mais de la sensualité et du ravissement qui permettait à Freud de manger des gâteaux, d'avoir une rose sur son bureau et de dormir dans des draps brodés ? Si créer pour certains hommes tout à fait masculins n'était pas synonyme de combat ? Si le goût de l'amante, dans une culture mortifère, était de demeurer gardienne de l'art de vivre et donc aussi de l'art d'aimer, et non de faire, comme lui, grande œuvre et grande guerre ? Dans un autre texte, Freud qualifie les femmes intellectuelles de bisexuées. L'intelligence est nécessairement un attribut viril. De deux choses l'une : ou ce constat est réel, et ces femmes se sont égarées vers ce qui donnera les guerrières MLF puis les cadres dynamiques d'aujourd'hui, ou Freud n'a rien compris à l'intelligence féminine, de l'homme et de la femme. Je lirai Lou von Salomé. Enfin, peut-être la famille se fonde t-elle sur le désir de l'homme de conserve...r auprès de lui *l'objet sexuel*, mais ce n'est pas cela qui la maintient, car il est bien connu que ni l'homme ni la femme ne désirent plus ce qu'ils possèdent, mais simplement craignent d'être dépossédés. D'ailleurs Freud l'écrit lui-même, la maison, c'est le souvenir de la mère, le repos du guerrier !! C'est sur ce point précis que se pose la responsabilité de l'amante et de la mère résistantes : désirent-elles, oui ou non, un amant, un mari, un fils et même une fille guerriers ? Que disait cette femme dans la quarantaine ? *Tu le trouves où, ton amant ni surpuissant ni impuissant ?* (Silence.)

Fille, tout va mal. La mère ne cesse de me faire des reproches. L'amour se joue avec le père. Seulement, celui-ci s'interdit le toucher car il le confond avec le sexe. C'est donc à mon homme que je demanderai l'amour sensuel. Déception, colère de survie : il ne désire que *l'amour génital*... ou des gâteaux. Supposons que le destin s'acharne contre moi, et que j'accouche d'une fille. Je ne pourrai que la haïr. Mon rêve n'est pas l'amour sensuel avec une femme, mais avec un homme. Je ne suis pas amoureuse de ma mère. Au contraire, si c'est un garçon, je l'aimerai abusivement. Et fille ou garçon, je castrerai mon homme, car ce n'est pas son sexe que je désirais, mais son âme sensuelle. Et il en fut toujours ainsi, et il en sera toujours de même, avec une fille qui ressemble à sa mère et un fils à son père car tous sont déçus. Mais peut-être, un jour, l'affectif peut-il se lasser de toujours se répéter ?

Je ne sais plus quel auteur a dit : *L'homme connaît tout sur les moteurs. La femme se sert de la voiture, mais ne veut rien savoir des moteurs. L'homme se sert de l'amour, mais ne veut rien en savoir.* Il en a toujours été ainsi et il en sera toujours de même. Amen.

Celà ne signifie nullement que l'hystérie sait ce qu'est l'amour... de la vie, mais au moins, elle ne cesse de le provoquer.

Le sociologue Franscesco Alberoni (4) explique la confusion entre le sexe et Eros. La passion amoureuse est sensualité et non la sexualité qui accompagne la vie ordinaire. Sensualité qui est aussi éveil de l'imaginaire et de l'intelligence (qui n'est évidemment pas le *logos* viril). Mais si cette passion laisse une nostalgie, elle fait peur. Pour s'en défendre, la psychanalyse, les sexologues, les sondages et nous-mêmes confondent donc Eros et sexualité quotidienne en faisant croire que nous serions plus heureux en passant de quatre à dix rapports sexuels hebdomadaires avec plusieurs partenaires. Seulement la passion amoureuse, comme l'amour passionné, sont d'un autre ordre, non du sexe, mais du sentiment sacré.

Freud fut en fait un homme de passions... Mais, à part un mot sur son féminin dans sa relation à Fliess, on peut supposer qu'il est un être qui ne se laisse pas ravir... son butin (c'est drôle comme un mot peut vouloir dire une chose et son contraire. Touché : ému ou blessé ; baiser : embrasser ou flouer, etc.).

La peur du sexe

Si je comprends le sociologue Roger Caillois (5), le Sexe-Eros de Freud est la Vie/sentiment de Vie confondus opposé à Thanatos la mort/sentiment de mort confondus.

Ce n'est même pas vrai que le sexe de Freud est plaisir, ou peur seulement que la femme s'échappe ou meure. Caillois reprend le neurologue Havelock Ellis : « ... *L'analogie de la têtée avec l'acte sexuel est plus profonde qu'il ne semble (...) La mamelle gonflée correspond au pénis en érection, la bouche avide et humide de l'enfant correspond au vagin palpitant et humide, le lait vital et albumineux représente la semence également vitale et albumineuse. La satisfaction mutuelle, complète, physique et psychique de la mère et de l'enfant, par le transport de l'une sur l'autre d'un liquide organique précieux est une analogie physiologique véritable avec la relation entre un homme et une femme au point culminant de l'acte sexuel.* »

Pour comprendre les fascinations et les peurs de l'homme pour le sexe femelle, Caillois interroge son intérêt pour les mandidés, plus particulièrement la mante religieuse, dans différentes cultures : prophétesse (mantis), mauvais œil, remède, dieu ou diable, démiurge guérisseuse... Mais son principal intérêt est d'avoir une bouche dentelée et d'être dévoreuse de son mâle pendant et après l'accouplement, pour son plaisir à elle (amélioration du *coït*). De plus, la mante religieuse est un automate. Décapitée, elle peut tout faire, y compris, face au danger, *tomber dans une fausse immobilité cadavérique (...) morte, la mante peut simuler la mort.* Encore : par mimétisme, elle peut se fondre dans le végétal. D'après Caillois, l'homme craint d'être englouti et de mourir par le sexe.

Du fait d'un lien nutrition/sexualité, il craint d'être dévoré. *La plupart des complexes de castrations, comme on sait, ont communément pour origine la terreur du vagin denté susceptible de couper, dès sa pénétration, le membre viril. Etant donné le caractère pour ainsi dire classique de l'assimilation du corps tout entier à celui-ci et de l'identification inconsciente de la bouche et du vagin, il ne paraît pas impossible de considérer la peur de la castration comme une spécification plus particulièrement humaine de la crainte du mâle d'être dévoré par la femme pendant ou après l'accouplement, représentation fournie objectivement par les mœurs nuptiales des mantidés, tout va loin dans la symétrie, ou pour mieux dire, la continuité de la nature et de la conscience.*

Une chose est absolument certaine : comme les autres civilisés, Freud et Caillois n'aiment pas la terre, la vie... tout en exigeant l'immortalité.

L'éjaculation, c'est l'horreur, la petite mort. Caillois ignore le mimétisme des orchidées en insectes et en oiseaux. Il n'est pas celui qui peut dire : *L'être qui s'émerveille est beau comme une fleur* (6). Caillois aime le jardin zen qui amène à la contemplation sereine du néant. Il rêve d'une immortalité minérale. Dans *Fleuve Alphée*, il décrit un jardin polaire quasi-immatériel. La mort est putréfaction. Le végétal la préfigure. L'insecte mime non seulement le végétal, mais le végétal décomposé illustrant notre pulsion de mort. L'Homme est malheureusement encore de la nature (!), *scandale de son imparfaite autonomie*. S'il relâche sa *volonté d'être*, comme cela se passe à l'instant de l'éjaculation, qui *a son équivalent chez la femme*, il tombe dans l'attraction qu'exerce encore sur lui le retour à l'uniformité. C'est l'instinct de mort Thanatos qui fait dire à Freud : « *La fin vers laquelle tend toute vie est la mort, car l'individu, pour des raisons internes, désire le repos, l'égalisation des tensions chimiques, l'insensiblité, l'inconscience de la mort. C'est le complexe de Nirvâna* », *vision débilitante d'une sorte de Terre promise de repos et d'insensibilité, comme le goût d'une fatigue absolue*, précise Caillois. Freud, comme Caillois, justifie sa peur en faisant appel à la biologie. Selon lui, le *coït* serait une perte d'immortalité, « *l'élimination de la semence, au cours de l'acte sexuel, correspond dans une certaine mesure à la séparation entre le* soma (mortel) *et le* plasma *germinatif* (cellules sexuelles immortelles). *C'est pourquoi l'état qui suit la satisfaction sexuelle complète ressemble à la mort et c'est pourquoi chez les êtres inférieurs, la mort suit immédiatement la procréation.* » On ne s'étonne pas que Freud fût impuissant à trente-sept ans. Caillois ajoute encore une autre cause à l'accouplement comme petite mort, le *terrassement* de Freud : la relation sexuelle est une mise sous tension générale qui aboutit au paroxysme de l'éjaculation, suivie d'une chute abrupte (l'hypotension de Charles), dans l'immobilité forcée, le repos et la demi-conscience. *C'est ce passage instantané de la tension à la détente (...) d'un maximum à un minimum d'être, d'une conscience suraiguë à un sentiment de néant relatif, qui contribue à faire assimiler inconsciemment l'amour à une rupture de la continuité existentielle.*

On peut se demander pourquoi ni Freud ni Caillois ne reprennent une autre expression pour l'orgasme : le septième ciel ? Le postlude de la jouissance peut être ravissement amoureux, ou terrassement dans une petite mort, exactement comme tout état modifié de conscience, chez l'homme et chez la femme. Deux fois, j'ai expérimenté le sexe dans la méfiance. L'orgasme fut, à chaque fois, terrifiant : le vide glacé de la mélancolie. La qualité de l'éprouvé dépend de ce qui passe dans la tête et donc dans l'environnement avant et pendant la modification de la conscience. Une hypotension peut ouvrir sur un paradis, l'oubli, ou un enfer. Pour faire du plein heureux après l'éjaculation, l'homme doit être confiant, non coupable, se donner, accepter de recevoir et s'émerveiller. En fait, si je relis Caillois, Freud, Baudrillard et tant d'autres, leur fantasme est de rester debout, de ne pas éjaculer... de bander jusqu'au septième ciel qui serait celui de la jouissance de l'Etre absolu, de l'homme-Dieu tout-puissant immortel.

Avoir peur est un fait qui doit être respecté. Le drame est qu'au lieu de tout simplement le reconnaître, ces hommes nous envahissent de modèles « objectifs » sur l'espèce humaine et le monde, modèles prétendument biologiques, objectifs, qui sont en fait obsessionnels-paranoïaques. Quand la vie, ou si cela vous fait plaisir l'hystérie, sera-t-elle fatiguée... de payer des thérapeutes qui n'entendent rien ?

Comment cultiver nos enfants en hommes et femmes non pas surpuissants-impuissants, mais assurés ? On craint avant tout l'étranger, ce que l'on ne connaît pas. Un exemple : un homme de notre culture, pour me prouver que la nature n'est que danger : *Regardez une ronce, vous la laissez faire, elle envahit tout...* Je viens de lire *L'esprit de la forêt* de l'amazonien J. Buinaima. Pas un instant, il n'indique une forêt envahissante. Il fait partie de la nature qu'il connaît (au sens littéral de naître avec) parfaitement. Il n'est pas dans la fusion infantile. Comment cultiver nos enfants en hommes et femmes capables de conscientiser et de parler leurs affects et leurs... *erreurs* ? Je ne crois pas que nous puissions continuer à dire : *Enfin, avec tout ce que nous faisons pour les exclus, ils pourraient faire un effort...* charité-compassion des nantis sur le dos des simples. Je ne crois pas que nous soyons autorisés à juger la violence dans les quartiers chauds, sans d'abord regarder la nôtre. Il ne s'agit pas de mettre les primaires dans le droit chemin, mais de trouver tous ensemble un autre chemin. Un rêve : entendre notre ministre de la Culture, tous les ministres des cultures conquérantes : *Excusez-nous, nous nous sommes trompés. Tentons, inclus et exclus, civilisés et primaires/primitifs de faire un autre monde... de vivre tout simplement.* Notre impudeur culturelle, pour ne pas dire notre crime, est notre incapacité à dire « Je ne sais pas et je me suis trompé » ; ce qui donne le beau titre d'un livre du psychiatre-psychanalyste Lucien Israël : *Boîter n'est pas pécher* (7).

Plus grave : les civilisés ne sont pas seulement menacés par un rien ; ils méprisent la Terre, la Vie, autrui et eux-mêmes. Un mépris qui ne vient pas seulement de la peur de l'imprévisible de la mort et donc de la vie, mais aussi de l'incapacité à se réjouir de ce que l'on est en colérant-pleurant sur tout ce que l'on n'a pas. Comment préserver les sentiment de complétude, de vie et de questionnement émerveillé de l'enfant ? Comment faire pour qu'il ne soit pas normal d'avoir deux jambes et deux bras, normal que le soleil se lève chaque matin, ou que la terre continue de tourner ? Comment faire plus généreux et non plus grand et plus charitable ?

Grave encore : le civilisé est innocent. Acculé, il avoue juste le nécessaire, ce qui oblige à soulever plusieurs voiles avant de comprendre que l'oubli... ou le mensonge est sa manière d'être (les Eglises incluses). De plus, inconsciemment et consciemment, il a si bien inhibé ses émotions (imprévisibles comme la mort... et la vie et donc non fiables), que ses désastres le laissent royalement indifférent. Des *erreurs* dit au mieux Apollon, en poursuivant une image abstraite-idéale de l'homme et du monde.

Heureusement, comme pour Charles, il reste à Freud la beauté de la nature (qu'il maîtrise !), des gestes, des créations artistiques et même scientifiques : source de plaisir et consolation *doucement enivrante, douce narcose* mais qui néanmoins *n'est pas suffisamment forte pour faire oublier une misère réelle*. Plus efficace, les stupéfiants (Freud est un cocaïnomane) qui ont l'avantage non seulement de rendre insensible à la souffrance, mais de donner en plus des plaisirs immédiats. Il espère, comme Charles, que la science trouvera la pilule du bonheur.

Que veut dire Freud ? *La beauté dérive du domaine de la sensibilité sexuelle ; ce serait un modèle exemplaire d'une motion inhibée quant au but. La beauté et l'attrait sont originellement des propriétés de l'objet sexuel.*

Pour l'homme qui est manifestement fasciné par un mouvement de hanches comme peut l'être l'animal par un stimulus déclencheur. Mais le sentiment du beau vient aussi du ravissement qui transfigure. Charles, comme Freud, craint le sexe. Ce n'est pas le sexe qu'il vient chercher dans un regard, une courbure de sein ou l'exase/enstase de l'hystérie, mais son féminin. Un modèle de Psyché ne peut ignorer la dimension sacrée de l'être humain qui est, entre autres, le monde des arts, réduit par Freud et autres rationalistes à la *vie de fantaisie* en opposition à *la vérité scientifique.* Je passe une partie de la journée dans la Grande mosquée de Kairouan (Tunisie) comparable à un monastère. Je ne fais pas appel à Dieu le Père. Je ne suis pas en danger. Je n'éprouve pas non plus d'attrait sexuel. Dès l'entrée, l'architecture ralentit mon pas, calme mon esprit et je me sens allégée, enveloppée, protégée dans une paix qu'on ne peut mieux nommer que sentiment religieux, ravissement, sentiment océanique, sentiment heureux d'appartenance évidente au Tout, à la terre avec son ciel, sentiment amoureux qui est aussi le beau et le bien sans morale. Freud ne peut que s'appartenir : le danger est partout. L'art comme divertissement est à l'opposé de la conception de Brun, par exemple, qui y voit l'expression du sublime.

Comment sommes-nous arrivés à séparer l'utile de l'esthétique, à faire tant de laideurs inutiles ? A faire des cathédrales à Dieu tout-puissant... amour, et des cages à lapins pour les êtres humains ? L'hystérie sait qu'elle ne peut survivre sans sentiment. Lui laissera-t-on au moins l'émotion esthétique, sans pour autant réduire nos terroirs en musées ? A faire des SDF dans la douce France, troisième puissance économique mondiale ? A faire, comme le remarque Brun, *une poubelle mondiale* peuplée de déstructurés... tout en continuant à aduler le Progrès ? Que faut-il faire non pour être coupables, mais dégoutés de nous-mêmes comme Zorba ? La technique de l'aversion du film *Orange mécanique* ? Despote éclairée, devant l'urgence, je condamne à vingt ans de vie forcée dans leurs HLM, super-marchés, usines... les responsables du bâtiment. Plus rentable : je condamne tous les fabricants de nuisibles-inutiles-laids à une vie forcée dans des décharges publiques jusqu'à la nausée irréversible. Et je mets la culture de la vie avant tout, l'économie en particulier, en valorisant ceux qui font beau-nécessaire-généreux-joyeux-humain.

Selon Freud, toujours dans *Le malaise dans la civilisation*, le désir de bonheur de l'Homme est *en désaccord avec la réalité*. Non seulement en raison de notre condition de pauvre mammifère démuni, non seulement car nous sommes un loup pour l'autre et pour nous-mêmes, mais aussi du fait de l'habituation physiologique. Dommage que Freud n'ait pas goûté l'état amoureux pour une femme versatile... Malheureusement, je crains qu'on ne change pas un grand obsessionnel : le monde, l'inconscient inclus, doit être prévisible, fiable. Conclusion : plus de vie. Freud : en raison du fonctionnement de notre système nerveux, le bonheur devient vite *un sentiment d'aise assez tiède*, car *nos dispositifs sont tels que nous ne pouvons jouir intensément que de ce qui contraste, et ne pouvons jouir que très peu de ce qui est état. Ainsi donc nos possibilités de bonheur sont limitées par notre constitution.* Freud reprend un avertissement de Goethe qu'il note simplement comme un peu exagéré : « *Rien n'est plus difficile à supporter qu'une série de beaux jours.* »

Je me demande si cette remarque de Freud n'est pas surtout vraie pour l'homme moderne qui ne sait plus, comme le bédouin par exemple, s'asseoir sur ses talons au réveil et y être encore le soir, et le lendemain... Une manière d'Etre dont je saurais peut-être faire quelque chose aujourd'hui : j'habite chez un villageois bédouin. Je ne suis pas amoureuse de lui. Je ne peux même pas dire qu'il me « plaît ». J'observe simplement un homme qui pêche le nécessaire, prépare le thé et joue d'une sorte de mandoline. Il parle anglais. Il est allé voir le Caire. La ville ne l'intéresse pas. Deux, trois fois dans la journée, assis sur ses talons dans sa cabane, silencieux, il m'invite d'un geste tranquille de la main... Union brève et presque immobile, toujours sur ses talons. Le village n'est pas électrifié. Nous sommes tous réunis, en silence, sur la plage, à regarder monter la pleine lune. A son apogée, le même homme, me prend, debout, discrètement, brièvement et fougueusement. Un remuement doublant le bruit des vagues me suggère une jouissance collective. Je suis bien. Comment est-ce possible ? Rien dans cet homme de bestial. Les préludes et les postludes sont assurés par nos manières d'être avec la nature, les villageois et la musique. Cet homme me demandera de rester vivre avec lui. C'est impossible, un Etre trop simple.

Je me demande si les ethnologues ont étudié l'ennui selon les cultures ? Nous sommes une culture du temps linéaire, de la projection dans le futur (qui est la mort !). Il va, il doit se passer quelque chose, et quelque chose de nouveau, tout en craignant l'imprévu. Nous sommes des incroyables consommateurs, des boulémiques de kilomètres, de minutes, d'objets manufacturés, d'aliments, d'alcool ou autres drogues, de clips-rencontres, d'idées, d'informations, de livres. Nous courons après notre bonheur. Une incapacité à faire d'un rien le Tout. Nous sommes dans la sommation des stimuli, des plaisirs, et connaissons comme seul état l'agitation, l'angoisse du vide, la dépression et la passion de la puissance-possession. La méditation-contemplation-abandon est devenue culturellement étrangère à nos hommes et, aujourd'hui, à nos femmes. Les rêveurs sont éliminés. Il faut se battre pour survivre, et si on ne se bat pas, au moins avec soi-même, on s'ennuie. A ma connaissance, il n'est pas démontré que l'habituation physiologique est la même dans ce que nous appelons « les états modifiés de conscience », dont la plupart, j'espère, feraient encore rire de nombreuses cultures. Pour le ravissement, l'assurance tranquille et la joie simple, le civilisé est devenu un néophyte.

L'Océan régressif.

Cependant, en 1981-1982, le ravissement-sentiment océanique n'a pas encore disparu chez les civilisés. Il est seulement extra-ordinaire. Le psychiatre Jean-Pierre Valla questionne 49 habitants (29 hommes et 20 femmes, dont 10 artistes) d'un quartier intellectuel et artistique de Montréal (8). Ces personnes ont entre 30 et 80 ans (dominante

40-50 ans), de niveau d'instruction élevé et non malades mentaux. La recherche d'*états étranges de conscience* (EEC) se fait sur un questionnaires sélectif comportant trois questions : *Avez-vous déjà vu ou entendu quelque chose dont la beauté vous rende indescriptiblement heureux ou triste ? Avez-vous déjà été conscient de, ou influencé par une présence ou une force qui vous soit extérieure, que vous la considériez ou non comme divine ? Vous est-il déjà arrivé de vous apercevoir que vous étiez en train d'utiliser une force intérieure pour accomplir quelque chose dont vous ne vous seriez pas cru capable ?* Valla obtient 183 récits d'EMC dont 130 sentiments océaniques. Presque tous se produisent hors méditation et sans drogues. Ils sont brefs, et souvent incomplets, c'est-à-dire avec préservation de la conscience du Moi.

Malencontreusement, l'auteur ne sépare pas les stimuli inducteurs du ravissement-sentiment océanique ; néanmoins, on les devine. Les stimuli inducteurs d'EEC (tous confondus) les plus fréquents sont les arts (26,8 %, essentiellement la musique), les événements stressants (25,14 %) et la vue de la nature (19,7 %). L'activité créatrice donne 2,2 %, l'activité sexuelle 2,7 % et la passion amoureuse 1,1 %. 107 EEC sur 183 sont vécus seul, 38 dans une foule, 31 en présence d'une tierce personne et 7 non précisés.

Cette étude confirme l'importance des arts et de la nature. Par contre, elle indique que la création s'accompagne rarement de félicité. Enfin, à peine de beauté ineffable entre l'homme et la femme ! Une sociologue américaine m'apprend que sur la côte Est, même l'expression *faire l'amour* a disparu pour celle d'*avoir du sexe*. En 1993, d'après Sfez (10), la majorité des étudiants de Los Angeles pensent que *ce sont les singes qui font l'amour. C'est un comportement animal. N'y a t-il pas d'autres relations raffinées à inventer entre humains civilisés de deux sexes différents ?* Et nous avons vu que le mieux serait de supprimer la différence, en fabriquant des androgynes, et même toutes différences, en faisant des êtres si indéfinis qu'ils deviennent tous (sauf les élus) interchangeables.

Valla trouve trois situations de perte des limites du Moi. L'appartenance à une famille spirituelle, morale ou culturelle ; l'attention sur un élément qui amène à oublier le reste de l'environnement et à faire de cet élément le tout (ce qui explique l'attrait sexuel à la source du beau donné par Freud) ; une résonance affective du sujet avec l'environnement (ce que connaît très bien, et même trop, l'hystérie). L'analyse intellectuelle s'oppose à cette perte des limites, puisqu'elle implique une mise à distance de l'objet.

L'interprétation de Valla est juste. L'ineffable ne vient pas de Dieu. Néanmoins, cet auteur va balayer du même coup le peu de passion amoureuse, alors qu'il aurait pu tout autant conclure sur le fait qu'à la condition de le désirer, les deux Moi peuvent se charmer l'un l'autre à vie dans un amour passionné.

Cette perte des limites du Moi, cette intériorisation de l'objet, transfigure l'objet qui devient perfection, absolu, avec sentiment de joie ou de paix intérieure, de calme et de sérénité. *Cette transformation est un phénomène bien connu dans le domaine de la passion amoureuse. L'objet brille d'un vif éclat grâce à tous les charmes que lui prête l'amoureux (se). Lorsque l'intériorisation disparaît, la même personne suscite des commentaires comme : « Je me demande ce que j'ai bien pu lui trouver »* (...) *La transformation dont l'environnement fait l'objet peut être conceptualisée comme une acquisition par l'environnement de qualités caractéristiques du moi lui-même.*

Christopher Bollas : enfin un homme qui parle de *l'Etre avec*, et même du sacré de l'Etre avec ! Mais après quelques lignes, à nouveau, le lecteur retombe dans un Etre nécessairement régressif, car dès qu'un humain est mature, il prend possession... ce qui implique que les cultures qui considèrent que la Terre ne leur appartient pas sont immatures.

Comme Valla et comme Koestler, le psychanalyste Bollas

pense le Tout comme un « objet » réel ou imaginaire (10). Transport par un paysage, une personne, Jésus, un OVNI, une musique, un texte poétique... Il oublie simplement la nation, le parti, l'entreprise, la psychanalyse... Expérience de terreur sacrée, *moment esthétique*, fusion avec un objet transfiguré, sacralisé, et qui souvent laisse un manque qui nous fera revenir sur le lieu dans l'espoir de revivre cette expérience d'*être avec*. Le sujet s'abandonne à l'objet. Il est *transporté*, *possédé*, *habité*, *bercé* comme *un petit enfant impuissant, mais toujours heureux quand on le tient très fort.* Certitude d'avoir été choisi par l'objet sacré. Connaissance affective, *épiphanie affective*, *expérience récurrente d'être*, imprévisible césure dans le temps.

Pour les auteurs précédents, le ravissement est avant tout contemplation-repos-apaisement... Bollas va accompagner ce sentiment sacré d'une espérance de changement de vie, de renaissance.

Bollas enrichit l'hypothèse de Freud sur l'origine du sentiment océanique. Cette expérience de transport sacrée réactualise la relation du nouveau-né avec la mère, avant que l'un et l'autre se distinguent comme sujet/objet. Le bébé expérimente un processus de transformation psychosomatique, mais il ne sait pas que cela vient de la mère qu'il n'a pas encore identifiée comme objet existant de son plein droit. Il vit cette expérience étrange, mystérieuse dans un mélange de terreur sacrée et de respect pour l'omniscience transformationnelle de la mère non identifiée comme sujet. Il est comme transformé par l'esprit du lieu : il a faim et, en un moment, il est nourri ; des gaz le font souffrir et, en un moment, un massage vient l'en délivrer. *Il est cajolé, emmailloté, baigné, embrassé, mais non par un objet identifiable : plutôt par quelque chose comme l'esprit du lieu...* Dans les premiers mois de la vie, la mère fournit au nourrisson l'expérience du sacré – *un processus transformationnel*, *une métamorphose*.

L'adulte recherche un objet transformationnel, un objet capable de le métamorphoser : un nouvel amour, l'achat d'une maison, un nouveau travail, un envol vers une île de vacances. *Dans la vie adulte, rechercher l'objet transformationnel, c'est en réalité se souvenir d'une première expérience objectale... Ces moments esthétiques sont primitivement des souvenirs affectifs, rarement de nouveaux commencements* (la renaissance *au Même* de Brun). Non pas souvenir d'un objet perdu, mais réactualisation existentielle. *Pourtant, même quand il y a eu réalisation, que l'objet de la quête est effectivement là, rarement la promesse originelle de transformation s'accomplit ;* ***une fois atteint, l'objet est remplacé par un autre objet, parce que sa possession effective implique un mode de relation différent**** *(une désillusion qui conduit à un mode de relation plus « mature » à l'objet : posséder, atteindre ou connaître l'objet ne suscite plus la préoccupation profonde d'une quête qui ne se relâche jamais. Il n'est pas sans ironie de savoir que cet objet qu'on appelle transformationnel ne pourra jamais être trouvé ; son absence constitue le rayonnement de sa présence.*) La séance psychanalytique recrée cette situation de transformation.

Deux possibilités donc pour que l'émerveillement se continue : se laisser prendre par un « objet » inépuisable ou qui ne peut être atteint : un psychanalyste, l'œuvre, Dieu, demain, l'inconscient ; mais encore faut-il le considérer comme tel. Penser, par exemple, que l'on n'a pas épuisé la connaissance d'un pays en passant une semaine au Club Méditerranée ou épuisé la rencontre le jour où l'autre de chair se donne à vous... Que disait mon chercheur CNRS et poète : *Une femme aussi c'est beau, mais dès que l'homme lui passe dessus, c'est fini, il en convoite une autre*. La seconde possibilité est de suspendre le désir de possession-réduction. Rien ni personne ne m'appartient de droit. Eviter de pren-

* C'est moi qui souligne.

dre ou prendre en restant dans l'attitude intérieure de l'Etre qui reçoit, qui se donne. Si la relation *mature* à l'« objet » a pour conséquence la perte du sentiment sacré, de l'émerveillement, de l'émoi, de l'étonnement et la fin de la (re)création, le plus simple est de prendre le plus grand soin à demeurer des enfants heureux de découvrir, de recevoir, de se donner corps et âme.

Le paradis est à portée de main à la condition de ne pas vouloir le posséder. La femme a beaucoup de chance d'aimer couchée sur le dos... (ce ne sont pas les missionnaires qui l'ont contrainte à cette position, on la trouve chez les gorilles et les bonobos) : l'abandon amoureux lui est plus coutumier. Le sacré est à la porte de la conscience humaine dès que l'homme ou la femme s'abandonne totalement confiant-émerveillé. Il est sûrement expérimenté pour la première fois dans la relation fusionnelle mère-bébé et peut-être est-ce l'éprouvé le plus intense. On se demande d'ailleurs à quoi ressemble l'univers du nouveau-né ? Deux exemples. Un homme et moi parlons sympathiquement sous une couette. Nous sommes sur le dos. Soudainement, il me prend et me soulève à bout de bras, comme les parents font souvent avec leurs bébés. Ravissement-jubilation si rapide et intense que la tête me tourne jusqu'à m'évanouir un instant ; ou inversement, un déséquilibre brutal de l'oreille interne dans une ambiance heureuse qui induit une jouissance comme chez les derviches tourneurs. Je suis une formation de massage, avec un homme qui ne présente aucun autre intérêt que celui d'enseigner. Il me masse devant les autres étudiants. Soudainement et rapidement, il me prend dans la pliure des genoux, me soulève et passe une serviette sous mes reins. Jubilation intense mêlée à la terreur certaine que mes sphincters vont lâcher. Je bande tous mes muscles. L'honneur est sauf. Contrairement à ce qu'écrit Bollas, le sacré peut être sans terreur, doux comme le miel. Ce moment où la femme est lovée dans le creux de l'aisselle de l'homme, ou inversement, lorsqu'il prend en bouche son sein, sans plus savoir si l'on est la mère, soi, ou bien lui enfant. Tendresse pourrait avoir un intérêt pour l'espèce. L'amant l'éveille dans une enveloppe de caresses. Il pose doucement sa tête sur son ventre. Elle s'entend lui dire : « Prends-moi, fais-moi un enfant ». Heureusement, Charles sait faire vivre à la femme une grossesse et un acouchement, en accéléré, et sans hyper-ventilation ni les frais d'un séminaire *Renaissance**. Je comprends que le désir de plénitude n'a rien à voir avec le désir d'un enfant et la responsabilité qu'il implique. Jeune femme, j'ai fait une grossesse nerveuse, sans la nommer et sans même me questionner ou m'inquiéter. Je me suis simplement réjouie de marcher comme une femme enceinte, et j'ai accouché sans regret de cette... constipation, sous la pression de ma mère qui me reprochait d'être trop grosse, jugement esthétique que je partageais. Je comprends aussi pourquoi Charles se lève brutalement. Tout à coup l'homme-enfant étouffe dans Tendresse ou craint de ne pas s'en relever. Elle n'a pas le désir de le tuer ni même de le posséder, mais son étreinte est trop forte ou trop longue. Elle est en enstase, il est dans la crainte de mourir. Difficile d'apprendre à aimer, surtout si son homme est fragile. Peut-être cet homme a dû faire un effort de colosse pour sortir du giron de la mère, comparable à celui du reptile qui a fait ses premiers pas sur

* Le Rebirth : une des nombreuses « thérapies » nous venant des Etats-Unis et qui, comme les sectes et tant d'autres choses, ne « prennent » que parce que nous ne vivons rien dans l'intimité. Franchement, pour 2 000 F le séminaire week-end, pensons à tout ce que l'on peut s'offrir à deux, sous une couette : champagne, saumon, livres, musiques, feu de bois...avec le sentiment divin-superbe en prime. Ou même ce que l'on peut s'offrir entre vieux amis. Ou encore avec des étrangers rencontrés au hasard de la rue. Danger ! Pourquoi serait-il plus grand qu'en temps de grève ou de révolution ? Mon impression : la solitude, à condition de ne pas aller jusqu'à la destructuration, est à la base de notre économie de production-consommation. Le plus efficace est donc de la cultiver dès la naissance en parlant d'autonomie et d'inventer le service... devenu payant et la charité. On fait pour les autres...Soi, on a besoin de personne...Ainsi, on reste maître des autres tenus en position d'infériorité. Déculpabilisation d'un quotidien basé sur l'exclusion ; l'orgueil, et surtout la peur de vivre et de dire : j'ai affectivement besoin des autres, besoin de vous, besoin de toi.

la terre ferme (11). Peut-être cela explique que cet homme assimile souvent l'abandon de ses défenses à la chute ? Mais peut-être cet homme, à force d'inhiber ses émotions, a tout simplement le limbique à plat, sans capacité de jaillissant-renaissant ? L'amour doit se penser avec l'amant qui peut se sauver ou, tellement plus « simple », se parler. Tendresse de la mère ne doit pas étouffer son enfant.

Bollas se trompe en posant comme synonymes expérience du sacré et espérance de transformation. Ces deux sentiments sont ou non associés. Comme on le trouve chez Nietzsche, Koestler ou Brun, le ravissement-sentiment océanique, l'Etre avec est d'abord repos. Apaisement avec l'aimé, une musique, un paysage. Jouvence d'être au monde, sans aucune attente de transformation. Non pas le Nirvana *débilitant* comme l'écrit avec mépris Caillois, mais celui que nous prêtons au bébé comblé dont nous disons qu'il sourit aux anges, celui du Bouddha au sourire intérieur et de toutes les traditions de méditation-contemplation, avec l'ascèse en moins. L'abolition des tensions. Inutile l'histoire d'une enfance difficile pour rendre compte du besoin de fusion-régression de l'adulte. Inutile aussi d'attendre la mort... bien méritée : *Donnez-lui le Repos éternel. Amen.* Tous les hommes en rêvent, nous a dit Brun. Hegel nous a même assuré que c'est l'Histoire, avec ses millions de tués, qui nous y conduira. Le civilisé et par contrecoup la femme sont fatigués. De quoi ? De se tenir dans l'« être contre » ou l'« être seul », épuisés d'être *Autonomes, Libres.* Toute fatigue a besoin de son repos quotidien qui ne saurait se réduire à un bon sommeil (avec somnifères si nécessaires), même s'il est vrai que l'être de rêve fait tout ce qu'il peut pour compenser les maltraitances du Moi, Sur-moi et idéal du Moi. Le repos de l'Etre avec est celui de l'âme, et non de la récupération de la machine. Seulement, au même titre que si l'on est physiquement épuisé, on s'effondre sur son lit ; l'âme, trop épuisée de se tenir contre vent et marée du Moi et associés, s'effondre dans une profonde régression... jusqu'aux larmes, avec l'impression que l'on ne s'en relèvera pas. Mais reposée, pour entretenir son âme, une bonne dose de douceur quotidienne lui suffit. Et la plus grande douceur (qui est aussi notre peur la plus profonde) passe par la peau. Regardez nos amoureux : ils se tiennent par la main.

L'espérance de transformation est celle que décrit Brun dans le mythe mort-renaissance.

Le sentiment sacré peut s'accompagner d'une espérance de transformation. J'en vois d'ailleurs deux. Le besoin de se transformer pour atteindre, être aimé de l'objet transportant, que celui-ci soit la mère, le père, les maîtres, l'amant (e) ou le psychanalyste. Et ce dont parle Bollas, le transport avec espérance de changer de vie comme par magie, de la passion privée à la révolution collective. *Etre avec* est à la base de tous les apprentissages fondamentaux et donc culturels de l'enfant. La co-naissance, qui se prolonge toute la vie, si l'on veut bien rester immature-poétique-vivant. Si la connaissance s'est figée en croyances et/ou habitudes et/ou enfermements dans la solitude, le transport sacré peut induire une renaissance. Une re-création est possible, et pas seulement par la psychanalyse ou autres psycho-thérapies. Néanmoins, il est intéressant de lire un psychanalyste conscient du transfert, comme expérience religieuse-*religare*-sacrée dont il est l'objet.

La nature a même prévu une renaissance physiologique : l'adolescence avec son intense capacité de transport et d'empreinte (d'attachement à de nouveaux « objets »). Période de grande vulnérabilité avec risque élevé d'adhésion à des mégalomanes charismatiques, à des idéologies guerrières (avec ou sans sang) et risques élevés de psychose (12). Risques qui soulèvent la question des rituels de passage de l'adolescence à l'adulte : la nécessité de l'initiation, mais une initiation à quoi ? Au sexe-guerre-compétition ou à l'assurance-confiance-création ? La nature a également prévu une renaissance physiologique pour la mère qui s'attache à son nouveau-né pour une nouvelle vie. Mais quelle vie ? Et pour qui ?

La passion amoureuse

Alberoni : enfin un universitaire qui nous décrit le merveilleux de l'Etre amoureux où l'homme et la femme sont semblables. Enfin un sociologue qui reconnait qu'il n'existe pas de différence entre une passion révolutionnaire, mystique ou amoureuse. Les trois sont un *état naissant*, dans un processus de mort-renaissance, avec sentiment sacré et transformation dans le réel (4). Mais, soudainement, patatrac à nouveau : le choc amoureux ne peut pas durer. Mieux, il ne doit pas durer. Retour au Même, à la Solitude, comme chez Brun. Que d'arbres coupés pour finir toujours sur le même refrain...

L'état renaissant de l'adolescent et de l'adulte est l'explosion du désir qui surgit d'une dépression qui, très souvent, vient d'une oppression. *Alors, deux forces se libèrent. L'un l'Eros, s'empare violemment des nouveaux objets, les serre de toute sa force et les transforme immédiatemment en idéaux ; l'autre la violence, rompt avec les contraintes subies et acceptées.* S'il y a contraintes sociales, comme c'est le plus souvent le cas, l'état naissant est donc une révolution à deux ou collective contre les institutions. L'état naissant est à l'origine de toutes les grandes religions, des révolutions, des sectes, des hérésies, des mouvements étudiants...et de la passion amoureuse.

L'état naissant est un état *extra-ordinaire.* Un *nous* collectif de milliers de personnnes d'âges et de milieux différents ou *un mouvement collectif à deux.* C'est une expérience de plénitude de vie, de bonheur où l'on est infatigable et prêt à mourir d'amour... car la mort est oubliée. Le droit de la vie, du poétique, du sacré, contre l'institution en place...

C'est une révolte née d'un obstacle. Une transgression, une force révolutionnaire, même si elle se limite à deux personnes. Avec l'état naissant, l'histoire commence, avec un passé qui est oublié ou devient préhistoire. L'état naissant veut réaliser le paradis sur Terre.

L'objet de conversion (religion, politique, psychanalyse, amant (e)) dépend du contexte culturel, des intérêts de la personne et du hasard de la rencontre auxquels Alberoni devrait ajouter la peur d'entrer en amour sensuel avec une personne. Mais les sociologues, les psychologues et les philosophes éprouvent une *répugnance* ou une *honte* à admettre que le processus en jeu soit identique dans les grands processus historiques et dans le phénomène *banal*, *mesquin* de la passion amoureuse. Il existe *un orgueil de la grandeur. Les savants* s'occupent de *choses importantes*. Alberoni peut généraliser cette remarque. Les réactions à *Rêves éveillés* m'ont montré que si nous sommes prêts à admettre la similarité mystique/passion amoureuse, les hommes n'aiment pas penser que dans la conversion, l'« objet » d'amour importe peu. Il peut être aussi bien Mao, Jésus, Lacan ou une femme. Et la déception d'amour pour un idéal, quel qu'il soit, est un véritable *suicide psychique*, une *pétrification* du fait de la perte du sentiment de vie. Une exception : le sociologue Edgar Morin (13) qui, à ma connaissance, a été le premier universitaire français à faire l'*Autocritique* de son adhésion mystique au communisme (1959), mystique qu'il reportera dans son modèle de conscience planétaire. Pour une comparaison pertinente entre les conversions politique, religieuse et psychanalytique, on peut lire aussi un article de Claude Roy (14). La seule critique que je fais à cet auteur est de ne pas dire qu'il fut lui-même un converti. Il est important d'analyser la totalité de ce processus pour ne pas rester dans la haine qui accompagne le désamour. Sinon, le sujet passe du fanatiquement pour au fanatiquement contre des ligues anti-sectes, anti-sexe, anti-tabac, anti-communiste... et des divorcés.

Mais l'orgueil n'est pas seul en cause. Alberoni note que la passion amoureuse avec un autre humain est ce qui induit la plus grande peur. On peut penser plus loin. En français au moins, on s'engage en religion, en politique, pour une idée, dans une psychanalyse... et l'on tombe amoureux.

Conditionnement social des hommes, détournement de leur besoin de fusion au profit d'une cause collective, d'une prise de pouvoir, avec réduction de l'amour avec la femme au sexe-tentation, à un divertissement ou au repos dans le « souvenir » du ventre maternel. D'ailleurs, Alberoni remarque que chaque culture impose son langage et donc la mise en forme de l'état naissant. Pour le religieux, il ne peut être que religieux. Pour le communiste, il ne peut être que collectif de classe. Si l'extra-ordinaire ne s'intègre pas dans la culture, il est privé de langage et donc n'existe pas.

Il faut supposer que l'enfant sait quelque chose de la mère dont il garde un souvenir, conscient ou non, avec une expérience océanique sacrée ou de terreur sacrée, ou encore de terreur tout court ; souvenir qui conditionnera le comportement adulte. Les écrits parcourus au long de ce manuscrit me conduisent à la conclusion : tout sauf tomber amoureux d'une femme, et pour la femme d'aujourdhui, l'inverse devient vrai. Je m'étonne d'ailleurs du peu de résistance de la femme contemporaine qui a en principe comme idéal : l'amour... de la vie. Tout laisserait croire qu'elle est en train de prendre goût à la jouissance du mâle, celle qui se passe de l'autre comme sujet ou, au moins, comme être humain... pour aboutir à la Solitude.

On remarque que certains hommes adultes refusent tout transport ; que la plupart sont transportés par tout et même n'importe quoi : la Raison, l'Ecologie qui peut préférer les animaux aux humains, la Politique, la Science, le Sexe, l'Entreprise, Dieu-Nirvana, Demain. Ils peuvent aussi être ravis par les arts ou la nature, mais surtout pas par une femme, sauf par une mère ou par une sœur spirituelle ; que d'autres encore sont ambivalents avec l'amante en la cadrant dans la fonction de divertissement entre cinq et sept, avant de rentrer sagement à la maison ; et, enfin, que quelques-uns acceptent le risque de l'amant. Mais peut-être cette méfiance ne vient-elle pas seulement de l'enfance ? La majorité des jeunes garçons se laissent aller à aimer une jeune fille. Seulement, leurs premières amours sont souvent douloureuses. Ils se languissent pour une jeune fille, puis une autre qui les traite avec dédain ou les abandonne sans façons car ils ne sont pas « à la hauteur » comme chefs, comme guerriers. Elle les cherche combattants dehors et tendres avec elle. Comme si elle craignait encore les animaux sauvages ? A l'amante donc, mais aussi à la mère avec le père et aux adultes en général de penser aux descendants qu'ils désirent, cela dès leur naissance, et même dès la grossesse ? A la femme et à l'homme de réfléchir leurs absolus pouvoir et fusion ? L'assurance de soi n'est pas synonyme de puissant. La tendresse n'est pas le gâtisme. La complicité n'est pas synonyme de fusion infantile et inconsciente.

Toujours d'après Alberoni, les état naissants collectifs se distinguent de la passion amoureuse sur un seul point : les révolutionnaires (comme les membres d'une secte, d'un parti ou d'une entreprise) sont interchangeables et fongibles autour d'un meneur ; au contraire, la passion amoureuse (partagée) se joue entre deux sujets absolument uniques l'un pour l'autre.

Dans la passion amoureuse réciproque, la femme et l'homme s'entendent. L'amour devient un idéal partagé. Contrairement à *l'érotisme* qui est l'attrait d'un soir ou refuge discontinu, la passion amoureuse est monogame, sensualité et non sexualité, dans une relation continue. Elle est un autre temps. Une heure avec l'aimé (e) est mille ans de bonheur (comme la prophétie de Saint Jean) et une heure sans lui (elle), mille ans d'attente douloureuse. L'homme ne parle plus de son hypotension ou d'une rupture existentielle ou de la femme collante. Jaillissement et ravissement réunis avec l'aimé(e).

L'état naissant révèle l'être qui dit « oui ». Et si l'autre répond : « Je t'aime », c'est ce que les théologiens nomment « la grâce », avec tous les mots normalement réservés au religieux : confession, absolution, transfiguration, vérité, authenticité, miracle des langues... *Dès qu'il tombe amoureux, l'être le plus simple et le plus démuni est obligé, pour s'exprimer, d'utiliser le langage poétique, sacré, mythique* (...) *L'amour élabore une géographie sacrée du monde (...) De même que l'on a sacralisé l'espace, on sacralise le temps* (...) *comme dans les religions,* mais sans Dieu car ce sont l'amant et l'amante qui sont l'Unique l'un pour l'autre. On donne le meilleur de soi-même. Faire pour l'autre devient faire pour notre bonheur ; et non plus faire pour faire, sans même savoir pourquoi on fait, non plus se traîner d'un jour au suivant en attendant.

La passion amoureuse est l'état naissant qui fait le plus peur, car dire oui à une personne intime, c'est ouvrir la porte de l'Etre, c'est risquer le désespoir de la déception amoureuse. L'amant est là, son âme à nu, comme l'amante, partageant la même peur d'être blessé. *L'amour naissant nous transporte dans une sphère de vie supérieure où l'on gagne tout ou perd tout.* Mais dire non, c'est rester *dans le vide de la vie quotidienne.* Le désir de vie l'emporte.

L'extraordinaire n'est pas un élément qui nous tombe du ciel, qui dépend du monde extérieur, c'est nous qui avons changé et par ce fait nous voyons d'autres cieux et une autre terre, un autre type d'homme, un autre type de nature (...) *Il est une exploration du possible à partir de l'impossible, pour instaurer l'état paradisiaque sur terre* (...) *Le jardin d'Eden* (..) *Nous tous le connaissons, nous tous y avons été, et nous tous l'avons perdu, mais nous savons le reconnaître.* Celui qui perd l'espoir de retrouver, un jour, l'état naissant, collectif ou à deux, est un homme mort.

Comment fait-on pour savoir qu'on est amoureux ? Parce

que nous tombons une fois encore amoureux, parce que nous re-tombons sans cesse amoureux de la même personne, comme la mère de son enfant dans une *tendresse infinie,* même lorsqu'il est adulte. Je suis libre...puis elle nous manque. *La plénitude de l'être qui dit oui* (...) *L'amoureux remercie l'autre d'exister.*

Toute personne, même la plus pauvre, a reçu le don d'aimer ; il constitue le fondement de la valeur de l'existence, un fondement absolu en quelque chose doué d'une valeur en soi, et que l'on re-découvre (...) *L'enfance est tout entière fondée sur cette expérience.*

Avec le berceau dans une chambre isolée, l'enfant expérimente l'alternative : soit la fusion tout amour soit la fusion avec le rien. Nous allons voir la mise en place d'une autre alternative culturelle : soit l'être autonome, l'être contre, soit l'être amoureux fusionnel. *L'enfant demande, s'oppose, se rend autonome mais, brusquement, il veut qu'on le prenne dans les bras, qu'on le caresse, qu'on l'embrasse ; le soir pour s'endormir, il exige quelqu'un à ses côtés ; un baiser le rend heureux et insatiable. Peut-être chaque fois – un nombre vertigineux de fois – fait-il l'expérience stupéfiante et incroyable de la plénitude de l'être qui dit oui. Il s'en détache pour se rendre autonome, mais chaque fois, il le retrouve, chaque fois il découvre la révélation et la confirmation. Grâce à ce ciment, il construit sa confiance et sa capacité d'exister dans le monde.* Je crois qu'il peut se développer un **Etre avec** l'autre, avec la terre, avec la mer, avec la vie, où l'on se sent un et simultanément différent.

Dans la vie quotidienne prévaut le contrat, le principe d'échange équitable, de même prix. Dans l'état naissant, il y a don et contre-don de valeurs. Le cadeau symbolise le don de soi. C'est l'état de grâce transcendant qui met en confiance, qui fait l'autre unique, aussi irremplaçable que les prophètes révolutionnaires avec leurs grands mots. Etre aimé de l'autre permet aussi de valoriser notre moi qui va donner le meilleur de lui-même.

Néanmoins, néanmoins... après qu'Alberoni nous ait transposés dans le merveilleux, soudainement, l'état renaissant ne peut être que répétition... retour en prison avec, à nouveau, le rêve de devenir tout autre. Et il est même nécessaire qu'il en soit ainsi... Il faut alors le relire en se demandant où se situe le dérapage.

Alberoni reste dans la conquête. Pour Alberoni l'institution ne peut que conduire à la révolte. Et la révolution – collective ou à deux – doit se stabiliser en une institution ; sinon, c'est le fanatisme. Alberoni en vient ainsi à répéter avec tout le monde que la passion amoureuse, à de rares exceptions, ne dure pas, soit parce qu'elle était simplement une passade ; soit parce qu'il y a naissance d'un enfant qui est presque toujours un état naissant pour la femme et donc la fin de l'état naissant entre les amants ; soit parce qu'arrive un point de non-retour où l'un des deux ne peut donner plus. La conséquence est la rupture, ou le contrat autour de la limite à ne pas dépasser et l'on retombe ainsi dans l'institution que l'on avait fuie, avec sa tranquillité, ses frustrations et ses déceptions : le purgatoire. Pour durer, il faut que l'un des deux meure... et on rejoint ici la passion amoureuse des mystiques chrétiens où l'autre reste unique car il ne dit pas non du simple fait qu'il n'existe pas. Dans la vision d'Alberoni, on n'a donc pas le choix : ordre/révolution/ordre... Ici encore, nous sommes pris dans une alternative : la mort-renaissance collective ou privée à répétition...

L'erreur d'Alberoni est de ne pas remettre en question un double mythe-manière d'Etre : la mort-renaissance, et la toute-puissance de la Révolution et de l'Ordre. Non pour aboutir à la conclusion de Brun : l'Homme n'est que solitude, dans l'attente du paradis céleste ; mais comment Etre plein au quotidien ?

A quoi sert de renaître, si c'est pour aboutir au même, si c'est pour répéter comme la première fois ? La réflexion donne une fantastique liberté : rejouer sa naissance selon son désir, se retricoter une Enfance ; non pas faire un enfant, mais prendre soin de l'enfant que chacun porte en soi. Quand on est d'un tempéramment mystique et qu'on ne croit plus au Ciel, quand on ne sait pas vivre trois jours dans l'ordinaire, comment le transformer en un extraordinaire ? Comment créer de l'Etre amoureux-ému-émerveillé au quotidien ? Comment broder à partir d'un petit rien ? Comment ne pas briser l'Etre le plus cher ? De plus, mystique ou pas, je ne supporte pas l'idée de dire un jour de l'aimé : Je me demande bien ce que j'ai pu lui trouver... Si ((je)) suis allée vers lui, c'est que ((j')) y ai trouvé quelque chose, justement, mais quoi ? Cela me rappelle un one man show qui, parlant de son psychanalyste, terminait sa cure en disant : *Je l'ai beaucoup aimé car je ne l'ai pas connu.*

Je fuis les institutions mortifères du tout savoir. Mais je fuis tout autant les révolutions, car l'Histoire me montre que les deux écrasent également les humains, la terre et les arts... au nom du paradis. Je n'aime même pas les carnavals lorsqu'ils sont un renversement du pouvoir par un contre-pouvoir d'un roi, d'une reine et du sexe. Le carnaval est le règne du fou du roi, de la reine et du sexe. Ce fou n'est pas violent, et il n'est pas non plus celui de la psychiatrie, il est d'un autre ordre. Je ne goûte même pas la fête comme défoulement. J'adore le sapin de Noël, les descentes à ski avec des lampions vers l'église du village, le chnaps ou le chocolat chaud et les chants religieux qui réunissent les villageois, regrettant simplement qu'ils ne soient plus païens. Je n'aime pas non plus demander à l'amant de briser son passé. Le passé ne s'annule pas, il s'alchimise. La violence impliquée dans les révolutions, à deux ou collectives, est la première raison qui me font quitter la passion amoureuse d'Alberoni.

L'état naissant est cultivable comme manière poétique, art d'Etre au monde. A regarder l'amant s'éveiller dans le soleil levant, la femme peut renaître chaque matin. Je partage la proposition de Brun : la seule chose que nous ayons le droit de faire socialement est de réaliser tranquillement les conditions *permettant aux hommes de vivre mieux en leur laissant la liberté d'exister* : conditions économiques, sociales et créations populaires (habitations, jardins, transports...) qui ravissent nos sens, en respectant la diversité culturelle. La transformation poétique existe. Il est d'ailleurs étonnant que ni Bollas ni Alberoni qui associent état naissant et transformation ne parlent de la création artistique, littéraire et même scientifique. C'est elle qui fait dire à Edmond Baudoin, le dessinateur de bandes dessinés : *J'ai toujours l'impression de faire un brouillon de l'œuvre à venir* (15). Mais ici encore, la création est soit mouvement révolutionnaire – destruction de l'ancien avec volonté de création nouvelle et même d'être le plus grand – soit création poétique avec recueil de l'ancien et alchimisation en nouveau avec simple désir de participation-création à un univers fondamentalement créateur.

La révolution implique qu'il y a eu rigidification entre le peuple et l'Etat, entre l'imaginaire et la croyance, entre l'imprévisible et l'ordre, entre le Moi et l'A(a)utre... Jean : *Tu me fais confiance ou rien n'est possible...* Et non un défi permanent dans une confiance jamais acquise où l'amant (e) donne de moins en moins, pour tester si c'est lui que l'on aime vraiment... Dans la confiance réciproque, tout est possible... jusqu'à la joie de se lancer des défis ; jusqu'à l'offrande réciproque de régression-jouvence, ce qui évitera que ce besoin d'Etre soit récupéré dans une projection collective. Alberoni le pressent d'ailleurs, lorsqu'il écrit qu'exceptionnellement l'état naissant peut se transformer en un amour qui garde la fraîcheur de l'amour naissant, mais à la condition, dit-il, de partager un projet extra-ordinaire dans le monde. Sûrement, mais pas une guerre. Non l'amour partagé de la puissance, mais de la vie... ce qui, par l'obsessionnalité-perversité qui court, est devenu vraiment le projet le plus extraordinaire. Néanmoins, une chose use assurément l'amour : la méfiance.

L'amour hystérique

Des mois que je lis des kilos de papiers sans plaisir. La Bête ou le Dieu tout-puissant au paradis ; la femme pour l'aimer sans condition, nécessaire pour incuber son fils, ou pour le divertir, et maintenant qui travaille comme lui et compense au Nirvana... Permettez-moi un sérieux coup de dents final, protégée par un homme, universitaire, psychiatre-psychanalyste, Lucien Israël dans *Boîter n'est pas pécher* (7).

1989 : La majorité de nos hommes sont du côté obsessionnel-paranoïaque, mais ils ne le sont pas tous. La majorité de nos femmes sont du côté de l'hystérie, mais elles ne le sont pas toutes. Et l'obsessionnalité suscite les louanges de la normalité, tandis que l'hystérie termine volontiers en psychiatrie.

L'obsessionnel représente l'ordre, l'obstination et la parcimonie que l'on trouve dans travail-famille-patrie. C'est celui qui sait, le raisonnable jusqu'à l'autoritaire, qui jouit à humilier, torturer et tuer. Une protection inconsciente contre la peur de la mort. Une protection contre tous les trous où l'autre pourrait venir se loger. Si rien ne change, je suis immortel. C'est l'idéal de notre société de production-consommation, notre *modèle de normalité.* L'élimination des sujets au nom de l'objectivité. Paradis révolutionnaire, paradis religieux et paradis fabriqué sont tenus par Prométhée : *Tous (...) devenus égaux dans l'amour d'un seul* (Dieu inclus). *C'est la loi du dictateur, c'est la loi de la fourmilière où il n'y a plus de sujet, mais des individus, tous égaux et tous remplaçables les uns par les autres, interchangeables. Seul le maître, le dictateur, s'érige au-dessus de la mêlée uniforme. Seul il lui appartient de distinguer, de désigner celui qui est différent.*

Mais malheur à celui qui est autre, car l'autre de la fourmilière est voué à la destruction, à la solution finale. Je m'étonne qu'Israël se réfère constamment à Freud et à Lacan. Je ne sais rien de ce dernier, peut-être à tort, mais je reste réfractaire aux êtres trop charismatiques et aux discours hermétiques. Et je n'ai pas trouvé de place chez Freud, alors qu'Israël m'assure que des *relations de vérité*, des *rencontres réussies* peuvent se créer...si les partenaires acceptent de se risquer.

En face l'hystérie, que l'obsessionnel définit comme son négatif : tout ce qui est de l'ordre de la fragilité, de la surprise, de l'imprévisible, de la tentation, le désordre, voire le subversif. Celle qu'il faut éduquer, contrôler, soigner, supprimer ; ou l'étoile filante, de l'éphémère bonheur, ce qui revient quasiment au même. En fait, *l'hystérie est une résistance*. Son combat, d'abord inconscient : *la réintroduction de la création amoureuse, de la poésie, dans le monde anal, un monde d'argent, d'autorité, de hiérarchie, où chacun est à sa place, dans sa case et ne peut en sortir qu'en sautant hors de la case, c'est-à-dire en se suicidant* (ou comme meneur d'une révolte mort-renaissance-mort). Elle demande une seule chose à l'obsessionnel : de re-connaître ses limites, d'oser dire « Je ne sais pas... (vivre). » Aveu nécessaire à la (re)création, à la vie. L'hystérique est celle qui dit au mâle que son bonheur ne vaut rien.

Cependant l'hystérie n'est pas un contre-pouvoir au pouvoir obsessionnel. La féminité n'est pas l'inverse de la virilité, elle est d'un autre ordre (comme le fou du roi). *L'altérité féminine ne se laisse pas enfermer dans une catégorie, parce que la créativité n'est pas l'inverse de la production et que l'amour n'est pas l'opposé du pouvoir.*

A travers les Grecs, Saint Paul et quelques autres, la visée ultime était le silence des femmes (...) *Les femmes détournent les hommes de leurs fonctions sacrées : le savoir et le pouvoir, la guerre, la torture et le crime. Et pour affirmer leur bon droit, ils imputent à leurs dieux le fondement légitime de leur volonté de détruire* (...)

Ce repos du guerrier implique que la véritable occupation de l'homme, c'est la guerre. Avec ce corollaire : la vidange amoureuse est un tribut payé à la nature. Elle permet de poursuivre les activités sérieuses. Qu'elle s'effectue dans les meilleures conditions de confort, avec le moins de grincements possible, voilà qui nous ramène aux conditions de l'hôtellerie contemporaine. Voilà où nous ramène aussi l'amour « viril » (...) Voilà surtout ce qui nous ramène à la *crainte qu'inspirent les femmes en supprimant la menace par excellence :* ***celle que se crée une relation.***

...L'acte sexuel peut se borner à la liquidation, à la décharge d'une tension. Il peut être aussi le témoignage du respect porté à l'autre, où chacun est attentif à accroître la joie du partenaire. L'acte amoureux mérite alors son nom, et vient fonder une relation que chaque manifestation de tendresse va affirmer, affermir (...) Omne animal post coïtum triste. *C'est vrai, chaque fois que le coït n'est pas une rencontre.* ***Et il n'y a rencontre que lorsque les deux partenaires ne sont plus après l'événement tout à fait les mêmes qu'auparavant.*** *

Si la grâce de la passion amoureuse d'Alberoni ne tombe pas du ciel, c'est beaucoup plus vrai encore de celle de l'amour. Si la passion amoureuse retrouve *le don d'aimer* de l'enfant, encore faut-il que cet enfant grandisse sans, cette fois, perdre son âme. L'affirmation défensive-agressive devient assurance-joie d'Etre Soi et la fusion, complicité entre deux Etres qui se connaissent (ce qui n'est pas tout se dire), manière d'être qui s'étendra à nos autres rencontres ; une relation de personne à personne même dans une foule, ce qui n'a plus grand chose à voir avec l'amour cosmique nirvanesque ou christique où l'on aime tout le monde au nom de la vérité, et donc personne, ou la liberté, égalité,

* C'est moi qui souligne.

fraternité du transport limbique ou encore l'amour de son chien qui ne risque pas de nous blesser.

Selon Israël, les hommes se sentent frustrés de la supériorité de la jouissance féminine. Les hommes font fructifier tous leurs biens sauf leur corps. *C'est trop facile de dire que la nature a donné aux femmes une aptitude à la jouissance que les hommes ne possèdent pas ; la jouissance féminine est le fruit d'une culture, et non seulement d'une culture physique, mais d'une élaboration totale du sujet* (...) *La frigidité de l'hystérique traduit son incapacité à lui de l'amour*. Elle refuse de réduire le sentiment, la vie, au sexe.

L'amour est le risque. Il n'est pas la *sécurité garantie* mais *la gratuité généreuse. (...) si l'amour veut être autre chose qu'une flambée passionnelle, s'il doit devenir une construction* (cheminement, élaboration) *quotidienne, il requiert* (...) *une vigilance de tout instant, un respect absolu de l'autre* (pas du guerrier) *que les habitudes et l'accoutumance d'une conjugalité traditionnelle ne peuvent que menacer* (...) *Le bonheur* (...) *n'est pas une donnée immédiate, mais une* ***œuvre d'art*****. C'est encore une illusion infantile de croire que le bonheur s'offre à chacun, se donne sans effort. Il y faut au contraire une préparation, une élaboration, un apprentissage. On peut atteindre une virtuosité dans ce domaine* (...) *Si le plaisir immédiat est compatible avec l'égoïsme, le bonheur n'existe que pour qui est capable de renoncer à soi, à ses biens et à sa sécurité*. Les jeunes couples se partagent les activités, portent des tenues unisexes, pratiquent l'union libre, *mais la question de l'amour n'est pas résolue pour autant.*

Une œuvre d'art, mais pas une cathédrale...L'amour d'Israël a, me semble t-il, quelque chose de trop grave ou de trop chrétien : *l'effort*, *le renoncement à soi*... L'amour joyeux, plus simple, de la vie...

---

* C'est moi qui souligne.

UNE AUTRE MANIERE D'ETRE ?

I.

CHOCS AMOUREUX

C'est par « simple curiosité » que je viens d'emporter le texte de Catherine Claude : *L'enfance de l'Humanité* (1). J'en ai lu une version provisoire il y a quatre, cinq ans. Je me souviens d'avoir dit que c'était un travail important. Seulement j'étais occupée par *Rêves éveillés...* au Ciel ; et nos discussions ont porté sur des points secondaires. Aujourd'hui, dès les premières pages, ce texte me trouble. Ce qui prouve que la conscience entend seulement lorsqu'elle est prête à recevoir. Pour pénétrer ce livre, il faut avoir mis en doute les fondements de notre civilisation. Cependant, s'il est vrai que la mémoire humaine engramme tout, cela signifie aussi que mon inconscient se souvenait de l'hypothèse de cet écrivain.

Les premières scènes de combats entre des hommes apparaissent dans les arts du Levante espagnol entre le 8e et le 6e millénaire avant J.-C. Avant cette période, et encore presque partout jusqu'à la fin du 4e millénaire, les communautés humaines vivent paisiblement en harmonie entre elles et avec la nature.

Je passe un coup de téléphone à un universitaire supposé savoir. Il me répond que c'est une hypothèse folle. Les spécialistes trouvent des scènes de chasse et de combats humains bien avant le 8e millénaire. Tout le mal vient du fait que l'espèce humaine est un primate omnivore. Ce qui n'est sûrement pas la cause, si l'on se souvient du caractère non belliqueux des Bochimans qui sont chasseurs. Je descends à la FNAC. Je feuillette les classiques de la préhistoire, qui me laissent dubitative. Imaginez comme preuve de chasse par exemple la figuration d'un bison et d'un homme tous deux les quatres pattes en l'air. Je n'y comprends rien. Je laisse tomber. En me dirigeant vers la sortie, sans raison, je m'arrête au département de mythologie, et je prends sans hésiter dans un rayonnage un livre marron-jaune. Je lis son titre : *Dionysos et la déesse Terre* de l'historienne helléniste Maria Daraki (2). J'achète ce livre et le mets dans mon sac.

Pour que vous compreniez la suite, il me faut reprendre la fin d'un voyage en esprit raconté dans *Rêves éveillés*.

« ... Dans le ciel jaune d'or, des cygnes. Je monte sur l'un d'eux. Ses ailes partiellement déployées me recouvrent. Ses plumes sont mille miroirs : une gerbe d'ors jaunes et orangés éclate. Mon cygne vole mais ne bouge pas. Je m'entends m'exclamer : “Que c'est beau ! Que c'est beau !” Je suis au sol, dans la forêt. Sous les pieds, une mousse vert tendre, feutrée. Quelqu'un a dû me ramener sur la Terre, car je sens une pression douce, mais ferme sur mes épaules. Au sol, une affiche se déroule lentement : une tête d'homme et une de femme style 1940 (j'ai 35 ans). J'ai du mal à lire... Je me concentre. Le mot “dansez” apparaît. Je m'exécute. Très vite, mes pieds ne font qu'effleurer la terre. Je m'éthérise en appelant Jean, le suppliant de venir danser avec moi au moins cinq minutes, de me prendre dans ses bras. Quelqu'un m'appuie à nouveau sur les épaules et la tête, m'obligeant à ancrer mes pieds dans la terre. J'ouvre les yeux. »

Je n'ai aucun souvenir de Jean ensuite. C'est dix ans plus tard, après ma totale déconversion de la mystique céleste que je prends conscience d'avoir réalisé, en l'absence de désir conscient, la fin de ce voyage : je suis de retour sur Terre ; il n'y a rien d'objectif au Ciel.

Mais, peut-être, je ne sais pas encore danser ? Je suis amoureuse de Charles, mais pas de la Terre.

Depuis ce voyage, autant que je me souvienne, mon être onirique a appelé Jean une fois, le jour où j'ai reçu le premier exemplaire de *Rêves Eveillés*, c'est-à-dire à quarante-cinq ans, quatorze ans après sa mort. Je vous raconte ce voyage, car je remarque aujourd'hui qu'il illustre la problématique qui sera, deux ans plus tard, à l'origine de ce manuscrit.

Je suis fatiguée. J'aimerais me reposer sur Charles. Seulement, il demeure fidèle à lui-même et même blessant avec la sortie de mon livre. Peur que je le domine s'il fait avec moi ; je m'efforce de faire sans lui, il craint que je le quitte... Quelqu'un est dans mon lit ! C'est Charles-Tueur ! Il veut me faire l'amour : *Sois belle et tais-toi.* Je me débats. Il me retient en s'accrochant à mon sexe. Je pique une colère verbale (dans mon souvenir, c'est la première fois). Tout à coup, j'aperçois quelque chose dans le ciel bleu : un peu carton pâte, comme une carte de géographie, mais si c'était une aventure ? Je force un peu mon enthousiasme en essayant d'entraîner Charles-Tendresse (j'ai tout oublié du tueur). Il ne semble pas séduit. Je m'envole (..?..) Je ne vois rien, mais j'entends et je sais que je suis dans une pièce qui sent le bois ciré, qui est même peut-être une maison en bois. Une marâtre hurle contre quelques filles car elles ne frottent pas assez énergiquement le parquet. Elle m'évoque la belle-mère de Cendrillon. Je crie : « Non, j'en ai assez des horreurs. » J'appelle Jean. J'entends des chants de femmes (Jean n'est pas ma mère. Tendresse relève du féminin de la femme et de l'homme). Je flotte dans. l'air, accroupie en fœtus, bercée au rythme du chœur. Je reconnais les chants russes de Jean (que je suis incapable d'évoquer à l'état de veille usuelle). J'ai un sanglot dans la gorge. Je sens deux larges mains qui, de dos, me prennent doucement le visage. J'hésite quelques instants : est-ce Tendresse ou Tueur ? Je suis fatiguée de me battre. Je pleure un peu mon sanglot, sans bruit. J'ouvre les yeux. Je suis angoissée. J'ai peur en tuant Tueur-Charles-les-marâtres... de tuer Tendresse-Charles-Jean-Bonne-Maman... et de mourir avec Elle. Tristesse. Tendresse me manque.

Aujourd'hui, quatre ans plus tard, je marche dans la rue. Je suis envahie de la présence de Jean accompagnée d'un impératif : je dois lire le livre qui est dans mon sac. Souvenez-vous : si Jean vivait toujours, ce que je ne pense pas même si je l'espère (souhaite t-on réellement retrouver ses morts ?), selon nos croyances chrétiennes, il serait au Ciel.

Récemment, pour l'anniversaire de mes cinquante ans, j'ai rencontré un sosie de Jean par son physique et par sa vie... jusqu'à son papier à lettres. Appréhension que l'un de nous deux meure prochainement, peur que le souvenir fondateur s'écroule, peur d'une félicité trop ineffable. Après la mort de Jean, j'ai fait un voyage au cours duquel en me penchant sur son visage, je suis devenue lui dans son lit d'hôpital, jusqu'à son tube à oxygène, avec une voix céleste murmurant : *Tu vois, lui ou toi, c'est la même chose.* En ouvrant les yeux, je restais amoureusement triste. Tandis que le double de Jean me parle, je suis raptée dans un espace psychotique : j'éprouve l'impression de m'approcher du visage du second Jean, comme Narcisse qui se penche sur l'eau...mais cette fois, je me perds dans la mort... séduisante et terrifiante. Ni cet homme ni moi n'avons cherché à nous revoir.

Je m'asseois dans un café et lis *Dionysos et la déesse Terre.* La mort n'est pas décrépitude. C'est se donner à la Terre après qu'elle nous ait tant donné. Il y eut un temps où l'espèce humaine n'avait pas besoin de l'espérance du Ciel pour vivre. Ebranlement amoureux, toujours dans la présence de Jean. *Rêves éveillés* est terminé et donc aussi ce manuscrit.

Un temps où les morts, hommes et femmes, entraient

dans la Terre pour s'aimer en son ventre, assurant ainsi l'Abondance à sa surface. J'ignore dans quel état d'âme vivaient ces ancêtres grecs, mais les mythes disent qu'ils ne connaissent pas la souffrance (ce qui est différent de la douleur, comme l'angoisse est différente de la peur, et le mépris de la colère). Je les imagine dans le sentiment de vie atemporel-immortel, celui que donne le ravissement-jaillissement.

Au VIe siècle avant J.-C. à Athènes, Dionysos est incomparablement plus beau qu'Apollon, et ne ressemble en rien à Wotan. Il n'est pas un barbare conquérant. Il est le rêveur et fougueux jaillissant. Il n'est pas fondamentalement omophage. La sève de la Terre est le vin et non le sang, contrairement à ce qu'écrit Hell. Son alimentation se limite aux nourritures végétales auxquelles s'ajoutent le miel, le lait et le vin : *végétarisme d'âge d'or*. Il n'est pas volonté de puissance. Il ne se défonce pas dans la baise ou dans le vin. Il est l'ivresse de la vie. Il est malheureusement révolté car il demande aux hommes de la Cité le droit d'exister. Il fallait une femme pour raconter Dionysos, pour trouver une logique à des histoires contradictoires (3) : Dionysos est le *circulant entre les contraires*, que je préfère nommer le circulant entre les complémentaires. Jean.

Je ne connais rien de la famille de mon père. Bonne-Maman, mon arrière grand-mère, était une campagnarde qui n'allait pas à la messe. Dans mon souvenir, elle exprime la vie dans l'assurance tranquille de la terre, la présence attentive (l'amour) et la beauté de l'âme dans sa simplicité. Une de ses filles, ma grand-mère, rêve de devenir une grande dame et monte à Paris. Mon grand-père monte également à la Cité où il joue l'aristocrate du Nord qui aurait laissé sa particule à la Révolution. Charmée par cet homme raffiné, ma grand-mère rejette Bonne-Maman comme primaire. Mon grand-père réduit son épouse à une primaire. En fait, j'ai connu une grand-mère débordante de sensualité-vitalité, possessive, dormant dans un taudis, mais sauvant les apparences dans le clinquant et le commandement. Mon grand père était d'une charmante simplicité, d'une sérénité olympienne, et très probablement pervers. Ma mère et son frère sont d'abord élevés à la campagne par Bonne-Maman, puis, à l'adolescence, sans transition, ils sont mis dans un cours privé pour gosses de riches bourgeois à Paris. Adulte, mon oncle, primaire comme sa mère, épouse une secondaire et entre dans une colère-frustration sans fin ; tandis que ma mère, raffinée comme son père, s'égare chez deux sauvages citadins : un guerrier puis un défoncé. J'échappe de peu au même destin : l'homme dont j'ai été enceinte à vingt-cinq ans est aujourd'hui un clochard. Avec Jean, je retrouve le vrai sauvage, de la lignée de Bonne-Maman. Avec Charles, je m'égare dans la séduction paradoxale de notre secondaire.

Dionysos et Apollon ont le goût de la beauté, mais ce n'est pas la même. Les deux sont intelligents, mais d'une logique différente. Jean : le Dionysos du VIe siècle avant J.-C. Il s'oppose résolument à toute logique guerrière. Il a une épouse-amante, Ariane, sa *semblable* avec qui il n'a pas d'enfant alors qu'ils ne sont pas stériles*. Ils sont les fruits joyeux de Terre, ravissement et jaillissement. Je ne les imagine évidemment pas insensibles à la douleur et à la peur, mais sans souffrance existentielle. Je ne les imagine pas non plus sans colère, mais sans mépris de la vie. L'histoire de Cendrillon et de son Prince ? Ma culture a « oublié » de me dire qu'il y a Cendrillon et Cendrillon, une Cendrillon dévouée à son guerrier primaire ou secondaire, et une Cendrillon-chèvre en un temps où il n'y avait pas d'hommes-loups, et Prince et Prince... Un amant et une amante semblables dans leur manière d'Etre, qui partagent le même mythe... l'amour fou de la vie, de la Terre. Le message de Dionysos : laisser aller... la Vie.

* Il existe un mythe où ils ont trois enfants, mais portant des noms de vignes et avec une mère qui reste une amante.

Jean : Avec *Tuez-vous les uns les autres, je souhaitais seulement leur dire qu'à vouloir maîtriser l'imprévisible, ils brisent la vie, mais c'est inutile.*

Le sociologue Sfez : *Mythes contre mythes : les seuls combats qui vaillent.* Pour s'opposer à Prométhée, il faudrait un autre mythe.

Ariane a des droits puisque Daraki nous dit que la majorité des femmes reconnaissent Dionysos, tandis que les hommes le craignent. La femme en sait donc plus que ce dernier, ce qui est normal puisque, par chance, nous verrons que l'Histoire l'a laissée à la Terre. De plus, elle n'a rien à faire de protéger la Cité. Ariane-Cendrillon (moi) a encore plus de droit puisqu'elle a connu un Dionysos, puis un Apollon. Elle sait d'expérience que si les deux sont beaux, leur beauté est différente. Le premier est généreux-accueillant et fougueux comme la terre. Le second est harmonieux-parfait-lisse comme le marbre. Dionysos n'offre pas une religion du salut. Il n'est pas un mystère tel que nous l'entendons. Les sectes secrètes préservent l'histoire des Grecs non belliqueux dont Dionysos est le gardien avec des initiés, essentiellement des femmes, qui sont en fait des résistants à l'Ordre guerrier. Dionysos est tout simplement le Fou amoureux de la vie terrestre. Il l'accueille comme un don, ce qui le conduit à découvrir-créer le monde (extérieur et intérieur), et non à le conquérir pour tomber épuisé. Encore : Dionysos ayant été mis à toutes les sauces (4), je suis libre de choisir le mien.

Néanmoins, la femme qui veut encore philosopher doit prendre les formes du citadin, et argumenter ses amours. Alors, avant de réhabiliter Dionysos, Ariane-Cendrillon va tenter de vous influencer avec trois livres d'Histoire racontés par deux fils et une fille de la terre et exprimant la beauté-simplicité de religion Terre avec sa logique concrète-symbolique, interrelationnelle complémentaire, dans un temps circulaire en opposition à la religion céleste du civilisé avec sa logique abstraite, exclusive-hiérarchique, dans un temps linéaire.*

Je trouve une cohérence troublante entre ces textes ; de plus, je connais trop notre aptitude culturelle à... l'oubli, à l'erreur ou au mensonge ; et la religion Terre reste « naturelle » à la femme (hystérique). Néanmoins, je ne souhaite pas polémiquer sur le passé. Je ne rêve pas de retourner dans la préhistoire, ni de vivre dans une société *primitive* ou paysanne. J'affirme seulement qu'il est possible aujourd'hui, demain... d'Etre humain créateur-créature d'un univers fondamentalement créateur, par simple curiosité-émerveillement-reconnaissance de la Terre-Vie-Univers, sentiments qui estompent la question de la mort. Je cherche seulement une manière d'Etre qui n'est ni toute-puissante conquérante ni impuissante, une logique de l'ordre de la vie, une identité à l'hystérie qui ne soit pas celle de notre Père.

Le tao paysan

Le sinologue Marcel Granet décrit la religion paysanne à partir d'une *Anthologie poétique* datant d'environ 800 av. J.-C. (5). Quelles que soient les dérives, la Chine du début du XXe siècle en garde l'essentiel, peu intéressée par la religion céleste des conquérants ou ses dérivés mystiques (Lao-Tseu et Bouddha) : *Le sentiment que le monde naturel et la société humaine sont étroitement solidaires a été l'élément de fond de toutes les croyances chinoises.*

Le paysan chinois de Granet n'a pas le tempérament de Dionysos. Il n'a pas sa liberté joyeuse-fougueuse-sensuelle, si ce n'est au printemps. Il est plutôt travailleur, rude, un peu mesquin et paisible. Mais pour notre propos, l'important est qu'il partage avec Dionysos la même religion Terre,

* Ces trois auteurs sont proches de l'ordre « naturel » de Rousseau.

avec malheureusement une distinction profane/sacré, et une crainte de l'accouplement...

Je ne suis pas amoureuse du paysan de Granet, ni de Dionysos d'ailleurs excepté rêvant sur un navire. Le musée du Louvre est pauvre, et je n'ai pas trouvé de livre d'art sur Dionysos. J'irai à sa rencontre aux musées d'Athènes et de Munich. Mais ce n'est pas urgent, j'ai trouvé mon art. Une vitrine m'arrête... Je frissonne. Je pousse la porte. Mes poils se dressent. Le coup de foudre pour la sculpture inuit : la (ma) force tendre. Et une évocation de la mort tellement belle par sa simplicité : un crâne d'oiseau. Sur ce crâne deux petits personnages : un homme et une femme. Sur sa langue : un nouveau-né humain. La nuit, une de mes amies chèvres me fait découvrir la musique inuit. Je ne désire pas danser ; seulement me tenir debout, immobile, enfin assurée sur mes deux jambes par un rugissement sourd qui monte du puissant cœur de Terre. La neige, le vent, les étoiles et le feu me manquent...

Dans la Chine paysanne, la représentation du monde et la structure sociale sont liées à la terre. Nous sommes loin de la société agro-pastorale de Hell et loin aussi de la mort-renaissance du citadin conquérant. Pour le paysan de l'ancienne Chine, la division par sexe est la division essentielle. Les hommes et les femmes sont complémentaires par leurs travaux ruraux qui alternent dans le temps. Les hommes habitent et travaillent aux champs pendant la saison humide. La maison appartient aux femmes. Elles apportent aux champs le repas qu'elles partagent avec les hommes. Après la récolte, les hommes rentrent à la maison se reposer, comme la terre, pendant la morte-saison sèche et froide, tandis que les femmes se mettent à filer le chanvre et à tisser les vêtements. La famille est vaste et très solidaire, mais refermée sur elle-même, à l'exception des fêtes du début du printemps et de la fin de l'automne, qui réunissent plusieurs villages.

Ces fêtes sont des abondances de richesse, d'échanges généreux entre communautés villageoises, d'« orgies » (fêtes rituelles d'abondance, et non l'orgie d'Onfray) végétales, animales et humaines, de danses, de musique et de chants alternés entre les hommes et les femmes.

La fête de printemps est celle du renouveau, de la renaissance, du jaillissement, de la fécondité, de la jeunesse. La communion sexuelle était le rite principal et, *de tous temps, le mot de printemps signifia l'idée d'amour.*

La fête de printemps se déroule sur un *Lieu Saint*, une terre non cultivée riche en bois, rivières, fontaines jaillissantes, animaux, vallons et hauteurs. Les hommes coopèrent au renouveau de la Nature et s'accordent avec lui. Le paysan chinois n'est pas une bête de sexe : *l'union sexuelle parait si redoutable qu'elle est interdite pendant de longues périodes* (Malheureusement, Granet ne donne pas les peurs, probablement celle de troubler les rythmes de la nature). Le mariage est un échange de groupe de même sexe entre villages voisins. La première union des jeunes se fait à la fête du printemps, en empathie avec toute la nature environnante. Lorsqu'ils s'unissent sur la terre sacrée, garçons et filles croient coopérer au renouveau. *Tous les espoirs de fécondité se mêlaient dans leurs âmes : tandis que les œufs qu'ils avalaient, les météores aperçus, les touffes de plantain qu'ils recueillaient au creux des jupes, les fleurs qu'ils s'offraient en gage de fiancailles, leur semblaient contenir des principes de maternité ; ils croyaient encore que leurs noces printanières favorisaient la germination universelle, qu'elles appelaient la pluie de saison et qu'enfin, désacralisant la terre, interdite pendant l'hiver aux travaux humains, elles ouvraient les champs aux œuvres fertiles...* L'union se manifeste par l'arc-en-ciel. Les morts résident sous terre dans le refuge hivernal des eaux appelé les *Sources jaunes.* Le yang, en frappant sur le sol, fait jaillir les sources de vie et d'eau fécondante. *Les Sources jaunes, qui ne font pas l'objet d'un culte, sont retraite des morts et réservoir de vie.*

Si la fête de printemps est celle du renouveau, la fête d'automne est celle de la récolte qui se déroule principalement dans les aires où les hommes ont battu le grain. La fête d'automne est abondance de nourriture, richesse des vêtements fraîchement tissés, mariage, *heureuse Fortune* à laquelle, à nouveau, toute la Nature, dont l'Homme fait partie, participe. Si la fête de printemps est celle de la jeunesse, celle d'automne, présidée par les anciens, est celle de l'année vieillissante où l'on resacralise la terre cultivée et convie chaque élément à se retirer dans sa demeure originelle.

Dans la religion paysanne, le yin et le yang sont des principes élémentaires, concrets, de classification. Ce sont avant tout deux genres – l'un féminin, l'autre masculin – et deux principes actifs. Conformément aux travaux ruraux, le yin et le yang sont complémentaires, mais séparés dans l'espace et alternant dans le temps. Le yin est actif en hiver, intérieur, sombre, sec, froid ; le yang est actif en été, extérieur, clair, humide, chaud... Le yin et le yang s'unissent au printemps et en automne, avec le yin relancé par le yang, ou inversement.

Culte de la Terre-mère, avec une mort familière, comme la morte saison, nécessaire au renouveau de la vie. Les communions sexuelles au contact du sol sont des communions avec *le Sol*. Le sol du Lieu saint féconde, il est *Pouvoir régulateur*. Le sexe dans la vie domestique garde valeur d'un acte communiel. *Ces communions sexuelles, qui se faisaient aussi au contact de la terre, entraînaient l'idée d'une communion avec le Sol* domestique.

Une scène qui fait rêver l'amante qui, là, serait devenue naturellement mère. Le coin sombre de la pièce est le lieu où l'on enterre les morts de la famille. Il est aussi le grenier des semences. C'est sur les morts et parmi les graines que se trouve la couche conjugale. Les enfants naissent là. Les graines comme les femmes germent en dix lunaisons. Les unes et les autres nourrissent. La Terre est la mère, la nourrice. Elle accueille les morts. Sa puissance de vie s'exprime par le cri du nouveau-né qui a pris sa substance individuelle dans celle collective des aïeux. La Terre nourrit le nouveau-né les trois premiers jours. Seule la Terre peut reprendre ou donner le droit de vivre dans le groupe familial.

Un autre culte privé du Sol est donné au lare situé sous l'ouverture du toit, placé au milieu de la maison. Là, toutes les forces productives de la Nature, avec ses pluies fécondes, pénètrent, en son centre même, le Sol domestique.

Les morts sont d'abord une masse indistincte, et ce n'est qu'avec le développement de *l'autorité personnelle,* de l'individualité, que l'on commence à sentir les âmes des morts flotter confusément dans le coin sombre de la maison. Plus tard, les âmes des morts s'individualisent et un culte des Ancêtres apparaît.

Cultes publics et privés de la Terre féconde grâce au jeu du yin et du yang. Les éléments vivants et morts sont à peine personnifiés, individualisés. Lorsqu'il y a mythe stellaire (la Tisserande et les Dragons), né peut-être devant le ciel étoilé, l'aurore et l'arc-en-ciel, il s'agit de la projection céleste de cet équilibre yin/yang, sans hiérarchie. La religion céleste hiérarchisée sera l'œuvre des guerriers conquérants.

La liberté confiante.

Les anthropologues de ma connaissance acceptent les critiques de leur collègue Marshall Sahlins sur notre civilisation. Certains considèrent qu'il généralise abusivement le bon sauvage. Pour ce qui m'occupe, il me suffit d'une seule tribu qui s'accorde avec les descriptions de ce chercheur pour imaginer d'autres valeurs culturelles, une autre manière d'Etre pour nos enfants.

Dans *Age de pierre, âge d'abondance*, Marshall Sahlins (6) reprend les travaux des anthropologues sur les sociétés « primitives » qui regroupent les cultures sans Etat et les cultures dont les productions et les relations sociales n'ont pas été modifiées par la pénétration des Etats : les sociétés de nomades chasseurs-collecteurs (essentiellement les Boschimans du Kalahari et les Aborigènes de la Terre d'Arnhem en Australie*) et les sociétés de sédentaires pratiquant le jardinage sur brûlis (production domestique) complété par de la chasse-cueillette (ce qui est contraire à la thèse de Hell sur la chasse). Sahlins ne confirme pas l'idée généralement admise d'une révolution-progrès entre le groupe chasseurs-collecteurs et le groupe paysans. Les deux partagent la même structure sociale primitive. On peut juste supposer que l'avènement de l'agriculture a augmenté le temps de travail.

Sahlins montre que l'anthropologie dominante – capitaliste et marxiste – a inventé une ethnologie de misère pour justifier sa mythologie du civilisé en marche vers le progrès. La pauvreté est une invention de la civilisation avec sa division en classe possédante et classe soumise, et l'ère d'une famine sans précédent est la nôtre.

Il n'existe aucune continuité entre la société primitive et la société de pouvoir économique et politique. La société primitive est sans classe, sans hiérarchie. De plus, dans la société primitive, ce n'est pas l'économie qui détermine la société, mais l'inverse. Le social, le religieux, le politique et l'économique ne sont pas séparés. Mais le primitif n'est pas notre sous-développé.

Le groupe primitif a deux objectifs : satisfaire ses besoins

---

* Lire aussi *Australie, terre du rêve* de l'historien Jean Michel Deveau (7) qui, comme je l'ai déjà indiqué, illustre remarquablement la différence entre le mythe « écologique » et le mythe conquérant des blancs qui ont construit, sur des milliers de morts et d'esclaves, le « paradis » australien.

matériels ; préserver la liberté-autarcie de la famille. Il assure ces deux objectifs par la pratique de la réciprocité.

L'économie primitive est sous-productive. La main-d'œuvre et les ressources naturelles de nourriture et de matières premières sont sous-exploitées et les moyens techniques sous-développés. Le primitif travaille en deçà de ses capacités : trois à cinq heures par jour de manière discontinue, sans engager tout le groupe, et tous les prétextes sont bons pour s'interrompre. Il fait quantité de choses avec un outil simple, ce qui assure des techniques qui restent accessibles à tous, évitant ainsi une division arbitraire du travail et des moyens de production. Le primitif est polyvalent : chacun maîtrise les savoir-faire. Il existe seulement une différence entre les sexes, avec des activités complémentaires.

Le civilisé affirme que la condition humaine n'est que tragédie. Il est obsédé par la peur de manquer. Il est désespéré par son insuffisance de moyens. Plus : sa soif de richesse est infinie. Une richesse abstraite, généralisée et synonyme de réussite. L'argent est une valeur. Le civilisé *érige un autel à l'Inaccessible* : des *Besoins Infinis*, et se transcende dans le travail. Résultat : plus la civilisation progresse, plus l'homme travaille.

Le primitif limite sa production, car le profit ne l'intéresse pas. Il donne le primat à l'homme, à la liberté, à la vie. *Les sauvages* ne vivent pas pour travailler ; ils travaillent pour vivre. La technique est au service de l'homme, et non l'inverse. Pour le chasseur-collecteur, tout ce qui n'est pas portable dans un sac de peau est une charge (vieux et malades compris). L'essentiel est la liberté de mouvement. S'il a besoin d'un outil, il le fabrique. Il est curieux des cadeaux, mais les abandonne. La valeur d'un bien matériel n'est pas donnée par le travail qu'il implique, mais par *sa commodité de transport.*

Le primitif n'est pas un naïf qui ignore l'économie de profit et le pouvoir. Il s'y oppose. Le primitif limite la production afin que l'économie domestique n'échappe pas au social pour se retourner contre lui avec une division entre riches et pauvres. On ne peut gagner aux dépens d'autrui. *La société primitive admet la pénurie pour tous, mais non l'accumulation par quelques-uns.* Des échanges sont souvent nécessaires, mais pour satisfaire des besoins immédiats ; rien à voir avec l'import/export basé sur le profit. Le paysan, et plus encore le chasseur-collecteur, ne sont pas pauvres parce qu'ils n'ont rien. Ils sont libres, car ils ne possèdent rien. Ils jouissent de l'existence.

Je comprends donc que le primitif n'a pas abandonné le désir de propriété, comme on peut le voir dans la pauvreté ascétique issue de la civilisation. N'ayant pas été élevé dans la possession, il n'a pas à s'en défaire. Mieux : il a été cultivé dans l'indifférence envers l'accumulation des biens matériels.

D'après Freud, l'homme est le mammifère le plus démuni, le *Pauvre Poucet de la Nature.* Sahlins parle de la société primitive comme d'une société d'abondance, en indiquant que le manque est une impression subjective. Les besoins matériels du primitif sont réduits. Il remarque que l'absence de stockage, d'enrichissement matériel, implique de miser sur l'abondance, et non sur l'obsession du manque. Le primitif a confiance en demain. La terre, le ciel et les dieux veillent au retour éternel du même : la nourriture et les matériaux de base. Et c'est bien, en général, ce qui se passe. La catastrophe est exceptionnelle. À cette confiance, s'ajoutent la confiance en son savoir-faire et la confiance que les parents-voisins partageront. Donc confiance en soi, en la terre, en l'avenir et en la parenté. Cette confiance donne au primitif sa *belle assurance.*

Je précise à nouveau que la confiance induit un sentiment d'abondance, contrairement à la possession. Sentiment que nous avons remplacé par l'abondance de produits.

Le primitif s'oppose non seulement à l'économie, mais au politique.

Le civilisé se sacrifie pour l'Etat. Il croit que sans Etat, sans institutions spécialisées d'intégration et de contrôle, la culture reste primitive et indifférenciée, comme le biologique sans système nerveux central. Plus : sans Etat, c'est le chaos, l'anarchie, la Guerre. Pour supprimer la Sauvagerie, il faut se soumettre à l'Etat. C'est la Paix par la force, l'autorité, la Loi de la Morale universelle, absolue.

Le primitif ne sacrifie pas l'autonomie de sa famille-maisonnée à une entité supérieure. La société primitive se fonde sur l'autonomie de la famille. En cas de crise, elle apparaît comme la forteresse de l'intérêt privé. Elle s'isole du milieu extérieur, relève les ponts-levis sociaux, lorsqu'elle ne pille pas les jardins de ses parents et voisins. De plus, l'économie primitive ne produisant pas de surplus, elle ne peut entretenir des institutions qui dépassent le cadre de la famille : expéditions guerrières, cérémonies, utilités publiques.

Pour le primitif, l'acte n'est pas bon ou mauvais en soi ; il est fonction de l'autre, du lien de parenté. La morale n'est pas un idéal abstrait ; elle est contextuelle. L'ordre primitif est une absence de loi. L'analogue primitif du contrat social n'est pas l'Etat, mais le Don-contre Don, avec le maintien d'une dette, ce qui suffit à assurer la paix. Donner est un devoir tant qu'il ne compromet pas le bien-être de la famille. Plus la parenté (qui n'est pas nécessairement liée à la consanguinité) est éloignée, plus l'échange est réciproque, plus la parenté est proche, plus le don est gratuit. Il faut éviter de se faire des ennemis. Si le partenaire commercial est peu disposé à la réciprocité, la relation se dissout. Mieux : toute transaction est sous-tendue de générosité, d'un bon vouloir implicite, d'une disposition à vivre et laisser vivre.

Selon Baudrillard, les sociétés primitives reposent sur le défi. Sahlins : Le seul contrat est la réciprocité. *Les échanges sont des guerres pacifiquement résolues, les guerres sont l'issue de transactions malheureuses.* (...) *Il s'ensuit que la société primitive est en guerre contre la Guerre, et que ses transactions sont toutes des traités de paix.* Observation chez les Indiens Nomlaki (1951) : « *Lorsque les ennemis se rencontrent, ils se hèlent. Si le village manifeste des dispositions amicales, il s'approchent plus près et font étalage de leur marchandise. Quelqu'un jette quelque chose au milieu ; un homme du côté adverse jette, à son tour, l'article qu'il offre en échange, et se saisit du premier objet. On continue ainsi jusqu'à épuisement des marchandises d'une des parties. Ceux qui ont encore quelque chose à échanger, se gaussent de ceux qui n'ont plus rien, et se félicitent entre eux mutuellement... Ce commerce se pratique sur la ligne frontière.*

La société primitive a des chefs, mais ils ne sont pas des rois. Le roi se pose comme au-dessus des hommes (investie de pouvoir divin, dieu ou fils des dieux). De plus, pour le civilisé, pouvoir et prestige sont inséparables. Dans la société primitive, un homme n'est chef que dans sa lignée ; de plus, il reste un homme parmi les hommes. Et, s'il a du prestige, le groupe le maintient sans pouvoir, sans autorité.

Si, en dépit d'une éducation dévalorisant le pouvoir politique, un homme est pris du désir de posséder, il peut le satisfaire. Pour cela, il travaillera beaucoup plus que les autres. Il peut convaincre, par son talent oratoire, les membres de sa famille à participer, mais il ne peut les contraindre. Seulement pour acquérir du prestige, il devra se montrer généreux, au point souvent de donner tout ce qu'il possède, ce qui, reconnaissons-le, est la preuve d'une intelligence fort rusée. Non généreux, le groupe le délaisse. Etre noble, c'est être généreux. Plus que généreux, prodigue, le chef est le modèle du parent. Et nombreux sont ceux qui se contentent d'exalter l'ambition du chef et de vivre à ses dépens.

Dans la société primitive, l'hospitalité autour du rituel quotidien du repas est le fondement de la sociabilité synonyme de convivialité (vivre avec). La nourriture n'est ni une richesse ni un paiement. La nourriture ne se vend pas. Elle se donne, car elle est la vie.

Nos ancêtres n'étaient pas belliqueux.

Sahlins fait une critique de l'anthropologie dominante, capitaliste et communiste. Dans *L'enfance de l'Humanité* (1), l'écrivain Catherine Claude remonte à l'émergence parmi les primates d'un « *homme* » (*l'homme moderne*) qui n'est humain que virtuellement, et qui le devient en acquérant, au cours de son premier parcours hominisant, les savoirs et les structures de la pensée qui lui permettent de le devenir. Récusant les postulats de l'évolutionnisme scientifique, elle conduit son enquête en s'emparant des acquis actuels de disciplines différentes, notamment l'ethnologie, l'étude des arts et des mythes. Elle établit ainsi que les hommes de la préhistoire n'étaient pas belliqueux. Certaines communautés le sont devenues, avec de plus ou moins longs écarts dans le temps. La première logique fut celle de communautés pacifiques vivant dans une logique concrète, interrelationnelle, et dans un temps circulaire. La logique abstraite, exclusive, hiérarchique, dans un temps linéaire, est celle des guerriers fondateurs des civilisations.

Les premières peintures rupestres apparaissent environ 30 000 ans avant J.-C. D'après C. Claude, on peut y suivre l'émergence progressive de la conscience des spécificités humaines. Dans l'art leptolithique (– 10 000 ans), les humains sont totalement différenciés des animaux et différenciés comme masculin/féminin. Les premières scènes de chasse, doublées par celles de combats humains, sont datées entre – 8 000 et –6 500 ans, dans le Levante espagnol. *Il s'agit très probablement d'une levée de tabou : « Tu ne tueras pas. » Néanmoins, une brèche est ouverte dans la logique de la complémentarité.*

Catherine Claude retient l'hypothèse que dans les régions planétaires pénalisées par la grande variation climatique qui se confirme entre le XIIe et V^e^ millénaire, certaines communautés ont été obligées de chasser pour survivre. Cet épisode est retenu comme dramatique dans les mythes. Avant les grands bouleversements climatiques, Homo vivait de végéto-culture.

Ces *paysans* vivent en communautés pratiquant l'apprivoisage et la culture vivrière. Ils ne prélèvent que *les surplus fournis par les animaux et les végétaux sous forme de laine, herbages, grains, légumes, fruits, fibres, bois mort, etc., sans les tuer.* Le « *Tu ne tueras pas* » de la Bible remonte à cette époque. C'est l'*ordre paysan communautaire et pacifique*. Le *Code humain primitif* est alors exclusivement ***inter-relationnel***, analogue au fonctionnement de la nature. Rien n'est conçu séparément. L'identité est en même temps solidarité. Tout est nécessaire dans des fonctions complémentaires (exemples simples : le chaud/le froid, l'animal/l'humain... l'homme/la femme, la vie/mort, le jeune/le vieux, mais en fait aussi complexes que les combinaisons multiples à partir des quatre bases de l'ADN). Le modèle actuel est l'écologie scientifique, mais étendue aux relations humaines. Il n'existe pas de hiérarchie, pas de domination. Pas de surnature, ni les dieux qui vont avec, mais seulement une religion-*religare*-relier qui a pour fonction de conserver les savoirs acquis (totem) et ***d'intégrer les nouveaux (levée rituelle du tabou) à condition qu'ils ne mettent pas en danger les équilibres****. L'Homme vit dans une logique de l'espace et dans le temps circulaire donné par le rythme des saisons, le soleil et la lune. Ce paysan est conscient de la

* C'est moi qui souligne. Par ailleurs, déjà avec les paysans...de Granet, je voulais dire quelque chose comme : il existe un respect de l'ordre naturel, mais il n'explique pas tout. Une culture non hiérarchique peut être obsessionnelle. Je n'imagine pas un Dionysos obsessionnel, mais respectueux par amour-émerveillement. Un autre précision : s'il existe une pathologie de l'exclusion, il existe aussi une pathologie de l'appartenance.

mort, sans preuve qu'il croit en une survie individuelle, ce qui ne l'empéche pas d'être serein. La mort participe du renouvellement de la vie universelle, de la loi naturelle, avec réincarnation d'un principe vital.

Selon Catherine Claude, la chasse, ou au moins la chasse à l'arc, a fait germer deux nouvelles idées : la possibilité pour l'homme de dominer l'animal et la nature. *A l'horizon, des sociétés dont le code est structuré par le principe de la* **hiérarchisation** et celui de la **domination** dont on observera l'émergence vers le IVe/IIIe millénaire. Elle entretient le soupçon puis la conviction que la loi de l'interaction peut et doit être enfreinte. (...) *A l'horizon, le programme énoncé par Descartes : l'Homme maître de la nature* (présent dès la Genèse) ou dit plus précisément *l'Homme maître de lui-même comme de l'univers.* De plus, ces chasses pratiquées en groupe conduisent vers l'idée d'une *hiérarchisation centralisée* des fonctions sociales avec exclusion des femmes non par incapacité, mais parce qu'elles sont associées au vivant (comme le serpent, que l'on retrouve sur le caducé des médecins) contredisant à nouveau le système inter-relationnel.

Les effets de la grande variation climatique, différents selon les régions planétaires, ont provoqué des transformations de mentalités et des pratiques. Certaines communautés pratiquant la culture et l'élevage, poursuivent sur la lancée de leurs acquis. D'autres qui ont chassé épisodiquement reviennent à leurs pratiques paysannes tout en gardant une chasse d'appoint. D'autres encore fondent le principal de leur activité sur la chasse. Néanmoins, il faudra encore longtemps pour que la chasse à l'animal soit banalisée. De plus, même lorsque le tabou de tuer l'animal est levé, celui de tuer un être humain demeure longtemps. C'est progressivement que va s'imposer *un ordre guerrier, dominateur et hièrarchisant contre un ordre paysan communautaire et pacifique.* Au début de ce siècle, en Polynésie, abattre un arbre était interdit car c'était le tuer. En 1940, en Nouvelle Guinée, le combat entre hommes est encore ritualisé. Il se produisait à une date fixe et s'arrêtait à la première victime. Le principe de vie était conservé. *Le principe du maintien des équilibres est gravé dans les mentalités.*

Ces sociétés paysannes inter-relationnelles ont construit des villes comme Catal-Hüyük en Anatolie dont les plus anciens niveaux datent du VIIe millénaire avec une distribution communautaire, inter-relationnelle de l'espace, avec échanges économiques, et des œuvres artistiques superbes sans scène de combat humain. *Si religion il y a à Catal Hüyük, c'est celle qui célèbre la vie, la communauté des hommes entre eux et le maintien des équilibres. Tout est équilibre. Equilibre de l'urbanisme, témoin des équilibres sociaux. Equilibre des rapports des humains entre eux, avec leur univers, et accord avec eux-mêmes qui s'expriment dans* ***un vivre en art****.* Au Ve millénaire, on trouve aussi le long du Tigre : Hassouna, Halaf, Samarra. On y découvre sur de simples assiettes en argile, un art dont se dégage une calme et puissante sérénité-vitalité où les espaces terrestres et célestes sont liés, avec l'arbre et l'oiseau.

Au IVe millénaire avant J.-C., les Cités des guerriers apparaissent. Si le langage est le bien de tous (tradition orale), les premiers pictogrammes (– 3 700) annonce l'écriture qui permettra au pouvoir de s'approprier le savoir. A la même époque apparait l'art technico-guerrier, divertissement où tout est hiérarchisé avec les grands mâles au sommet, le char, le cheval machine motrice. Le guerrier se veut séparé de la nature : surnaturel et donc immortel ; 2 500 av. J.-C., on voit apparaître des puissances divines au service des chefs politiques puis viendront les dieux hiérarchisés avec pour finir un Dieu des dieux, réplique du chef des chefs... La domination/répudiation est le *logos* – raison daté avec Socrate, mais antérieur à lui (Hésiode) contre le *mythos* comme *système de pensée cohérent hérité des sociétés archaïques communautaires.* C'est le despotisme de Zeus et de sa famille contre Dionysos, Orphée, Déméter, Hermès. C'est le mâle contre la femme gardienne de la solidarité entre toutes choses. C'est la Tragédie, le carnaval et autres fêtes et arts populaires, les sociétés des Mystères... et la bouffonnerie, contestataires de l'ordre guerrier.

En gardant en mémoire les réflexions de Sahlins, je lis le passage qui va suivre en pensant que la chasse que décrit Catherine Claude est celle culturellement valorisée comme domination. De plus, sa conclusion serait exactement la même pour un travail de la terre valorisé comme possession.

La chasse, c'est la prouesse qu'il faut renouveler, la victoire toujours menacée, l'alternance entre goinfrerie et pénurie, l'incertitude du lendemain qui redouble l'angoisse provoquée par le viol de l'interdit. Toute une éthique est en germe dans les mentalités remodelées par une intensification même lente de la chasse. On peut porter à son « crédit » nos plus fortes convictions, certaines de nos meilleures vertus : celles devenues nécessaires au bout d'un long processus historique. Tout ce qui participe du courage, dans l'alternative d'être écrasé ou d'écraser les autres. Un dynamisme fondé sur la compétitivé qui serait la meilleure expression de l'actif. L'apprentissage de la grande loi **dominatrice** *qui a confirmé son efficacité au cours de l'histoire. Mais aussi : l'aptitude à concevoir un projet qui ne précise pas son objectif, un décollage en direction d'un leurre puisque, au bout d'un long itinéraire, le* **gagner** *qui pour le chasseur signifiait gagner sur le gibier, a perdu son objectif et se résout en un gagner ou un dominer devenus intransitifs : être supérieur à n'importe quoi. La prouesse pour la prouesse, l'aventure pour l'aventure. Cavalcades. Odyssées. Notre représentation de l'histoire comme course en avant qui ignore son but, aventure forcenée traversée par l'angoisse de la mort engendrée par la banalisation du meurtre. Cette banalisation ne pouvait qu'enfanter l'idée de la mort-scandale qui contredit celle des sociétés pour lesquelles la mort (naturelle) est un avatar* *de la vie universelle. De façon cohérente, les chasseurs et les guerriers qui héritent d'eux (sans qu'il y ait fatalité), imagineront des puissances surnaturelles puisque, se pensant dominateurs de la nature (à l'exclusion de la nature cosmique à laquelle ils empruntent les premiers modèles de divinités confondues avec les astres majeurs), ils constatèrent que cette domination n'est pas absolument confirmée. Alors, ces chefs guerriers seront hantés par la peur de la mort qu'ils ont donnée avec tant de futilité, et ils imagineront des au-delà où ils bénéficieraient de la paix, dans la curieuse espérance que des divinités la leur donneront, à eux, qui ont impavidement tué (...) Le mépris de la mort est une forme inversée du mépris de la vie.*

La suite du livre de Catherine Claude est l'histoire du déferlement de « guerres justes ». Le mensonge, qui cache la jouissance de la toute-puissance victorieuse avec sa peur de l'impuissance, se généralise. Vers la fin du IIe millénaire avant J.-C., l'épidémie guerrière s'est propagée de proche en proche jusqu'à toucher la planète entière. La fin du jardin d'Eden de la Genèse date du début du second millénaire avant J.-C. en Mésopotamie. *Ce n'est la faute ni d'Eve, ni du serpent, c'est celle des guerriers.* La Chine est le pays qui a résisté le plus longtemps, la première dynastie historique ne datant que du dernier millénaire avant J.-C. Leur ***vivre en art*** a eu plus de temps pour se développer. C'est le Tao de la religion paysanne décrit par Granet.

Ariane-Cendrillon est prise (depuis que j'ai lu Baudrillard, je n'ose plus écrire séduite) par ces livres. Elle veut en savoir plus. Un de mes amis, médecin à la retraite, de passage à Paris, m'assure qu'il peut me montrer des scènes rupestres de chasse et de combat humain antérieures à – 8 000 ans. Je repars avec lui dans l'arrière-pays niçois.

A peine arrivés, Jacques part fouiner dans son immense bibliothèque et pose une trentaine de livres de préhistoire et d'histoire sur une table de la terrasse. Une douce température, les Alpes au loin, un grand potager-verger, un grande piscine avec une eau qui arrive à ras bord, donnant l'impression de nager en pleine nature, la terrasse, des musiques joyeuses, Jacques, son épouse et moi. Jacques est retourné à la terre depuis cinq ans. Lorsqu'il habitait Paris, il était un hystérique cherchant sa place, tentant de faire ses preuves, sympathique, mais insupportable. Aujourd'hui, la vie telle que je peux la rêver : culture de la terre et de la tête enfin réunies dans le jaillissement passionné sur fond de ravissement. Jacques est un homme resté polyvalent. Ravissement paisible actif : le paysage, la nage, le jardinage, la cueillette, des livres sur les cucurbitacés, sur le pain selon les cultures, l'art préhistorique, l'écossage, la mise en bocaux, la fabrication d'un pain... brûlé, le dessin et le piano de Maryse et la fabrication de meubles en bois de Jacques ; le jaillissant : une découverte dans le jardin, de Maryse au piano ou à son fourneau, dans les livres, ou de Jacques dans ses ordinateurs. Nous sommes tranquilles-enthousiastes, heureux comme des gosses conscients. Les discussions sont serrées. Mes colères avec Jean ne sont pas loin. Le paradis Zorba-Rabelais retrouvé. Catherine Claude va gagner, mais Jacques n'en sort pas honteux. Nous aimons découvrir. Nous sommes complices jusque dans le défi. Nous avons gagné en amitié.

Sur l'ensemble du paléolithique : il n'existe aucune scène de combat humain et l'on trouve moins de 5 % de scènes de chasse qui, de plus, sont peu probantes. On peut donc penser que si la chasse existe, elle n'est pas valorisée. Rien non plus ne permet d'imaginer que l'Homme de la préhistoire vivait dans la terreur permanente. Il n'est pas un mammifère plus démuni que le bonobo ou l'aborigène australien, par exemple, et comme eux, il connaît parfaitement son environnement. Nos ancêtres paléolithiques ne valorisaient pas non plus la bête de sexe. Le préhistorien Vialou : Si l'on trouve un nombre non négligeable de fécondes et de représentations des sexes (pénis avec gland et surtout vulves), *il n'existe aucune représentation* (rupestre) *paléolithique d'accouplement, pas même sous forme allusive* (8). Comme le remarque Catherine Claude, le premier accouplement connu se trouve à Catal-Hüyük (– 6 500) et il est enlacement et non vulgarité. Il est fécondité qui donne un second couple : l'enlassement de la mère et de l'enfant (9). L'homme qui se montre si souvent avec son sexe, nu et imberbe ou sous une feuille de vigne, est le guerrier conquérant. Rien qui ressemble à l'histoire du civilisé grec de Satyres au long sexe convoitant des Nymphes. Le phallus est symbole de fertilité-vitalité, et non de sexualité débridée, et les Satyres et Nymphes assurent la circulation vie/mort/vie... Enfin, le paléolithique n'avait pas besoin d'Apollon pour faire beau. La beauté de ce dernier est dévitalisée. L'esthétique de nos terroirs-musées. Le philologue allemand Walter-F. Otto (3), reprenant Nietzsche, a raison de dire que *Homo* fut d'abord le sacré manifesté... mais à condition de poser comme synonyme sacré et vitalité-fécondité. C'est cette idée que reprend le préhistorien Vialou (8). D'abord, quelque chose que sait encore l'esprit artisan chez qui l'utile et la beauté du geste et de l'objet restent liés. Fabriquer un outil, *c'est finalement sculpter la matière (...) Une satisfaction d'ordre esthétique surgit de la vision de ces objets harmonieux, peut-être aussi de leur manipulation.* Le beau dans ses manifestations technologiques préexiste à l'art figuratif du paléolithique supérieur. Considérant ensuite ce dernier, il écrit : *L'art préhistorique exprime la vie.* Vialou est frappé par l'*absence quasi-totale de paysages sur les parois des abris ou sur les outils.* Pas de nature décor. La nature elle-même est l'arrière-plan de cet art. De plus, *dans les grottes aussi bien que sur les objets ornés, hommes et animaux se partagent la totalité des formes figuratives, sans pour autant illustrer des relations vécues, des événements réels ou même des scènes fantaisistes (...) Dans l'art paléolithique, la vie n'est pas racontée. Elle est au cœur des représentations animales et humaines, comme un principe, une primauté l'emportant sur l'anecdotique, le quotidien ou la mort.*

Il existe à Catal-Hüyük au moins une scène d'hommes avec un arc et une autre de chasse à l'arc. L'archéologue James Mellaert se conforme à l'idée que l'agriculture est venue progressivement remplacer la chasse-cueillette (9). Seulement, le lecteur est frappé par la féconde et l'animal à cornes, l'essentiel de l'art de Catal-Hüyük sans trace de sacrifice, en parfaite continuité avec l'art paléolithique. Il pense donc plutôt à une société fondamentalement paysanne avec levée rituelle du tabou de la chasse, comme Hell l'observe dans nos campagnes actuelles où la *fièvre* de chasse ne prend en fait qu'un petit nombre de paysans, dans une transmission culturelle de père à fils. Ces scènes avec des arcs de Catal-Hüyuk sont comparables à celles du Levante espagnol, mais sans représention de combat humain.

Dans le Levante espagnol, les femmes restent assez terriennes, tandis que les hommes sont longilignes. Ces hommes sont des archers avec de nombreuses scènes de chasse et de combats humains. Ces archers ouvrent assurément une brèche vers la civilisation. Selon le préhistorien Gabriel Camps, l'histoire du guerrier, celle de la sortie du paradis, commence avec le néolithique (10).

A regarder les figurations du Levante espagnol, on ne peut non plus s'empêcher d'imaginer : Il y a 8 000 ans, un homme invente l'arc. Il tire une flèche, et jouit, pour la première fois debout, invulnérable. Il appelle les copains. Ils tirent et jouissent encore et encore... à tuer des sangliers, des chèvres et des hommes. L'invention de l'arc s'est sûrement faite en différents points de la planète.

Des fous amoureux de la vie mettent un point d'arrêt à cette jouissance victorieuse. Ils inventent le tabou : *Tu ne tueras pas* ou au moins : *Tu ne tueras pas l'animal plus que nécessaire,* comme chez les Inuits par exemple et : *Tu ne tueras jamais un humain*, comme chez les Bochimans et les Iks par exemple.

La toute-puissance jouissive du fusil a été introduite par les Blancs et cependant la voix de l'inter-relation entre le chasseur et l'animal se fait encore entendre chez les Inuits en 1960 : *Arlok tira dix fois, et fit mouche dix fois. Jamais de sa vie il n'avait tiré ainsi. Lorsque son ami le rejoignit auprès des carcasses, il était encore sous l'emprise d'un pouvoir étrange. La chance lui avait souri, mais était-ce la chance ou une faveur des esprits ? S'il avait tiré vingt fois, il aurait tué toutes les bêtes. Mais il avait eu peur d'abuser, et de perdre l'amitié du gibier. Le gibier se fait tuer par qui il veut et quand il veut. Il s'offre au chasseur qui respecte les coutumes et ne gaspille pas. Les animaux savent que l'homme doit les tuer pour vivre. Ils viendront même au-devant de lui s'il a obéi aux coutumes. Arlok avait entendu une voie intérieure lui dire : « C'est assez. » Il avait cessé de tirer* (11). On peut évidemment réduire ce témoignage : pas de respect de la vie animale par amour, mais seulement la peur qu'elle se venge et qu'il n'y ait plus de gibier. Une vraie question, mais dans laquelle je n'ai pas l'énergie d'entrer : des rituels uniquement par peur, ou par amour, ou par peur de perdre l'amour ? Une anecdote récente. Un civilisé dit à un Inouit : *comment faites-vous pour vivre dans une région si ingrate ?* L'Inuit qui a voyagé dans notre monde : *comment faites-vous pour ne pas désirer y vivre ?* En interdisant certaines chasses pour des raisons *écologiques*, nous annulons l'existentiel culturel de l'homme inuit – un valeureux chasseur – sans en proposer d'autres puisque, pire que tout, nous faisons de ce peuple des assistés.

Dans les années 70, des écologistes veulent chasser les Iks, peuple chasseur-cueilleur africain, pour faire un parc national... pour touristes (12). Les Iks préfèrent se laisser mourir plutôt que de tuer un homme, et de quitter leur montagne. Pour ce peuple, tuer un humain est un tabou absolu. Ils fabriquent des armes, mais les échangent, contre une nourriture indispensable, à des éleveurs qui ont le droit de tuer l'humain. Quant à la montagne, elle ne peut vivre sans les Iks, comme ces derniers ne peuvent vivre sans elle.

J'aime le rituel mortuaire des Iks, semblable au bon sens de quelques vieux paysans français : *Ce rite-là était accompli lorsque revenait le temps de planter. On plantait des semences diverses sur la tombe et autour d'elle, en y versant de nouveau de la bière et en y prenant un second repas. Alors seulement la tombe était définitivement abandonnée, les semences germaient, tirant leur vie de la poussière du mort, enfonçant leurs racines dans ce qui avait été un homme, et ceux qui passaient par là, au moment de la moisson suivante, verraient la vie renaître de la mort différemment ; ils sauraient que la mort est simplement une autre expression de la vie.*

Les fous amoureux de la vie inventent aussi des systèmes anti-économique (profit) et anti-pouvoir politique. Surtout, ils continuent à élever leurs enfants dans le nécessaire matériel suffisant pour vivre, danser, s'aimer, chanter, rêver et même créer. Nous sommes là chez les peuples de C. Claude qui sont restés ou sont retournés à la logique inter-relationnelle ou chez les « primitifs » de Sahlins.

J'imagine toujours. Mais on n'arrête pas le progrès. Comme dans *Pourquoi j'ai mangé mon père* (13), un livre plein d'humour anglais, des bandes d'archers transgressent l'interdit de tuer un humain, en particulier en Espagne, et en Eurasie. Des guerriers indo-européens partent vers le Moyen-Orient, puis l'Asie et la Grèce, et, finalement, la Germanie. Au nom de Dieu qui découvre sa puissance, ces hommes doivent conquérir le monde (- 4 000 ans). Tous les civilisés se caractérisent par le fait qu'ils laissent les primitifs et les femmes* à la Terre, les sauvages ; eux sont fils du Ciel, immortels à la condition de mourir au combat et grands géniteurs... des fils et de la Civilisation. Moïse reprend le *Tu ne tueras pas*, mais au nom d'un Dieu céleste, qui se venge dès lors qu'on ne l'honore pas comme Dieu unique et tout-puissant. L'homme peut, et même doit conquérir au nom de ce Dieu.

* En fait, il semble qu'il ait existé des femmes indo-européennes guerrières (*Courrier international*, 334, 1997 : 35.).

Cela conduit à penser qu'il existe une autre Loi que celle du Père civilisé (que reprennent la psychiatrie, la psychanalyse et autres thérapies qui *soignent* l'hystérie en quête d'identité). La Loi ou, mieux, ce que Catherine Claude appelle le *Code de la vie* qui est inter-relationnel, analogue au fonctionnement de la nature, qu'Ariane-Cendrillon vit comme un sentiment sacré né de la complémentarité ou de la complicité entre toutes choses, et non comme un interdit induisant la culpabilité par peur de la justice terrestre, sociale et/ou céleste. Je rêve ce tabou postérieur à ce sentiment. Je l'imagine formulé par des amoureux de la vie pour ceux qui ont goûté à la jouissance de la toute-puissance du sujet qui tue avec ou sans sang.

Néanmoins, comme je l'ai déjà écrit, le tabou de tuer n'est pas le refoulé de notre guerrier. Il sert simplement de pas de sécurité pour un humain qui passe encore l'essentiel de son temps dans la complémentarité, tandis que le refoulé du sujet qui jouit sans l'autre et dans l'exclusion de l'autre se défoule en un carnage de chasse ou de guerre à la moindre autorisation.

Sahlins écrit que dans les sociétés primitives le rituel quotidien du repas est le fondement de la convivialité. Dans la culture gréco-païenne-chrétienne, c'est le partage du pain et du vin, avec Déméter (Cérès) et sa fille Koré (Perséphone), les « déesses » du blé et Dionysos le « dieu » du vin ; le partage entre les humains des deux grands fruits de nos terres, que le Christ ou les fondateurs d'un nouveau pouvoir détournent au nom du Ciel... en passant par le sacrifice animal...au nom du progrès...On s'y perd... Il existait une fête des moissons avec la première miche de pain au grain nouveau comme il existe encore vaguement la fête des vendanges avec le vin nouveau. Néanmoins, Dionysos ne se réduit pas à Bacchus.

Granet, Sahlins et Claude rêvent-ils ou entendent-ils d'autres paroles que les fils et filles du Ciel qui croient que l'on ne peut survivre qu'en se méfiant, en défiant ou en tuant l'autre ?

Ariane-Cendrillon dîne avec un universitaire australien spécialiste en sciences politiques et trois femmes anthropologues, deux Américaines et une Française. L'homme, fagoté comme un saucisson, a préparé le dîner. Il nous sert et mange en silence. Sa compagne, américaine, lui tapotera deux, trois fois la main, comme un bon chien. Le repas terminé, l'homme débarrasse et range la cuisine. Ménage terminé, il rejoint les femmes, et, tandis qu'elles bavardent, il allume son ordinateur et joue à un jeu informatique. L'ethnologue française, sympathique, étudie les relations hommes/femmes dans une société africaine de guerriers éleveurs. *La femme cache sa maternité. Elle est une Dame, une inaccessible étoile. Cela plaît aux hommes qui ne souhaitent pas perdre leur désir, mourir.* Ariane ne comprend pas. *Aucun homme ne souhaite perdre sa puissance.* – « Sinon ? » – *Il tombe impuissant évidemment..* Ariane lasse : *Puissant, impuissant, il existe quand même une autre manière d'être dans la vie !* L'ethnologue écarquille des yeux interrogateurs. Ariane : « La confiance ». L'ethnologue éclate d'un rire incoercible... pour finir par dire : *Vous rêvez.*

La suite de la conversation nous apprend que cette ethnologue a fait le parcours psychanalytique et qu'elle partage pleinement le point de vue de Freud et du civilisé en général de la solitude existentielle de l'Homme. Cendrillon avance un dernier argument : « La femme sait encore quelque chose de la complémentarité, elle ne peut s'ouvrir qu'en se donnant. » L'ethnologue, sur un ton toujours sympathique : *Vous êtes une mystique, une hystérique (...) Il existe une autre manière de faire l'amour.* Ariane ou Cendrillon écarquille des yeux interrogateurs. – *L'excitation. On jouit, sans se donner* (Je me suis renseignée depuis. Non seulement beaucoup de nos hommes jouissent ainsi, mais nombre de nos femmes.). La suite de la conversation roule sur le devenir de la femme de cinquante ans qui a fondé sa vie sur l'amour, comparativement à la femme qui, comme le fils du Ciel, a fondé sa vie sur la carrière ?!

Solitude pour solitude...

L'hystérique continue la résistance avec les fils et les filles de la Terre*.

Néanmoins, dans une prochaine aventure, j'irai voir ce qu'il en est de la relation homme/femme dans les sociétés « primitives ». Même chez les Aborigènes australiens, si j'en crois Jean-Michel Deveau, cette relation n'est pas idyllique, avec rapt guerrier et rêve d'androgynat. Il est possible que la femme éveille dans toutes les cultures la peur avec un désir de domination-possession ? Dans ce cas, cela prouverait que les autres puissances peuvent se régler indépendamment de celle du sexe, une nouvelle encourageante. Néanmoins, dans *Histoire naturelle de l'amour* de l'ethnologue et anthropologue Hélène Fischer (15), passionnante pour plusieurs raisons, je relève un avertissement : *La pénétration du colonialisme occidental, et avec lui des us et coutumes occidentales à l'égard des femmes, a profondément influencé les rôles féminins dans les sociétés aborigènes, au point qu'il a fait régresser la condition féminine presque partout dans le monde.*

Je reporte aussi une remarque de l'ethnologue Anne-ChristineTaylor : *Actuellement, nous connaissons des cultures guerrières et des cultures pacifiques. Les tribus guerrières sont non conquérantes, contrairement aux civilisations. Les tribus pacifistes reposent soit sur la valorisation de l'impuissance, soit sur la valorisation de la confiance* (16). Remarque que j'associerai à l'hypothèse de C.Claude d'une distorsion plus ou moins importante selon les cultures et les climats du code originel pacifique, confiant, inter-relationnel entre toutes choses.

---

* *Ariane chez les civilisés* est terminé. Je découvre *La grande implosion* de Pierre Thuillier (14) qui donne raison à M. Granet, M. Sahlins et C.Claude : surtout depuis le Moyen Age, le civilisé s'obstine, inconsciemment et consciemment, à détruire la vie.

II.

DEUX MYTHES

La civilisation grecque commence vers – 2 000 ans. Je peux définir la civilisation comme une culture fondée sur la logique abstraite, hiérarchique-exclusive et conquérante dans un temps linéaire. Construite sur la peur/mépris de la vie/mort, elle tue de manière plus ou moins subtile, tente de réparer avec une morale céleste et quelques oublis-mensonges, tue encore et finalement meurt. Un proverbe peul : *La mort des autres est aussi sa mort.* La première civilisation connue est Sumer qui débute vers – 4 000 ans, fondée par des tribus guerrières indo-européennes qui viennent *très probablement* s'installer sur un communautarisme paysan (1). L'AncienTestament s'inspire très largement de Sumer. Mais restons avec l'histoire de la Grèce, puisque notre Renaissance a repris ses mythes conquérants.

Le Dionysos de l'helléniste Maria Daraki n'a jamais fait la guerre. Il s'oppose formellement à la logique du civilisé. Il est fondamentalement végétarien, sans être le moins du monde ascétique. Il n'est pas le Surhomme Solitaire Souffrant, prométhéen, de Nietzsche ou d'autres. Il n'est jamais seul. Dionysos est le Fou... amoureux de la vie terrestre, révolté contre les fils du Ciel. Il appartient donc assurément à la logique concrète-symbolique et inter-relationnelle-complémentaire entre toutes choses.

Il faut longtemps à Cendrillon pour trouver *la religion Terre* de Dionysos et Ariane avec leur cortège de Silènes, Satyres, et Nymphes, des « divinités » de la fertilité plus anciennes, mais appartenant à la même logique-manière d'Etre. L'écriture de Daraki est séduisante (2). Les citoyens craignent Dionysos, tandis que la majorité des femmes le reconnaissent. C'est vrai. Dès les premières pages, l'amante entre en amour avec la religion Terre. A cinquante ans, enfin, l'hystérique s'asseoit dans son archétype. Enfin, elle trouve son vrai nom : non pas Cendrillon dévouée... dévoreuse, mais Ariane amoureuse de Dionysos et de Terre, de la Vie. De plus, l'amante découvre que la Cité lui est étrangère dans ses fondements mêmes.

Seulement, sans d'abord comprendre comment, l'amante sera, à nouveau, renvoyée dans les faubourgs. Daraki écrit que *l'historienne est toujours menacée de conversion à Dionysos*. Elle tente d'induire l'inverse : son Dionysos amoureux de la vie (terrestre) prend son lecteur et sa lectrice et les entraîne, à leur insu, vers la conversion à la Cité et sa religion céleste... religion Terre pour un week-end, comme l'était le dionysisme le temps du carnaval pour les Athéniens ! Dernière scène : *Saluons Dionysos-le-Juste. Et saluons Zeus, dieu juste aussi. Il a deux enfants, et deux seulement qu'il prit la peine d'engendrer tout seul : Athèna déesse de la raison, et Dionysos, le dieu de la folie.* Ne reste donc à Ariane qu'à devenir la véritable folle hystérique (les sectes secrètes d'Athènes) ou la guerrière !

A partir des textes grecs, Daraki retrouve l'essentiel de la logique concrète-symbolique, inter-relationnelle entre toutes choses. De plus, Daraki porte une attention passionnante à la relation entre le politique et le religieux. Une seule question : pourquoi une femme, même grecque, prend-elle le parti du civilisé qui tient avant tout à préserver sa grande œuvre ?

La préhistoire racontée par un civilisé conquérant

Nous sommes loin du catéchisme de Gaarder. En Grèce, à partir de – 2 000 avant J.-Christ, apparaît la logique linéaire, de l'exclusion, la raison grecque, le *logos*, qui se consolide peu à peu : oui ou non, moi ou l'autre, terre ou ciel, masculin ou féminin, bien ou mal, supérieur ou inférieur, animal ou humain, hier, aujourd'hui ou demain, la mort ou l'immortalité-éternité. Il faut choisir entre les deux termes. Le civilisé grec choisit : le céleste tout-puissant et immortel. Pendant l'édification de la raison, la religion Terre de l'âge d'or est à peine nommée. Aux VIIe-VIe siècles avant J.-C., *la misère provoque une guerre civile. Il en résulte un remodelage radical, une véritable révolution populaire* : la Grèce de la Cité qui est œuvre d'hommes guerriers conquérants. La Cité atteint son apogée avec Athènes « démocratique » (90 % d'exclus) au VIe siècle.

La religion dionysiaque réapparaît au VIIe siècle, parallèlement à l'édification d'Athènes et déferle sur la Cité *telle une épidémie* à partir du Ve siècle av. J.-C. L'Athénien est fier de sa grande œuvre. Seulement ce citoyen qui se pense comme vivant à l'exclusion de la mort, homme à l'exclusion de l'animal, individu à l'exclusion de l'âme collective, cité opposée à nature, culture opposée à sauvage-barbare-nature, ciel opposé à terre,... se sent terriblement seul. Les femmes aussi sont en crise, mais celle-ci vient du social, alors qu'elle est intérieure, existentielle, chez l'homme. L'Athénien est nostalgique. De quoi ? De la religion Terre. Il va donc l'autoriser. Cependant, elle ne saurait mettre en péril sa grande œuvre. Elle sera donc aménagée-récupérée et limitée au temps du carnaval.

Si l'on prend comme référence les livres de Granet, de Sahlins et de Catherine Claude ci-dessus rapportés et le mode de fonctionnement usuel du civilisé, le premier aménagement, si l'on peut utiliser un terme si léger, consiste a dire que religion Terre remonte à la nuit des temps. Non seulement, le citoyen se garde de raconter que la civilisation s'est fondée sur une tuerie d'êtres humains vivants en harmonie avec la Terre ; mais il va jusqu'à dire que religion Terre n'a plus de réalité sociale, comme si les citoyens représentaient toute la Grèce...exactement comme aujourd'hui les cadres parisiens parlent pour tous les Français. J'ai même lu, je ne sais plus dans quel livre, que le citoyen grec est allé chercher les rituels de religion Terre dans les campagnes, afin de revitaliser la Cité. D'ailleurs, si l'on n'a pas lu d'autres historiens sur la Grèce, Daraki nous apprendra simplement que pour être citoyen, il faut être initié à la guerre. Or, ce sont des tribus conquérantes indo-européennes qui ont fait la Grèce de Zeus, et les civilisés des Cités, Athènes incluse, passent l'essentiel de leur temps en guerre. De plus, au VIIIe siècle avant J.-C., *l'argent fait l'homme* est déjà un proverbe. La fortune est à la base de l'organisation politique. Le classement des citoyens se fonde sur les signes extérieurs de richesse... Si je comprends bien, il existe deux grands types d'historiens :

– la majorité qui sacralise la Civilisation comme Evolution en se fondant sur la Bête originelle, ou la chute du Paradis, par la faute d'Eve évidemment, qui serait à reconquérir. Parmi ces historiens, certains ne parlent que des bienfaits et d'autres incluent les guerres comme nécessités pour progresser ;

– une minorité d'auteurs parlent des mythes (manières d'être) sous-tendant les civilisations, et quelques-uns seulement remontent jusqu'à celui de religion Terre et encore moins de chercheurs ne la déforment pas au profit finalement de l'Evolutionnisme.

Le second aménagement du civilisé grec porte sur la logique. Le Grec civilisé raconte que seule la logique de l'exclusion dans le temps linéaire a permis à l'être humain de prendre conscience de soi comme individu dans le temps et de progresser. Sans elle, *Homo* de l'âge d'or serait resté dans un monde sans identité et dans l'intemporalité, avec une pensée qui circule indéfinitivement entre les contraires : vie/mort, masculin/féminin, animal/humain... Ce serait *l'âme collective* intemporelle, en opposition à l'individu dans l'histoire.

Non, répond Catherine Claude qui ne connaît pas Daraki. La conscience de soi ne nécessite pas la logique exclusive. Les hommes sont passés de la conscience non différenciée à la conscience de soi par la logique interrelationnelle entre toutes choses : le masculin différent du féminin, mais complémentaire ; *Homo* différent de l'animal, lui-même différent du végétal, mais complémentaire ; le vieux différent du jeune, mais complémentaire, le ciel différent de la terre, mais complémentaire ; le moi différent de l'autre humain, mais complémentaire. Auquel on peut ajouter à l'infini : le conscient différent de l'inconscient, mais complémentaire ; l'esprit différent du cerveau, mais complémentaire, demain différent d'hier, mais complémentaire... c'est-à-dire en couples ne pouvant exister séparément. De plus, pour Catherine Claude et Granet, les premiers Hommes sont passés de l'intemporalité au temps cyclique. Enfin, ils progressaient, mais à la condition de trouver des innovations qui ne bouleversaient pas les équilibres. La logique de l'exclusion (dont l'acquisition d'un moi par exclusion de l'A(a)autre), du temps linéaire, de la causalité, et de l'abstraction est celle des guerriers conquérants.

Il est vrai que dans Granet, le paysan de la Chine précivilisée se distingue essentiellement comme masculin ou féminin, et vieux ou jeune, et à peine comme sujet. De plus, ce sinologue donne le terme ambigu d'*autorité personnelle* pour dire que c'est son développement qui fait que l'Homme commence à se percevoir comme individu. Pourquoi ne parle-t-il pas plutôt d'existence, de conscience personnelle ? Néanmoins, en dépit des guerriers fils du Ciel, le fond taoïste paysan a résisté jusqu'au début de ce siècle.

Le civilisé affirme que l'enfant ne peut développer son moi-acteur-penseur-responsable que dans l'opposition. La femme en quête d'identité que je suis affirme que ce moi, à l'exclusion de tout autre, est l'illusion de notre raison pathologique. Si on lui en avait laissé le temps historique, le sujet aurait pu se dégager comme différent, mais complémentaire des autres humains masculins et féminins.

D'ailleurs les fils du Ciel sont relativement complémentaires, mais pour la guerre, de conquête de surcroît (concitoyens ; esprit d'Entreprise...). Ce qui signifie qu'il n'existe pas de point d'arrêt culturel à la jouissance de la puissance. Elle est même cultivée dès la tendre enfance. Au contraire, la jouissance de la puissance d'un individu pris dans un inter-relationnel basé sur les équilibres entre toutes choses reste limitée. Nous avons vu que les primitifs de Sahlins ont développé des stratégies anti-pouvoir, anti-profit. L'étude de la personnalité chez les Canaques, par exemple, montrerait que *chacun se perçoit comme le nœud de convergence des liens qui les lient à la terre et à toutes les personnes de sa parenté* (3).

Par ailleurs, Daraki assimile hiérarchie et ouverture sur le ciel. Or Granet nous indique que la religion paysanne de la complémentarité s'est projetée sur le ciel. La découverte du Ciel aurait donc pu se continuer sans hiérarchie avec exclusion de la Terre.

Un point encore : le terme d'*âme collective* de Daraki prête à confusion. Pour le civilisé, il est synonyme de fusion. Or Daraki écrit que Dionysos circule entre les contraires sans les confondre. Et même lorsqu'il y a fusion lors d'une fête paysanne, c'est entre personnes qui se connaissent, avec une terre familière. Il y a 2 000 ans en Grèce, *Homo* de religion Terre se différenciait des animaux, comme masculin/féminin et comme vieux différent de jeune, et commençait à se différencier comme individu dans la complémentarité. Il ne se distinguait pas comme sujet à l'exclusion de l'a(A)utre dans un temps linéaire.

D'après mon expérience, la conscience de soi est indépendante du fait de pouvoir évoquer sciemment son histoire. Le rêveur a une conscience de soi. Je peux tout faire en voyage, y compris voler, discuter philosophie, calculer, poser des questions, me reconnaître dans un miroir, et tenter de réfléchir. Seulement, je n'arrive toujours pas à évoquer sciemment la scène précédant celle présente ou, ce qui revient au même, qui j'étais l'instant précédent. Le rappel par association est remarquable. Mais l'évocation volontaire est quasiment nulle pour une concentration considérable. Ce qui a pour conséquence une réflexion extrêmement réduite. Je ne peux relire la ligne au-dessus de celle que je viens d'écrire, ni même le mot précédent, vérifier le fil de la conversation et si je m'étonne, par exemple, de me voir à tel endroit, je donne une explication fausse. Le rêveur peut projeter dans le futur, mais du fait encore de cette incapacité de rappel, ce projet n'est pas construit. Le rêveur a donc une conscience immédiate. C'est au réveil que le sujet peut éventuellement se remémorer son rêve, et l'histoire de son moi.

Je me demande ce que pense ou ressent la vache qui reconnaît individuellement ses congénères. Mais peut-être, comme le supposent les cognitivistes, cette connaissance est-elle inconsciente ? Pour la majorité de ces chercheurs, la conscience apparaît chez les primates, dans la croyance sans preuve qu'elle nécessite un lobe frontal (4).

Cependant, la narration de Daraki ou du civilisé grec reste assez fidèle à la vieille religion Terre, beaucoup plus que Sumer où le récit de l'âge d'or est pauvre et très falsifié par les fils du Ciel (1).

Laissons-nous porter. Nous pouvons encore approcher cette Terre à la simple condition d'entrer en amour avec elle, même si pour le citadin, il s'agit plus d'une projection que d'une réelle co-naissance. Lorsqu'on est amoureux, on est transporté par des sentiments-désirs auto-transcendants et tout se passe comme si l'objet d'amour devenait l'agent.

Dans religion Terre, le ciel avec ses divinités célestes n'est pas représenté. *Il n'est pas nécessaire* à la vie. *Homo* circule du centre de Terre, le paradis des morts source de toute vie, à sa surface. Les *divinités* sont terrestres, collectives et polyvalentes – les Heures, les Grâces, les Nymphes, les Satyres, les Titans, les Géants... et surtout Dionysos – qui assurent la vie terrestre.

La Terre n'est pas encore mère. Elle est masculin et féminin*. Elle est le Sujet, l'Agent et les êtres humains sont les médiateurs. Nous sommes dans la logique du don/contre-don. La Terre, avec son cortège de « divinités », donne, enfante, en Abondance, tout le vivant, les oracles et Justice. Les Hommes assurent par des rituels que Terre continue à donner généreusement, ce qui n'est pas synonyme de quantité, mais de nécessaire et suffisant. *Homo sapiens* cultive la terre, mais il n'est pas acteur ; de plus il n'a pas la notion de travail comme peine. Tout est magico-religieux. *Le règne végétal n'est pas centré sur l'homme. Au sein de cette nature qui semble exister pour soi et qui s'épanouit dans un mouvement d'ensemble, l'homme cueille ce qui lui convient – et il pense cueillir même lorsqu'il moissonne dans les champs à blé.* De plus, *dans religion Terre, les animaux ont trop de « personnalité », trop de « dignité », pour être pensés comme objets alimentaires. L'animal reste le frère d'homo. Les humains, les animaux et les végétaux – sauvages et cultivés – sont tous enfants de Terre.*

L'état d'âme, d'Etre, qui va suivre ressemble à celle du paysan de Granet, sinologue que Daraki ne nomme pas. On se souviendra seulement que pour Catherine Claude,

---

* Dans la religion paysanne chinoise, la terre-femme est mère, yin. Néanmoins, le yang est nécessaire et complémentaire pour faire jaillir la vie de la mort-repos.

comme pour Granet, l'humain est passé de l'atemporalité au temps cyclique rythmé par les saisons, le soleil et la lune. Cette mythologie reste familière à l'Amante dans la nature. Elle ne fait pas l'amour avec le paysage et l'amant ; elle le laisse se faire. Elle est, grâce à l'a(A)utre, jaillissante-immortelle sur un fond de ravissement atemporel.

L'union sexuelle entre le masculin et le féminin est *un rite de magie sympathique.* Elle est sacrée. L'homme et la femme s'unissent en tant que médiateurs. Le couple imite et soutient le sein bisexué de Terre. *Parce que le sol « enfante tous les êtres », l'Homme imagine que les profondeurs de Terre, les Enfers, sont une vaste union sexuelle qui accouche à la surface du sol, Terre pourvoit à tout.*

La terre est une sphère, elle renferme *le feu de l'union sexuelle cosmique, et elle tourne.* Elle est ronde, car *elle est un « ventre ». Elle tourne, parce que le potentiel vital suit le mouvement d'un cercle, que la pensée des hommes suit aussi (...) C'est la corbeille ronde avec son couvercle, une boule tissée de brins d'osier, objet rituel central et exhaustif.*

Dans la pensée circulaire, il y a *circulation permanente entre les contraires* (que je souhaite appeler, comme Catherine Claude : entre les complémentaires... non guerriers). La mort est pensée comme source de vie. *Mourir, c'est épouser Terre.* La femme qui meurt y trouve un *« amant »* et l'homme qui meurt une *« amante ».* Toute naissance est renaissance. *La filiation est circulaire. La terre donne toute la vie (...) C'est des morts que nous viennent toutes les croissances et tous les germes, végétaux, animaux et humains.* Tout circule entre la surface de la terre et son intérieur. Le Ciel n'est pas nécessaire à religion Terre.

Le temps n'est pas cyclique. Il est *intemporel.* Tout est espace. *La mort est un pays* au centre de terre. La saison vient d'en bas et pas d'hier. Le temps est le rythme... de la danse, c'est-à-dire déplacement répétitif dans l'espace. Il n'existe pas d'événements, mais des retours, des circulations entre le haut et le bas.

Daraki conclut : La religion Terre sans identité (individualité), intemporelle et sans divinités célestes n'est pas prélogique, primitive, mais une manière de penser. Pensée sereine, impression de quiétude, à laquelle j'ajoute jaillissante, à la fête de printemps au moins. Néanmoins, la logique circulaire a l'inconvénient d'être la pensée répétitive de la roue, terrestre, toujours identique à elle-même. *L'intelligence est prise dans un équilibre trop stable.* Seule la logique linéaire avec ses divinités célestes pouvait l'ouvrir sur la conscience de soi comme sujet, l'histoire, le choix, l'exploration, le progrès, le questionnement et la création.

Non, répondent les fils et filles de la Terre. L'être humain aurait pu s'individualiser dans la logique de la complémentarité, et même des humains se sont individualisés ainsi, sans se prendre pour Dieu. De plus, l'Humain aurait pu découvrir un ciel sans hiérarchie, et même des humains vivent le ciel comme complémentaire de la terre. Enfin, *Homo* a créé même les arts, depuis 100 000 ans, et les arts sont beauté-vitalité, mais aussi prises de conscience et technique de mémorisation. Mais cet *Homo* invente lentement, selon ses besoins et ses désirs qui ne sont pas ceux du civilisé, et en veillant à ne pas modifier les équilibres entre toutes choses. Les Bochimans australiens, par exemple, peuvent nous paraître arriérés ; en fait, ils étaient parfaitement adaptés à leur environnement physique. Daraki assimile à tort l'éternelle répétition de la logique circulaire à la logique complémentaire.

Mais voyons la Cité fondée sur la logique de l'exclusion, que Daraki reconnaît comme *un exécrable univers manichéen* si le citoyen n'avait rappelé la *logique circulaire* (complémentaire) de Dionysos ; une Cité que l'on retrouve à Paris, à Berlin et à Washington... au XIXe siècle. Cendrillon ne peut sortir de cette description, tout-à-fait dans l'ordre des guerriers-conquérants au fondement des civilisations de

Catherine Claude, que définitivement étrangère aux grandes idées de la Cité. Sophie, il ne s'agit pas de réparer nos valeurs qui s'effondrent, ni de tomber dans l'impuissance, ni de faire révolution pour renaître au Même. Mais de repenser radicalement notre manière d'Etre, à partir peut-être de l'écologie scientifique (et non idéologique et politique). Lire la philosophie depuis Platon est nécessaire, mais pour comprendre ce que nous ne devons plus faire.

A Athènes au VIe siècle, *dans le système prométhéen, l'espace se trouve centré sur la cité avec ses terres travaillées adjacentes. L'espace humain* est celui de l'« *animal politique* », du citoyen. L'initiation à la guerre intègre à la cité les garçons de dix-huit ans, et le mariage intègre les filles à la cité. Comparativement à *l'espace civilisé*, le reste avec ses pratiquants de religion terre est « *désert* », sauvage, barbare.

La Grèce de la Cité est celle du juridique. *Les dieux célestes en sont les garants. L'ordre olympien et l'ordre civique se consolident conjointement.* L'identité, la conscience de soi, l'Athénien, va se définir par l'exclusion des contraires. La raison philosophique, le *logos*, théorisée par Aristote, est déjà celle de la pratique du politique et du juridique. Elle est le mode de pensée du citoyen moyen d'Athènes « démocratique ». Les trois reposent sur la logique de non-contraction : oui ou non. De plus, dans la cité, les échanges sont contractuels entre les hommes, entre les hommes et les dieux, entre les dieux. Le citoyen devient agent de l'histoire.

La religion est civique. Religion sans secret et toute de transparence qui sert les besoins de la *polis*, dont les pratiques sont affaire d'hommes guerriers. La Terre devient un disque plat et immobile entouré d'une mer terrestre avec, au-dessus, le ciel et en-dessous, les Enfers. Il n'est plus noble d'être fils de la terre. Les dieux de la cité – les dieux de l'Olympe – sont au Ciel, immortels. L'univers est ordonné selon une hiérarchie aux lois verticales par Zeus le père tout-puissant, son créateur, *« le Très Haut »*. C'est la fin de la polyvalence. Zeus attribue à chaque dieu une identité :

un nom et une spécialité définie. La terre, le *« bas »*, est rejetée. Elle est laissée à la femme qui demeure dans la logique complémentaire, et les Enfers sous terre deviennent synonymes d'horreur laissée aux hommes morts bêtement. *L'homme est* Anthropos. *Celui qui regarde en haut.* Les hommes sont fils du ciel. La mort n'est plus un espace, mais un évènement-scandale. L'homme se pense à partir de sa mort. L'objectif de l'initiation est de ne pas mourir comme un homme ordinaire qui retourne à la terre ; il n'est plus non plus de se réincarner. Il est de retourner à son origine céleste pour partager la gloire des dieux célestes bienheureux, immortels. La nuit est repoussée au profit de la lumière... du soleil sans ombre (la mort). C'est la guerre de la *« Ligne »* (pensée linéaire) contre le *« Cercle »* (pensée circulaire des paysans et des citadines).

Hésiode (VIIIe siècle av. J.-C), l'auteur des *Travaux* fixe la Morale. Il introduit la notion de l'éthique de l'effort, le *ponos* viril qui résume la vertu. Le rapport de l'homme au monde devient le travail qui est en même temps souffrance et vertu. Toute activité devient un travail. Pour récolter, il faut travailler. A chaque homme selon son travail : celui qui travaille aura du grain, le paresseux n'en aura pas. Et c'est à titre individuel que ce travailleur sollicite les dieux. La femme, le pire des fléaux pour Hésiode, se contente de cueillette. Cet homme se définit également par un régime alimentaire carné. Le travail sépare l'animal de l'homme, à l'exception du bœuf qui reste un frère, mais par le travail.

En fait l'Hésiode de Daraki peut être légèrement nuancé par le fait qu'il s'oppose aux usurpateurs de son temps. L'erreur d'Hésiode, comme de tout obsessionnel, est de croire que l'on va arranger les choses en rajoutant de la morale. L'émoi-émerveillement et le dégoût n'ont besoin ni de Dieu ni de morale.

La législation du mariage est fixée dans sa subordination au politique. C'est le *joug civilisateur* de l'homme et de la femme sauvages. *La sexualité brute est au mariage ce que la « nature » est à la « culture ».*

Le mariage dompte l'homme. Mais il dompte d'abord la sauvagerie de la femme qui reste liée à la terre. Deux excès : les vierges qui refusent le mâle sous le signe d'Artémis ; et la courtisane pour le désir sexuel sous le signe d'Aphrodite. La norme : le mariage et la procréation sous la tutelle de Zeus et d'Héra. La sexualité cesse d'être sacrée. Le sexe est affaire privée. Naissance de la pudeur : la sexualité devient honteuse, avec ses parties honteuses qui doivent être cachées. Toute sexualité et reproduction non contractuelles sont bestiales, sauvages. Dans certains discours, le mariage et le désir s'opposent franchement. La bonne épouse doit dégager *une odeur légèrement nauséabonde*. Mais pourra-t-on ainsi dompter les femmes qui relèvent du sauvage lui-même lié à la mort ? Les citoyens en doute et rêvent d'un monde sans femme, d'un pouvoir d'auto-reproduction et d'auto-gestation (l'incubateur artificiel !!)

L'invention de la filiation patrilinéaire, de l'homme seul fécondeur est la première expression du temps irréversible, qui sera, plus tard, le temps de l'Histoire. Les Grecs ont d'abord mesuré le temps en terme de générations. De père en fils, il y a une séquence irréversible. Ne plus rien devoir à la Terre et aux femmes. On incite les citoyens à aimer la terre de la cité *comme des amants, (....) à lui donner leurs corps* (!!). Les citoyens se veulent enfants d'Athena, déesse à la fois vierge et virile sortie directement adulte, stérile et armée, de la tête de Zeus (celle qui, fonctionnant comme lui, ne risque plus de le regarder en vérité). Mais en attendant, on est bien obligé d'utiliser les femmes comme nourrices-porteuses.

C'est ce citoyen fier de son œuvre, mais terriblement seul qui, au Ve siècle, laisse déferler l'« *âme collective* » sous la forme de la religion dionysiaque. La religion dionysiaque vient faire contrepoids au juridique. La « *crise tragique* » en plein « *âge d'or* » d'Athènes.

Pour Ariane-Cendrillon, religion Terre est une manière d'être pacifique au quotidien. Ses pratiquants font la fête, mais ce n'est pas un défoulé, car la vie n'est pas refoulée. Le sentiment de vie est simplement plus ou moins intense, serein, jaillissant et rugissant, selon les saisons, mais aussi selon les rencontres. Je n'aime pas le carnaval de la civilisation, ni les défonces du samedi soir.

La mère de Charles : *Quand tu auras fait tes devoirs, tu pourras aller jouer gentiment.* Charles : *J'ai bien travaillé...* au progrès, *nous pourrions aller voir une exposition de peinture et déjeuner ensemble.*

Dionysos-Vie est ignoré-méprisé-tué tout le temps de l'édification de la Raison et de la Cité grecque, exactement comme il le sera dans l'Europe officielle de la fin du XVIe siècle, qui reprend exclusivement les mythes conquérants de la Grèce. Seulement, plus la Cité-Raison se consolide, plus le citoyen se dévitalise. Au VIe siècle avant J.-C., le sentiment de vie se meure. La soif de Vie-Dionysos surgit, mais dans une psyché de guerrier citadin conquérant.

Dionysos revient en défoulé de citoyens, dans la Cité, le temps d'un carnaval ou dit autrement : l'obsessionnel s'hystérise le temps du carnaval. Un carnaval qui a toujours un goût de mort, pour au moins deux raisons : le citoyen-individu est devenu étranger et donc peureux de l'autre, son inconscient inclus ; de plus, il sait, au moins inconsciemment, qu'il a tué pour édifier la civilisation. Rappeler religion Terre alors que l'on a tué les êtres humains qui la pratiquaient n'est quand même pas banal ! D'où leur peur de Dionysos, alors que la majorité des femmes le reconnaissent. D'où leur besoin de se soûler pour oser vivre... un sexe-petite mort, alors que la femme est dans le ravissement-jaillissement sensuel-sexuel. Néanmoins, si la femme et les nombreux exclus de la citoyenneté sont encore filles et fils de la Terre, ils sont malheureusement aussi dans le défoulement du fait de beaucoup de colères-frustrations.

Pour le citoyen, il n'est pas question de remettre en question sa manière d'être, de mettre en péril la civilisation. Donc, *à intervalles fixes, Dionysos ouvre aux humains son paradis sauvage et ce qui est interdit le reste du temps devient possible*. Le carnaval est *une fête de la transgression officialisée*. L'objectif est *d'exorciser la nostalgie* du paradis perdu... (que nos civilisés pleurent toujours, comme fusion... avec Dieu ou l'idée Nature et non comme inter-relation concrète).

Le civilisé continue à se justifier : la religion dionysiaque n'est plus religion Terre. Grâce à la logique exclusive-linéaire, Dionysos a pris conscience de lui-même comme sujet. De plus, grâce à la beauté d'Apollon, il a acquis un minimum de savoir-vivre. Enfin, toujours grâce au civilisé, Dionysos découvrira les bienfaits de la religion céleste synonyme de conquérante avec exclusion des sauvages, de la Terre et de la femme.

Dionysos du VIe siècle avant J.-C. partage la logique inter-relationnelle, analogique avec le fonctionnement de la nature du paysan chinois pré-civilisé. Néanmoins, il est étonnamment moderne, le compagnon-complément rêvé de l'amante. Il est un sujet avec des désirs personnels. Tout se passe comme si Dionysos avait découvert le désir d'amour, indépendant de la féconde, symbolisé par son épouse-aimée Ariane avec qui il n'a pas d'enfant. Ce désir n'a rien à voir avec le désir sexuel du guerrier. J'ai lu, dans Homère peut-être, que la courtisane cantonnée dans les faubourgs avait pour unique fonction de calmer sa fureur de guerre, le sexe-épée à ranger dans le fourreau (*vagina* en latin classique), avant de rentrer poliment se reposer à la maison (exactement comme la femme dans la maison de chasse de Hell, pendant que l'épouse s'occupe au foyer,... exactement comme la maîtresse du bourgeois industrieux ?).

Le fait que Dionysos ne se montre pas le sexe nu indique

qu'il est désir non pas sexuel, mais sensuel-sexuel d'un homme féminin-masculin, amoureux de la vie perçue comme sacrée. Si sexe il y a, c'est le phallus synonyme de fécondant-jaillissant et non de défonce bestiale. Auprès de Dionysos, Cendrillon entendra enfin qu'elle ne se doit pas d'être amoureuse de son prince dans l'espoir qu'il vive... un jour. La femme ne doit pas se sacrifier pour l'idéal amour...de la vie, avec un civilisé qui préfère se faire trouer la peau à la guerre ou se tuer au travail. Elle n'a pas à chercher à le comprendre, à l'aimer tel qu'il est. La Chèvre est plus proche d'Ariane que Cendrillon. Pour reconnaître Dionysos, c'est très simple. Il lui suffit de jaillir. Le civilisé, qui craint toujours d'être attaqué, se sauve, tandis que Dionysos la prend dans ses bras pour jaillir avec elle. Une seule chose est sacrée pour les filles et les fils de la Terre : la Vie. La citadine sympathique, dans la quarantaine : *Tu le trouves où ton Dionysos ?* Avec Dionysos, Ariane est libre d'Etre amoureuse de la Vie. Entre Dionysos et Ariane, la jalousie n'existe pas car ils ignorent la tromperie. On les dit semblables... dans leur manière d'Etre...Toutes les occasions de joie (non guerrière) sont un don de la vie... Le seul crime serait de les refuser... avec, avant l'arrivée des guerriers, un Dionysos ou une Ariane à chaque croisée de chemin !.. A partir d'adultes joyeux, on peut imaginer des enfants qui ne seront pas tués dès le ventre de la mère.

Dionysos du VIe siècle avant J.-C. avec son cortège est le gardien de la logique inter-relationnelle entre toutes choses de religion Terre. Il s'oppose à la logique guerrière. Le temps du carnaval, il va lever toutes les barrières entre les contraires. A l'opposé du régime carné du citoyen, son alimentation se limite aux nourritures végétales auxquelles s'ajoutent le miel, le lait et le vin. Dionysos est fougueux, jaillissant, et rêveur. Il est le dispensateur de joie en abondance *que l'on ne peut thésauriser*. Il est l'insouciance de celui qui ignore les greniers. Il est celui qui demande aux hommes de se laisser vivre, de faire confiance à la Vie. Ariane est la Nymphe des nymphes, des personnages qui ne sont pas mères et qui sont les plus chargées de *sexualité* (de sensualité) de la mythologie grecque. Ensemble, le couple Dionysos-Ariane lève tous les clivages, abolit les spécialités qui fondent la Cité. Ils circulent librement entre les contraires et les fonctions. *De son épouse officielle, le dieu est resté l'éternel amant et, dans les représentations figurées, le couple Dionysos et Ariane, enlacés dans l'abandon amoureux, fixe l'image d'un mariage où le désir reste omniprésent....* Les modernes ont tendance à nier la nature amoureuse de Dionysos et ses liens charnels avec les femmes. *Or, ils siègent côte à côte, maître et maîtresse des fleurs, ils font couple sur les vases...* L'amour où le sexe de la femme est un *jardin*, une femme en chaleur est *en folie de jardin. Fendus, ces jardins ouvrent des grottes ou des bouches des enfers* qui, en ce temps-là, étaient un paradis.

Daraki va prendre, pour la troisième fois, parti pour le civilisé grec qui, si on lit bien, sacrifie une nouvelle fois l'homme et la femme de religion Terre à sa grande œuvre. Dionysos ne serait pas seulement survivance de la religion Terre. Dans le dionysisme d'Athènes, il aurait acquis, grâce au civilisé, une conscience personnelle, de la tenue, et aurait découvert les joies de l'Olympe.

Non ! Dionysos est l'homme-Vie. Il est celui qui Est dans la complémentarité (excepté avec les guerriers). Il n'est ni la fusion-projection anonyme ou abstraite de notre « âme collective », ni un mystère, ni un dieu, ni un fils de Dieu (même si on le trouve déjà fils de Zeus sur une tablette d'environ – 2 000 ans), ni un sur-homme... ni Jésus, ni Bacchus adipeux, ni Alexandre le Grand...(5). Et que penser de Dionysos-Pan devenu Satan ! La vie comme la pire des tentations, si le civilisé veut monter au Ciel pour l'éternité ! Peut-être Jésus était-il un hystérique qui s'est perdu dans la religion céleste des citoyens ? Dionysos n'avait pas besoin de la logique exclusive pour acquérir une identité et évoluer en spirale dans le respect-amour de la vie, ni de la beauté d'Apollon, l'archer initiateur des jeunes à la guerre, pour acquérir de bonnes manières. L'art des cyclades du 3e millénaire avant J.-C. est incompablement plus beau-vibrant que l'art helléniste, comparable à Brancusi, avec des flûtistes, des harpistes et des nymphes sur la pointe des pieds comme en extase. Dionysos ne méprise pas, mais fait Justice. Il n'entre pas dans la Cité en conquérant, mais en rugissant. Il est étranger à tous les mots guerriers. La vie exige simplement le droit d'exister... comme depuis quatre mille ans la soi-disant hystérie avec ses 60.000 sorciers et sorcières brûlés et ses folles de notre mystique et de notre psychiatrie. Encore : il n'est pas possible que Dionysos soit monté à la droite de Zeus. Toute concession à l'ordre guerrier aboutit à une distorsion plus ou moins importante du Code interrelationnel entre toutes choses (Les Jivaros sont probablement un bon exemple). Enfin : si grâce à la logique de l'exclusion, le guerrier conquérant a assurément acquis un moi... jusqu'à la mégalomanie masquée sous le générique Homme, il ne se réfléchit toujours pas... en 1997.

Daraki : *La pensée circulaire se vivait, mais ne se réfléchissait pas.* Au contact de la pensée linéaire, *le dionysisme nous donne à voir une immémoriale pensée non rationnelle, parvenue à la conscience de soi.* Dionysos a acquis une identité. Le dionysisme prend corps parallèlement à la Raison *par opposition.* Il agit comme personne et *proclame* (...) les droits de l'*« âme sauvage ». Le dionysisme se venge d'avoir été méprisé par les citoyens* (...) *Le dieu arrive en « conquérant » : « Il faut que malgré elle cette cité comprenne combien lui manquent mes danses et mes mystères. »*

Encore : en prenant des formes grecques, en se civilisant, Dionysos et Ariane ne sont plus *sexualité brute* des Satyres *licencieux et laids tout à la fois* et des Nymphes. *Dionysos est vêtu. Il n'arbore jamais le phallus.* Dionysos n'est plus non plus la *cruauté brute.* Contrairement à Héraclès qui *vient à bout de la sauvagerie par la force*, Dionysos vient *à bout de la sauvagerie par la forme* et *sans altérer le sens profond de la logique circulaire*. Dionysos civilisé est l'amant par excellence. *Le plus beau, le plus voluptueux de tous les dieux*, contrairement à la beauté d'Apollon qui ressemble plutôt à *un intellectuel désincarné*, à *l'idée du beau* de Platon. Dionysos négocie le difficile rapport entre deux conceptions du « beau ». Il est la beauté sensuelle d'un séducteur aimant irrésistible. On nous le montre *arrivant sur l'île de Naxos, en tête de son cortège musical et fleuri qui surgit de la mer, pour réveiller Ariane et la prendre à jamais sous son charme. Ce séducteur est aussi un mari, mais qui apporte dans sa corbeille de marié un banquet d'abondance...* de désir, de charme, de sensualité, de vie. *Les citoyens le craignent par la raison, mais l'accueillent de leur profondeur, les femmes le reconnaissent immédiatement.*

Fin du carnaval, tout rentre dans l'Ordre. Dionysos découvre l'étage céleste et entre en triomphe dans l'Olympe, mais c'est la fin de sa mission. Il *abandonne* Ariane qui part seule dans le Ciel, représentée avec *une couronne d'étoiles qui vient remplacer la couronne de fleurs, symbole du sexe féminin* (La Vierge Marie ?!). A la *nuit pernicieuse* avec ses êtres abstraits de l'homme de Raison vient s'ajouter la *nuit féconde* avec les constellations grecques qui sont des êtres concrets, les *enfants de Terre*, le *sein de Terre* projeté au ciel.

Daraki termine sur une envolée lyrique, laissant croire qu'il n'y aurait pas eu d'évolution en spirale (en gardant toujours la terre et ses habitants comme base) si la logique linéaire n'était pas d'abord venue s'opposer à la pensée circulaire. C'est la fameuse Tragédie, Solitude, de l'homme héroïque, de Prométhée souffrant, contrairement à Apollon...

Il n'y avait pas de compromis possible entre l'organisation sociale de la logique circulaire et celle de la cité. *Pour conserver leur patrimoine, les hommes ont donc renoncé* (tué) *aux souvenirs sociaux du passé et désincarné la manière d'être Terre en une religion pensée* (...) *Du passé autochtone de la Grèce n'a été sauvé que l'immatériel* (...) *Le dionysisme est le produit de cette transformation* (...) Dionysos est un « *dieu nouveau* ». Il est *le fils de la tension, un dieu sorti du rang en temps de crise.* On ne dira pas qu'*il a donné une solution* : ***il s'est donné en solution.*** *Transformer le passé en chose pensée, c'est* **constituer** *le dionysisme.* « Vraie religion, instituée entre le VIIIe et le Ve siècle, qui a cependant l'*autonomie d'une œuvre d'art, à mi-chemin entre le culte et le théâtre. Il est pris comme un « univers magique » : on ne voit pas la société qui y correspond.*

Que reste-t-il du royaume de Terre ? Notre réponse ne variera pas. Sa quintessence seulement, l'univers mental qui en fut le produit.

C'est grâce à ce métissage que la pensée grecque fut ce qu'elle fut. Si la Grèce s'était tenue à la seule logique de la raison, elle aurait été *un exécrable univers manichéen* (...)*C'est pour avoir superposé le* **cercle** *et la* **ligne** *que la Grèce a pu réussir cette combinaison des deux qui en est le plus beau produit : non la Raison, mais la Raison dialectique. C'est elle qui est en œuvre dans tout ce qui en Grèce est beau...* ***La pensée linéaire et la pensée circulaire*** *(...) s'unissent comme dans un* gamos. *Le cercle et la ligne enfantent la spirale qui est la figure de la raison dialectique...* Le dionysisme *est* ***une autre façon de penser.*** Il *relativise la notion de « vérité »* (la dialectique de Hegel finit dans la vérité unique). Il est *l'âme sauvage de la Grèce. La Tragédie est l'histoire de la cité qui met à distance l'antique passé.* On ne peut être à la fois individu et âme collective (ce qui est faux). Mais à la fin des *Euménides, le dernier mot ne reste pas à la « Raison », la tragédie s'achève sur un long cri rituel ; sur le sacré et l'inarticulé.* Et restera le carnaval où tout le monde devient à nouveau *enfants de Terre...* (dans la Cité !).

En fait, restera un carnaval de défoulés de citoyens-guerriers, un théâtre qui tiendra lieu de vie avec la fameuse *catharsis* d'Aristote, un théâtre subventionné-contrôlé par la Cité, un théâtre bourgeois (payant pour le peuple, avec suppression du chœur populaire) ; et, aujourd'hui, le théâtre de Dionysos en ruine, des tavernes au nom de Bacchus et des Satyres vendus comme objets pornographiques... avec trois cents familles d'Elus qui règnent sur la planète, exactement comme une poignée de fils du Ciel régnait sur la Grèce.

Suite de l'interlude

Charles est parti depuis deux mois. Il me téléphone. Il reçoit ses *amis* dans une maison d'hôtes. J'accepte son invitation. Sa voix est en pleine forme.

Dans le doux pays de la Loire, une grande et belle maison avec un grand parc. Une trentaine de personnes. On aperçoit Charles assis dans un cabinet de travail au premier étage de la maison. Il descend pour les repas ; et reste encore un temps, passant d'une personne à l'autre en échangeant quelques plaisanteries. Je souris, séduite par cet art léger de vivre. Je suis heureuse de retrouver Charles et de le regarder heureux. Deux jours plus tard, j'éprouve un début d'irritation.

J'entraîne Charles derrière un bosquet. Il s'y prête aisément, s'amusant de cette escapade. Le troisième jour, j'ai un cliché : le grand cerf passe d'une biche à l'autre, d'un plus jeune cerf à un autre et, vérification faite que chacun est à sa place affective, il retourne sereinement brouter son herbe. Charles n'est pas une Bête. Mais le seigneur-patriarche de son clan. Je souris encore devant son bonheur manifeste. Cinq jours plus tard, la facade se déchire. Rien ne va plus.

Je suis assise sur mon rocher. A gauche, les jeunes ; à droite, les générations antérieures. Les jeunes racontent fièrement leurs exploits. Tous *très bien*, si ce n'est un amoureux en cachette, un autre sous anxiolytique, un autre encore qui n'a pas de corps tant sa tête est grosse, une qui se fera bonne sœur et une qui boit pour provoquer ce beau monde. A droite : les parents et grands-parents les félicitent et les incitent à faire mieux encore : *Plus haut, plus loin, plus profond... vous verrez... vous vaincrez.* Celle qui boit ? *Une hystérique qui devra être soignée.*

Charles est assurément le plus charmant. Il donne discrètement le ton : *Maîtrise, volonté, progrès, autonomie, devoirs, fidélité... et surtout construire un projet et s'y tenir.* Les autres adultes sont maladroits : *Tu dois, tu ne dois pas.* Un conflit éclate, Charles l'annule : *Tout va très bien, Madame la marquise, tout va très bien...* si ce n'est de vieux couples castrés, des femmes desséchées ou allergiques, des hommes ventrus, d'autres sous antidépresseurs, d'autres encore avec la messe consolatrice du dimanche... Pour vivre longtemps, il faut filtrer, oublier, éviter tout conflit, toute discussion... J'avance des mots : « La vie, l'amour sensuel, la vieillesse, la mort, la solitude... » Les adultes se crispent plus ou moins à la surface des choses : *Comme c'est beau ! quel croissant ! quelle église charmante !* Le Larousse *: Péché non avoué à moitié pardonné car cela évite le scandale...*de la conscience. *Tout va très bien...* juste saupoudré de quelques mots maîtrisés-glacés. L'homme qui a fait éclater le conflit me questionnera sur l'étrange séduction de Charles ? Je suis cette petite fille qui aurait dû devenir modèle. Je suis au cœur du mensonge de mon enfance.

Je sais ma lucidité menaçante. Charles, seul avec moi, souriant : *Etes-vous heureuse ?* Je prie pour qu'il ne joue pas son cinéma avec moi. – « Il me manque de glisser ma main dans votre main dans votre poche. » – *C'est déjà de l'hystérie !* (Renaissance *au Même* de Brun ?!) Charles : *On ne peut être que ce qu'on a toujours été.* (...) *J'ai dû m'esquinter les neurones lorsque je me suis suicidé. Je ne suis plus déprimé.*

– « Votre projet ? » – *Enseigner la maîtrise de soi.* Si j'accepte un modèle, il m'apprendra. Des contrôlons, des capteurs physiologiques, connectés à un logiciel qui convertira, en temps réel, mes nuances affectives en image graphiques, en couleurs, en musiques corrigeables. Son idée m'amuse, mais, simultanément, mes narines se dilatent. – *Je vous ai bien entendue : j'ai compris que la volonté ne suffit pas, j'ai ajouté le désir....* à la maîtrise de soi ! – *Et vous, votre projet* ? – « Etre amoureuse. » Charles fraîchement : *Ce n'est pas un projet.* « – Achever mon manuscrit... » Je lui explique brièvement d'un ton maîtrisé-tremblant-espérant que les fils du Ciel détruisent tout de la Terre, de la vie, de l'amour. Charles d'un revers glacé : *Et alors ? Il vous a fallu cinquante ans pour comprendre. Vous êtes vraiment naïve !*

Charles insiste. La colère me prend : « ... Vous êtes vraiment le plus intelligent. » Charles : *Vous devriez prendre un calmant.*

Je pars en titubant. Une femme de cinquante ans sous la pluie dans les rues de Saint-Brieuc ? L'horreur ! Une femme de cinquante ans sous la pluie dans les rues de Granville ? L'horreur ! Sa thalassothérapie ? Des papas et surtout des mamans de quarante à soixante-dix ans, et quelques autonomes épuisés de quarante ans qui se font emballer, masser, arroser... La Santé à défaut de Vie. Je fuis à saint-Malo, un port que je ne connais pas.

Derrière la facade touristique, une odeur d'Irlande. Un matin, alors que je bois mon café, accoudée à un bar, un homme, dans la quarantaine, aux gestes généreux : *Je dois partir, mais si vous voulez chanter, retrouvez-nous au* Dauphin bleu *à dix-huit heures.*

Trois couples dans la quarantaine et l'homme du bar. Quatre hommes et une femme marins, deux femmes dans la céramique artisanale. L'accueil est simple, direct, et ne me demande ni d'où je viens ni ce que je fais.

La première fois que me saute à la pleine conscience combien je suis inculte des pieds à la tête. En dehors de quelques idées...Tous parlent trois ou quatre langues, jouent deux instruments de musique, chantent et composent du populaire français, breton et irlandais. Ils sont à la bière. Je reste à l'eau. Vers minuit : *Et si nous allions dîner ?* Ils sont à la potée et au rouge, je grignote une salade avec un café déjà dans la nausée du sommeil. Un des marins m'évoque le capucin d'une marque de camembert : « Pourquoi n'êtes-vous pas moine ? » – *Moine ou marin, c'est la même chose ; sinon que le moine aime Dieu et nous la Mer.... et la fête.* Plus tard, ce marin me regarde avec un franc sourire : *Si on vous amène des homards, est-ce qu'au moins vous savez les cuire ?* Il connaît la réponse. Deux heures du matin : *Et si nous allions danser ?* Les hommes enlacent leurs épouses qui ne sont pas jolies, mais gaies. Je ne suis assurément pas chez les méditerranéens. Ils dansent en continu, je m'asseois tous les quarts d'heure. Cinq heures : *Et si on nous allions marcher sur la plage ?* Je ne pourrais survivre chez les Inuits. Même après une pleine nuit, je n'avance pas dans le vent breton. Vers six heures, pour les couples, je devine : *Et si nous rentrions nous aimer ?*

Un des hommes est professeur à l'Ecole de capitainerie. Le lendemain après midi, nous passons voir ses élèves. Ils révisent leur examen. *Les formules, c'est dur.* Mon marin attrape une guitare et tous en chœur : *Sinus carré plus cosinus carré...* Trois heures plus tard, la révision est terminée et tous, nous partons au *Dauphin bleu...* Cet homme n'a pas eu besoin des neurologues pour découvrir que ce qui ne passe pas par l'hémisphère gauche, passera par le droit !

Ces Bretons ont empêché la citadine de chavirer. Je rentre à Paris. Quelques jours passent. Je ne peux plus écrire. Je ne voyage plus en esprit. Je dois enrayer la pétrification, avec ma première aménorrhée... accompagnée de sueurs, scénario de ménopause synonyme de fin de vie de femme. Je dois marcher et nager dans du vert sur fond bleu. J'attrape un avion pour la Corse que je ne connais pas. Un pays magnifique, comme était le sud de la France avant le tout au profit, non pardon à *l'utile* ! Le vingtième siècle laissera une architecture inoubliable. Je rencontre une vraie bonne femme, soixante-dix ans, résistante : *Pas question de toucher les cheveux d'un humain, mais toutes leurs mochetés et plages privées, les vieux, nous continuerons à les faire sauter.* J'habite chez cette Corse le temps nécessaire pour espérer ne pas l'oublier.

Daraki ne nous dit rien sur Ariane, mais elle se réfère à Walter-F. Otto qui l'a dit épouse de Thésée avant d'être celle de Dionysos (6). Ariane est fille de Minos, roi de Crète, mais en fait, je l'ai lu encore ailleurs, elle est une ancienne déesse de la végétation. Quant à Thésée, il est un guerrier-héros typiquement athénien. La Crète a été envahie par les hommes venus du Nord. Mais la mythologie devant aller dans le sens du Progrès, la Crète devient barbare. Donc Athènes est forcée de verser un tribut annuel de sept jeunes gens et sep jeunes filles à Minos.Thésée se porte volontaire pour accompagner les victimes. Les enfants sont livrés en pâture au Minotaure, un monstre mi-taureau que Minos a enfermé dans le Labyrinthe construit par Dédale. Ariane, qui a régressé en Cendrillon, s'éprend de Thésée et lui donne une pelote de fil qui lui permet d'entrer dans le Labyrinthe, assuré de retrouver le chemin du retour. Thésée tue le Minotaure, sauve les enfants et rejoint Ariane-Cendrillon qui l'attend. Ensemble, ils font voile vers Athènes. Seulement arrivés sur l'île de Naxos, Thésée, qui n'a plus besoin d'Ariane-Cendrillon, l'abandonne endormie sur le rivage. C'est là que Dionysos trouve la jeune femme. Ils se reconnaissent.

En supposant que Dionysos fut un naïf, Ariane épouse d'un guerrier ne l'était pas. Elle a nécessairement averti Dionysos de l'intelligence ruse des puissants, de ne pas monter à la droite de Zeus. Seulement ou Dionysos ne l'a pas cru ou, plus sûrement, le civilisé nous cache cet avertissement d'Ariane, puisque Dionysos doit se soumettre à Zeus pour ne pas compromettre la Cité.

En fait, Dionysos lui-même n'était pas un naïf, puisque

cela fait 1 500 ans qu'il assiste aux désastres de la religion de Zeus.

Mais cela fait aussi des lustres que les pêcheurs, paysans, artisans... et hystériques français, occidentaux et même du monde entier assistent aux désastres du civilisé et pourtant, ils se font avoir... ou sont tués ! Le drame de l'interrelationnel, comme en écologie, est qu'il suffit de tirer un fil pour qu'il se délite.

Le civilisé, lui-même, est-il conscient ?

Bien évidemment, je vais jusqu'à l'Institution, je monte, je prends le long couloir, je sonne à l'interphone, je franchis un autre couloir, traverse son grand bureau. Il m'embrasse sur le front, et j'emmène Charles boire un café dehors, au soleil. Tout va très bien Madame la marquise... : Il réalise son projet de maîtrise de soi ; je lui parle de la beauté des paysages corses. Courtoisement vôtre : *Cela me fera toujours plaisir si vous passez me voir de temps en temps.*

Charles sait-il que son menton a tremblé plusieurs fois (Il a dû oublier d'y mettre un contrôlon) ? Que ses grandes oreilles qu'il bouge au gré de sa seule volonté me font toujours craquer ? Qu'il suffirait qu'il dise : *Excusez-moi...* mais sait-il de quoi ?

L'utopie du conquérant vaincu

Dans un autre livre *Une religion sans Dieu*, Daraki (7) admire le citoyen vaincu qui ne se laisse pas abattre. On ne peut plus compter sur le club des citoyens, on se battra seul. On ne peut plus conquérir le monde extérieur, on conquerra son monde intérieur. Le Moi qui ne peut plus être tout-puissant devient haïssable. On ne peut plus s'enrichir, le civilisé méprisera tous les plaisirs de la vie et, à la force du poignet, se suffira de rien. L'individu va donc faire guerre...sainte... contre lui-même. Deux variantes d'ascètes :

– ceux qui ne croient plus aux divinités célestes qui

devaient assurer la toute-puissance. Les stoïciens rappellent religion Terre en l'aménageant en une religion-fusion avec le Tout-Nature épuré, équivalent au modèle de Spinoza la mortification en plus ;

– ceux qui gardent le Dieu céleste tout-puissant, mais se soumettent dans une humilité héroïque, comme le fera chez nous Pascal.

A lire les deux livres de Daraki, la similitude entre Athènes avant J.-C. et Paris aujourd'hui est frappante :

– L'édification d'Athènes du VIIIe au VIe siècle avant J.-C. et celle de Paris du XVIIIe au XXe siècle. Que Paris soit devenue laïque ne change rien. L'idéal demeure du plus haut, plus loin, plus profond...demain, tu vaincras en quête du paradis ;

– La solitude de l'Athénien qui fait appel à religion Terre le temps du carnaval au Ve siècle à Athènes ; et le mouvement bourgeois « peace and love » des hippies, mai 68 et qui s'épuise dans les années 80 ;

– En réponse à la défaite magistrale d'Athènes conquérante au IIIe siècle avant J.-C., l'apparition du détachement par le cynisme qui est une transgression généralisée et par le stoïcisme qui est une conquête sur soi ; et la défaite actuelle de Paris avec l'apparition du non-attachement/détachement par des transgressions essentiellement sadomasochistes, le bouddhisme et autres traditions mystiques conquérantes-ascétiques.

Entre Athènes et Paris, la même succession d'événements s'est produite à Rome. L'obsessionnel a vraiment une logique imparable ! Une différence notable entre ces trois cités : la vitalité jaillissante et artistique de 68 n'est plus celle de Bacchus et la vitalité de ce dernier n'est plus celle de Dionysos ; ou dit autrement Thanatos gagne. Au point d'ailleurs, qu'aujourd'hui, son idéologie du tout-puissant au paradis androgyne a si bien converti la planète (les réfractaires sont morts), que l'on se demande de qui viendra la vitalité-jaillissante de terre ? Peut-être d'anciens conquérants et conquérantes enfin dégoûtés de courir après la gloire-jouissance immortelle ? Eclairés par le bon sens-vitalité de nos derniers esprits artisans, peut-être cultiveront-ils enfin leurs descendants comme des enfants de Terre, c'est-à-dire dans la logique inter-relationnelle entre toutes choses ?

Que nous apprend Daraki ? Lorsque Athènes est florissante, la Cité est un bien, Zeus est tout-puissant, et le citoyen est un « *animal politique* ». Au IIIe siècle avant J.-C., Athènes rencontre plus puissante qu'elle. Vaincus, les Athéniens cessent de croire en la Cité *pédagogique* et en la religion céleste liée à l'ordre civique. Privés d'action conquérante, ces hommes sont pessimistes. Mais ils ne se laissent pas abattre. Ils réagissent en élaborant un nouvel idéal : le stoïcisme qui restera vivant cinq siècles.

Le stoïcisme puise dans la vieille tradition de religion Terre de l'Age d'or. Mais le citoyen va, une nouvelle fois, l'arranger à sa manière d'être. Nous allons voir que le stoïcisme ne partage que trois points avec religion Terre : 1. L'absence de dieux célestes ; 2. La sobriété des besoins matériels ; 3. Le sentiment sacré, au moins par intermittence. Tout le reste est distinct, avant tout la voie d'accès au paradis. Si les citoyens-guerriers n'aiment pas la Terre, les stoïciens ne l'aiment pas non plus. S'il y a retour au sentiment sacré, ce n'est pas la joie de vivre. Ce n'est pas un retour à la Terre, au terroir, mais une fusion avec l'Idée Nature. Les stoiciens sont dans la mystique idéologique, et non dans l'interrelation concrète-symbolique entre toutes choses.

Le sage stoïcien est identique au Bouddha, sans que Daraki ne mentionne une quelconque influence. Une Indienne me raconte que la famille princière-guerrière du Bouddha venait de subir une totale défaite ; de plus, le janïsme, une secte terriblement ascétique, serait la préservation du bouddhisme orthodoxe, au moment où il commençait à être vitalisé par le polythéisme populaire, comme il le sera ultérieurement par le chamanisme tibétain. Que font les hystériques parisiennes à propager une mystique élaborée par des hommes qui rêvent de se libérer à jamais de la femme et de la Terre ? Faut-il qu'elles soient en manque d'amant... et de prairies ! Faut-il qu'elles ne sachent plus quoi faire de leur désir de vie-amour ? L'anniversaire de la naissance du Bouddha vient d'être fêté à l'UNESCO avec une réunion œcuménique pour la Paix dans le Monde. Sur la scène, une brochette de morts-vivants. Un enterrement ! Dans la salle, une majorité de femmes. La conclusion d'un poème *La Vie : Il suggéra à son âme d'aller partout dans le monde avec lui. Enfin, son âme explosa sagement en criant : n'importe où hors du monde.* Une autre illustration : *Le bouddhisme propose de passer des Ténèbres à la Lumière, de la Mort à l'Immortalité.* La Paix au prix de la Vie.

Granet nous met sur une piste identique pour Lao Tseu. Si ce dernier reprend le Tao concret-symbolique de la religion paysanne, il en fait une mystique où la dialectique est annulée dans la Vérité-Fusion libérant l'homme de la Terre. Nous avons vu un dérapage comparable chez Hegel.

Nous sommes vraiment à l'opposé du fils de la Terre Dionysos qui demande simplement le laissez-vous vivre, soyez amoureux de la vie, faites confiance...

Le stoïcisme par peur d'aimer la nature, la femme, la vie.

Devant l'effondrement d'Athènes, l'homme cesse d'être un « animal politique » pour devenir un « animal psychologique ». De plus, la condition humaine cesse d'être une affaire de la Cité pour devenir une affaire individuelle. Le stoïcisme invente donc la psychologie et l'individualisme.

Le stoicïsme élabore une *théorie des passions* synonymes de possessions, d'agressions. Charles : *La passion, quelle horreur ! Ma liberté !* Le guerrier vaincu avoue à demi. *L'homme* (le conquérant) est sorti de l'âge d'or lorsqu'il a compris qu'il pouvait dominer, posséder. Il a d'abord compris qu'il est différent des animaux et a *porté la main sur* en les domestiquant et en les tuant. Puis, il a compris qu'il peut posséder la terre. Puis il a compris qu'il pouvait maîtriser les métaux... L'intelligence, c'est avoir compris que l'on peut posséder plus. Pour le stoïcisme, le désir est synonyme de passion, elle-même synonyme de désir de posséder. Le désir se fonde sur le manque. Désirer, c'est vouloir posséder plus. Le désir est identifié à l'agression. Et comme le seul non acquis est désirable, c'est la quête et le tourment permanents. L'homme est donc défini comme *l'être au soixante-seize passions à savoir le plus tragique des êtres.* Etre un homme, c'est être un chasseur insatiable avec un autre qui n'est que gibier. *L'enfer, c'est les autres*, en particulier la femme, la grande tentatrice d'Adam, d'Hésiode, de Baudrillard, de Bouddha...

Donc soixante-seize passions à combattre pour atteindre l'illlumination du Un avec le concept ou le sentiment Nature, pour faire Un avec son limbique serein ou bienheureux ! Qui dit mieux ? Le Bouddha qui en a compté cent huit, avec plus de deux cents obligations quotidiennes !

Voyons le résultat. La scène se passe dans un congrès à Paris d'une école bouddhiste chinoise en 1997. Cinq cents personnes sont réunies pour le dîner : des bouddhistes laïques et religieux, hommes et femmes, venant de tous les pays. Le dîner commence courtoisement. Comme il est interdit de fumer, je sors de temps en temps. Un ou une bouddhiste, représentant de chaque nationalité, monte tour à tour sur l'estrade et chante une litanie-berceuse tandis que la salle continue à manger calmement. Mon voisin, un moine gentil-éthéré du sud de l'Inde, m'explique que le Petit véhicule interdit de chanter et de danser ! Une jeune femme entame un chant d'Amérique latine d'un rythme raisonnable, mais néanmoins jaillissant. Les moines se réveillent, comme s'ils étaient étonnés de découvrir quelque chose qui s'agite étrangement sous leur robe ! Le spectacle suivant est un défilé de mode « parisienne » avec vente aux enchères au profit de l'école bouddhiste. Les femmes mannequins sont vulgaires. La salle avec ses appareils photographiques entre en délire. Au point où nous en sommes, j'allume une cigarette. Un moine me tombe dessus : *Ah non, ça c'est interdit !*

Charles : *La passion, quelle horreur !* Chez Platon, le *logos* -raison de l'homme est le Bien-Vrai-Beau universel qui s'oppose à la passion. Pour ce philosophe, la Mémoire est le monde divin, éternel, des Idées (l'*akacha* ou mémoire cosmique des ésotéristes orientaliste ?), tandis que pour Aristote, la mémoire est associée à la sensation. Pour le stoïcien, le *logos* est l'intelligence ruse qui, avec la mémoire (souvenir et anticipitation), est au service de la passion-possession.

A cet homme ordinaire, le Vilain, la Bête, le stoïcien oppose le Sage, le sur-homme, l'homme idéal qui est celui de l'âge d'or qui se contente du nécessaire, retrouvant ainsi la *Raison droite de la Nature.*

Néanmoins, l'homme n'est plus celui de l'âge d'or. *Ce n'est pas la même chose que d'être stoïcien sans le savoir* (le primitif), *ou bien en connaissance de cause. Le Sage stoïcien n'est pas l'homme primitif qui reste à l'abri des besoins infinis comme l'ensemble de ses contemporains.* Depuis, il a acquis l'intelligence (ruse). Il faut donc arracher l'homme de sa condition par un mode de vie franchement extra-humain. *Pour guérir l'homme, il faut l'évacuer* (!). Ainsi retrouver l'age d'or devient un véritable exploit. Cette voie, c'est la mortification.

Daraki cite l'ethnologue Sahlins *Age de pierre, âge d'abondance*, pour parler de la sobriété des primitifs. Seulement tout se passe comme si cette helléniste n'avait pas intégré ce livre. Le primitif de Sahlins a une identité personnelle comme membre de son groupe lié à sa terre. De plus, nous avons vu que les primitifs de Sahlins ne thésaurisent pas de biens matériels, non parce qu'ils n'ont pas acquis l'intelligence ruse ou la logique de l'exclusion, mais tout simplement parce que cela ne les intéresse pas. Ces primitifs ne sont plus les humains de l'âge d'or. Ils n'ignorent pas l'économie de profit et le pouvoir politique. Sahlins les dits résistants contre les sociétés étatiques. On peut aussi supposer qu'ils ont déjà découvert par eux-mêmes les risques d'une jouissance immodérée de la puissance. Peut-être même sont-ils des descendants de conquérants déconvertis, et revenus au plus près de religion Terre, sans ascèse, par éducation de l'enfant dès sa naissance. Contrairement au civilisé, non seulement, ces primitifs ne valorisent pas la domination ; mais ils ont développé des systèmes anti-économique et anti-pouvoir. Le primitif de Sahlins, contrairement au stoïcien, est un homme bien cultivé au moins sur ces deux points.

Le stoïcien garde la conception helléniste de l'homme divinisable. De plus, le divin ne peut être que conquis, par le courage, l'effort et l'action. Privé de devenir un dieu par l'action politique, il le deviendra en guerroyant contre lui, en se mortifiant dans un orgueil sans faille. Le Grec réagit à son désarroi de mortel en choisissant sa mort. La plus grande gloire est la mort volontaire qui fait du guerrier, du mystique et du philosophe un héros immortel. Platon, le fondateur de la philosophie et de l'Académie, écrit dans *Phédon* : *L'unique préoccupation du philosophe est de mourir et d'être mort* ! Platon aspire à se libérer du *soma* – l'homme incarné, historique – pour libérer la *psyché*-âme éternelle, devenant ainsi un dieu vivant. Les stoïciens aspirent à la même chose. Seule différence : ne croyant plus aux divinités célestes, ces citoyens investissent le sacré dans l'idée Nature. Ils ne cherchent donc pas à se détacher du corps, mais à le maîtriser. Cependant, si le stoïcien rejette le *désir de vie* synonyme de passion, *il autorise* le *désir de mort* volontaire. Certains se donnent la mort, mais il s'agit avant tout de mourir à soi-même, à son moi synonyme encore une fois de désir de posséder.

Toujours dans la pensée de ce qui se passe actuellement à Paris. L'ascèse peut être une transgression généralisée (mise en commun des femmes, zoophilie, cannibalisme... des cyniques) ou la parcimonie. L'objectif est le même : devenir indifférent aux biens comme aux maux. Détruire toute subjectivité. Pour atteindre cet idéal, tout doit devenir interchangeable avec tout : *Le premier venu usera de la première venue.* Bien évidemment, la femme reste le pire des fléaux. Le stoïcien lui octroie la liberté sexuelle (l'hédonisme d'Onfray) et même la possibilité de philosopher (l'équivalent du travail des cadres aujourd'hui), à la condition de s'habiller en homme. Pour les stoïciens, la femme est un homme !

Pour le stoïcien, la nature extérieure et la nature humaine sont une même chose. En s'épurant, l'homme peut éprouver le sacré de la Nature. Le Sage est celui qui, par une *discipline de fer*, retrouve cette union sereine sacré-extatique avec Nature, le *grand tout impersonnel ordonné par la Raison cosmique qui tend nécessairement vers le bien.* Il devient ainsi le sacré manifesté et le seul être conscient du sacré de la Nature. Néanmoins, la sagesse étant un idéal, le stoïcien n'atteint le sacré que par intermittence.

La vérité révélée, la science, assure que le monde est Un par le sentiment sacré. Et comme l'Athénien reste un citoyen ou un exclu qui souhaite le devenir, et que la cité ne peut plus être politique, la Cité devient le monde, *Mégalopolis*, habitée par des sages se contentant du nécessaire et unifiés par le sentiment sacré (la Cité de saint Jean, l'Apocalypse, dans l'idée de Dieu ou de Nature, peu importe !)

Daraki ne dit mot sur les arts. Au point qu'on se demande s'ils étaient un superflu pour les stoïciens, comme ils le sont pour les bouddhistes ou les protestants purs et durs ?

Les Pères grecs reprennent la tradition stoïcienne en restituant à l'homme le secours d'un Dieu céleste comme *Dieu vivant* dans le monde sensible. L'homme garde la possibilité de devenir un dieu par imitation de la vie de J.Christ : *Vous êtes des dieux, vous êtes tous fils du Très Haut.* Saint Augustin (IVe siècle après J.-C.), au contraire, reprend l'idée de Platon d'un divin séparé du sensible. Il pratique également l'ascèse. Mais, contrairement à l'idéal grec, l'homme ne peut devenir divin par sa propre volonté, il ne peut que se soumettre au désir de Dieu tout-puissant, devenir son esclave. L'homme est impuissant. *Pour rencontrer Dieu, le Grec s'élance à l'assaut du ciel* ; saint Augustin, dans *un appel amoureux*, le prie de *descendre* en lui. C'est la grâce qui tombe du Ciel des chrétiens de Rome. Mais Daraki de remarquer : *L'humilité chrétienne est la façon la plus élevée de vivre en homme soumis, en se donnant pour maître le maître de tout* et non un roi conquérant. En se libérant de la sexualité et en se soumettant à Dieu, saint Augustin découvre la sensualité amoureuse absolue et éternelle avec le *Grand Autre*, le *Grand Confident*, dans une relation intime !!

Que le stoïcien, qui est manifestement un homme mal cultivé, ne trouve dans sa psyché que désir de rapiner ou crainte de l'être est un témoignage à respecter. Mais qu'en est-il de la psyché de Daraki ?

Il n'y a pas de retour possible aux animaux et aux hommes primitifs. Daraki paraît si ignorante du sentiment sacré et si éprise d'idéal qu'elle fait appel aux *potentialités contenues dans le patrimoine génétique humain qui semblent sans limites*. J'espère avoir montré que la plénitude sacrée, qui s'accompagne d'atemporalité, et non *d'éternité actualisée*, est à la portée de la conscience humaine, et qui sait, peut-être même à la conscience du chat. Les neurologues l'induisent chez l'Humain par certaines stimulations limbiques. Ce sentiment sacré, qui s'accompagne de sentiments de réalité, de vérité, de vie, est très probablement celui qui assure l'attachement du nouveau-né nidicole à une mère, et par elle, à la culture (pour moi, tous les animaux nidicoles sont cultivés). Et que savons-nous de l'éprouvé des fourmis qui élèvent des pucerons dont elles tirent des drogues, du félin qui se prélasse, des mammifères marins dans leurs jeux sensuels avec l'eau ou de la fauvette grise qui paraît jubiler d'un chant qui n'a aucune fonction sociale (8) ?Je ne peux m'empêcher d'imaginer que les animaux connaissent la plénitude sensuelle atemporelle avec leur environnement. Peut-être le propre de l'homme, non, du conquérant, est de mépriser le sentiment sacré simple pour, dans le manque, courir plus haut, plus loin... vers l'inaccessible trésor. Le stoïcien, tout sage qu'il est, reste un civilisé, en guerre...contre lui-même. Non seulement, le stoicien, ni d'ailleurs Daraki, n'imagine un chemin simple pour retrouver l'âge d'or, mais si ce n'est pas œuvre héroïque, cela ne les intéresse pas. *L'identité humaine se mérite.* Encore : c'est avant tout le conquérant, avec sa logique linéaire, qui est dans le désarroi de la mort, et non, comme l'écrit Daraki, l'humanité entière. Je ne passe pas mon temps dans la peur d'être tuée. Vivante, j'oublie la mort.

Daraki, encore une fois, sacrifie l'amant et amante ! Qu'est-ce qui lui fait affirmer : *Nous ne pouvons pas faire revivre une religion paléolithique ?* La complémentarité entre toutes choses engendre des sentiments de plénitude-abondance-sacré-réalité-vérité-tendresse (et donc pardon) dans une impression d'atemporalité. Entrer dans cette manière d'être est simple, mais très difficile au civilisé qui ne connaît que la rapine-consommation. Encore une fois, il suffit que rien, absolument rien, ne soit pensé comme un dû. Faire d'un rien le Tout. Vivre dans la complémentarité, c'est être intimement convaincu que sans l'autre – la terre, le végétal, l'animal, l'humain – je n'existerais pas. Dès que l'on reçoit, recueille-accueille la moindre chose comme un don, dès que l'on est ému, on se trouve envahi par le bonheur d'exister.

Il naît de la faculté à s'émouvoir, mais il s'évanouit dès que l'on cherche à le posséder. Quant à saint Augustin, il a retrouvé le sentiment sacré par l'abandon. Seulement, nous restons dans la même logique : le guerrier est tout-puissant ou tombe impuissant... dans les bras de Dieu de surcroît... avec un moralisme terrifiant pour tous et le mépris de la nature et de la femme évidemment.

Dionysos n'est pas un esclave et encore moins esclave du Très Haut tout-puissant, avec mépris de la Terre. Dionysos aime la terre et la femme et n'a pas besoin d'un Refuge. Il n'est pas un amant enfant impuissant, mais un amant adulte jaillissant. Et il est encore celui qui vit en art par les arts populaires (le culinaire, la poésie, la musique, la danse, l'artisanat...) et non comme un cochon ou par les Grands Beaux-Arts.

Les fils et les filles de Terre, Dionysos et Ariane, ne se sont pas sacrifiés à la Cité. Ils sont même fatigués d'être régulièrement sacrifiés par la Grande Œuvre des fils du Ciel, fatigués, et même dégoûtés d'être juste bons pour carnaval ou comme divertissement... de taverne le samedi soir, après le Travail, la Famille, la Patrie, Dieu, le Génie et les Révolutions.

Zorba

Je ne crois pas que le civilisé retournera à la logique de religion Terre avant d'être irréversiblement dégoûté de ses mythes comme Zorba le Grec, comme Jean, comme moi aujourd'hui.

Mais le civilisé est-il conscient ?

Le film *Zorba le Grec* de Cacoyannis est l'histoire de deux hommes : un essayiste intellectuel mi-anglais mi-grec qui a perdu sa vitalité et donc son inspiration et qui revient en Crète pour rouvrir la mine de charbon laissée par son père ; et Zorba (A. Quinn), un Macédonien illettré et polyvalent.

Zorba le Grec est un Dionysos moderne. Il aime plus que tout la vie et la liberté. Il ne se fait aucune illusion : on vit, on meurt, pas de paradis céleste. L'homme est, le plus souvent, un rapace. Zorba détient un seul bien qui ne le quitte jamais : un satori, un instrument à corde. Il chante, il danse, il mange, il boit le vin, mais ne se soûle pas, et ne laisse pas une femme dormir seule. Zorba n'est pas méprisant, ni même violent, il fait justice. Un homme qui ne craint pas. Un homme profondément confiant en la vie. Si confiant qu'il semble ignorer la vengeance même primaire : il sauve la Sauvage du guerrier, mais ne pense pas que dès qu'il aura tourné le dos, celui-ci la tuera. Le drame du pêcheur, du paysan, de l'artisan, du Bochiman... de l'hystérie, tous des naifs des ruses de plus en plus perverses du civilisé ?

Je ne me souviens plus quand j'ai rencontré *Zorba le Grec* pour la première fois. Il y a longtemps, et, depuis, je le regarde presque chaque fois que je commence à croire que j'ai rêvé Jean.

Zorba ne se protège pas contre la douleur, et pourtant il rebondit, retrouve le jaillissant, quel que soit le drame qui le touche. Triste à mourir, il se met à danser comme un « fou » et éclate de joie (ce qui est nettement plus beau que nos coureurs à pied qui cherchent le second souffle). Triste à mourir, il partage le pain, le mouton et le vin avec son ami et rit.

Zorba donne un fantastique espoir pour la Terre. Contrairement à Dionysos qui n'a jamais fait la guerre, Zorba fut un guerrier conquérant. Il connaît donc la jouissance de la toute-puissance. Contrairement au stoïcien, à saint Augustin ou à Bouddha, il n'est pas un vaincu qui, de colère, se tourne vers le sado-masochisme de l'ascèse ou comme disent les Parisiens du *travail du soi*... Zorba a cru aux idéologies jusqu'au dégoût total et définitif qui le fait revenir à la Vie. Zorba, qui est pauvre, regarde la mine de charbon s'écrouler en disant : *Quelle magnifique destruction, quelle magnifique amitié.*

Etrange conscience ! J'évoque devant Charles l'histoire de Zorba. Il s'en souvient. Son regard rêve. Je prononce l'autre nom de Zorba : « le Sauvage ». Charles fait la grimace. Le charme est irréversiblement rompu.

Tout ne me plaît pas dans *Zorba le Grec*. L'écrivain n'a pas besoin d'être anglais. Il est un philosophe du *logos* de l'exclusion, opposé à Dionysos. L'amitié entre deux hommes relève également de la tradition guerrière-citoyenne-philosophique : *l'amour génital inhibé quant au but* de Freud. Et le film laisse un doute sur l'éventuelle misogynie du philosophe, ce qui est logique, mais aussi de Zorba. Si Zorba, le Sauvage, défend la Sauvage, son complément est l'ami. Je m'en arrange en pensant que Zorba donne tout pour revitaliser son ami, jusqu'à son complément la Sauvage. Enfin, Zorba pourrait être un Vivant lettré à la manière de Rabelais. Néanmoins, les films jaillissants de Terre sont rares et Zorba en est assuremment un.

A la fin de ce film, l'Anglais annonce qu'il va repartir. Zorba est triste. L'Anglais lui demande de lui apprendre à danser. Zorba éclate de joie. Le film se termine sur les deux hommes dansant follement sur une plage. J'en conclu que le philosophe opte pour la vie.

Heureusement, et surtout malheureusement, un philosophe m'apprend que ce film est tiré d'un livre encore plus beau : *Alexis Zorba* de Nikos Kazantzaki (9).

Effectivement, ce roman est une mine d'or pour celui qui cherche à boire la vie à pleine peau. Alexis Zorba est l'homme qui *voit chaque jour toutes choses pour la première fois* ou la dernière. A chaque fois, il se donne de tout son corps-âme.

Néanmoins, Zorba est misogyne, et la fin du livre est stupéfiante : après la danse, le philosophe quitte Zorba qui se remariera bêtement et fera un fils...

Pourquoi un tel mépris à la tradition de Dionysos ? Un Grec me parle de... l'erreur de Kazantzaki :... *Zorba a réellement existé. Il n'était pas misogyne. Il n'a pas fait un mariage imbécile. Il a enfin rencontré Loubia, Amour.* Où part Kazantzaki, alors qu'il a rencontré la Vie ? Ma stupéfaction augmente. Les titres de ses livres suivants : *Le Christ recrucifié, La dernière tentation du Christ, Le pauvre d'Assise...* ! Des entretiens faits en 1957, quelques mois avant sa mort, donne la clé (10).

Zorba, c'est trop simple, indigne de l'homme, un pauvre bougre finalement, même s'il a redonné vie au mort-vivant. Comme si Kazantzaki n'avait pas entendu Zorba, jusqu'à le renier.

Kazantzaki renaît finalement *au Même* : un concentré platonicien-chrétien-nietzschéen-bergsonien. Il a oublié que dans *Alexis Zorba*, il écrivait qu'il n'avait pas le courage de vivre comme Zorba. Dans ses entretiens, seul le héros conquérant est un homme. Kazantzaki a repris sa route d'ascète guerrier, dualiste. A la fin de sa vie, son idéal est saint François d'Assise, le véritable Christ, sans ici encore se risquer. En fait, François est un hystérique, contestataire, comme il se doit, de l'Ordre, mais qui s'est néanmoins, à son insu et comme tant d'autres, fourvoyé dans sa culture héroïque sado-masochiste. Un homme qui s'engage comme un jeune fou dans la quête du Graal à Jérusalem ; un homme généreux qui ne cesse de se reprocher on se demande bien quoi ; un homme qui vit des extases spontanées avec la nature dans la merveilleuse lumière d'Assise et qui passera néanmoins par la mortification. François chante la vie, mais méprise son corps. Un homme qui aurait mieux fait d'entrer joyeusement en amour avec Claire dans la clairière...

Quant à l'écrivain, il doit se consacrer à sa Grande Œuvre et ne laissera pas l'amante de la Terre-Vie-Dionysos lui barrer le chemin. Une seule femme est digne du civilisé : Athena, la raison guerrière !

BIBLIOGRAPHIE

UNE DESCENTE AUX ENFERS

Chapitre 1

1. Lemaire C., *Rêves éveillés, l'âme sous le scalpel*, Les empêcheurs de penser en rond, Synthelabo, 1993.
2. Glowczewski B., *Les rêveurs du désert*, Plon, 1989.
3. Rodin E.-A., The reality of Death Experience, *The Journal of Nervous Mental Disease*, 1980, 168, 5. 259.
4. Avril N., *Monsieur de Lyon*, Albin Michel, 1979.
5. Peter J.-P., Entre femmes et médecins, *Ethnologie française*, 1976, VI, 3-4 : 341.

Chapitre 2

1. Blanc H.-F., *L'Empire du Sommeil*, Actes Sud, 1989.
2. Darwin C., *Autobiographie d'un naturaliste*, Belin, 1985.
3. Nietzsche F., *Ainsi parlait Zarathoustra*, Gallimard, 1963 ; *La naissance de la tragédie*, Gallimard, 1977 ; *Par-delà bien et mal*, Gallimard, 1971 ; *Le gai savoir*, Gallimard, 1967 ; Janz C.-P., *Nietzsche*, Gallimard, 1978 ; Corman L.,

Nietzsche, PUF, 1982 ; Grivois, E., *Le fou et le mouvement du monde*, Grasset, 1995.
4. Rosset C., *La force majeure*, Les éd. de Minuit, 1993.
5. Camus A., *Noces suivi de l'Eté*, Folio, 1959.
6. Beguin A., *Pascal*, Seuil, 1947 ; Périer G., *La vie de monsieur Pascal*, La Table ronde, 1994.
7. Dewitte J., La donation première de l'apparence, de l'anti-utilitarisme dans le monde animal selon A. Portmann, MAUSS, *Ce que donner veut dire*, La Découverte, 1993, p. 20.
8. Gaarder J., *Le monde de Sophie*, Le Seuil, 1995.
9. Deveau, J.-M., *Australie, terre du rêve*, France Empire, 1996.
10. Gould S.-J., *Mal-mesure de l'Homme*, Ramsay, 1983.
11. Meheust B. : Epistémologiquement correct, *Alliage*, 1996, 28 : 15 ; Pignarre P., *Les deux médecines*, La Découverte, 1995 ; Chertok L., Stengers I. : *Le cœur et la raison. L'hypnose en question de Lavoisier à Lacan*, Payot, 1989.

Chapitre 3

1. Onfray M., *L'Art de jouir*, Grasset, 1991.
2. Sechehaye M.-A., *Journal d'une schizophrène*, PUF, 1950.
3. Alberoni F., *L'Erotisme*, Ramsay, 1987.
4. Parot F., *L'homme qui rêve*, PUF, 1995.
5. Freud, La morale sexuelle « civilisée » et la maladie nerveuse des temps modernes (1908), dans *La vie sexuelle*, PUF, 1969.

Chapitre 4

1. Onfray M., *L'art de jouir*, Grasset, 1991.
2. Koestler A., *Le cri d'Archimède*, Calmann-Lévy, 1965.
3. Morin, E., *Autocritique*, Le Seuil, 1959 ; *Mes démons*, Stock, 1994.
4. Veraldi G. et B., *La psychologie de la création*, Marabout, 1972.

5. Peter J.-P., Quand les paroles s'envolent et qu'à terre l'écrit reste, *Ethnologie française*, 1990, XX :334.
6. Spinoza, *L'éthique*, Gallimard, 1954 ; *Traité de la réforme de l'entendement*, Presse-Pocket, 1990 ; Misrahi, *Spinoza, un itinéraire du bonheur par la joie*, Grancher, 1992.
7. Bréhier E., *Histoire de la philosophie*, PUF, 1947.
8. Olivier C., *Les enfants de Jocaste*, Denoël, 1980.
9. Monroe R.-R., *Creative brainstorms*, Irvington, New York, 1984.

Chapitre 5

1. Dwyer de Macedo H., *Le psychanalyste sous la terreur*, Matrice, 1988.
2. Comte-Sponville A., *L'amour, la solitude*, Paroles d'Aube, 1994.
3. Baudrillard J., *De la Séduction*, Folio, 1979.
4. Kierkegaard S., *Le journal d'un séducteur*, Folio, 1996.
5. Gary R., *La promesse de l'aube*, Folio, 1980.
6. Gary R., *Au delà de cette limite, votre ticket n'est plus valable*, Folio, 1975.
7. Hell B., *Le Sang noir, le mythe du Sauvage*, Flammarion, 1994.

Chapitre 6

1. Brun J., *La philosophie de l'histoire*, Stock, 1990.
2. Delumau J., *Les Mille ans de Bonheur*, Fayard, 1995.
3. Delumeau J., *Ce que je crois*, Grasset, 1985.
4. Deveau J.-M., *Australie terre du rêve*, France-Empire, 1996.
5. Rabanne P., *La fin des temps*, Lafon, 1993.
6. Brun J., *Les vagabonds de l'Occident, l'expérience du voyage et la prison du moi*, Desclée, 1976.
7. Martino E., *Le monde magique*, Marabout Université, 1965.

8. Métayer M., *Arlok l'esquimau*, Nouvelles éditions latines, 1965.
9. Folscheid D., La philosophie morale et populaire, *Magazine littéraire*, 1996, 339 : 18.
10. Sfez L., *La Santé parfaite, critique d'une nouvelle utopie*, Seuil, 1995.
11. Gates B., *la Route du futur*, Laffont, 1995.

Chapitre 7

1. Freud S., *Le malaise dans la culture*, PUF, 1985. E. originale : *Le malaise dans la civilisation*, 1929.
2. Parot F., *L'homme qui rêve*, PUF, 1995 ; Nuss B., *Les enfants de Faust*, Autrement, 1994.
3. Nathan T. et Stengers I., *Médecins et sorciers*, Les Empêcheurs de penser en rond, 1995.
4. Alberoni F., *Le choc amoureux*, Ramsay, 1981.
5. Caillois R., *Le mythe et l'homme*, Gallimard, 1938.
6. Gay A., *L'énigme orchidée*, R. Deforges, 1988.
7. Israël L., *Boîter n'est pas pécher*, Denoël, 1989.
8. Valla J.-P., *Les états étranges de la conscience*, PUF, 1992.
9. Sfez L., *La santé parfaite, critique d'une nouvelle utopie*, Seuil, 1995.
10. Bollas C., L'esprit de l'objet et l'épiphanie du sacré, *Nouvelle Revue de la Psychanalyse*, Gallimard, 1978, 18 : 253.
11. Olivier O., *Les enfants de Jocaste*, Denoël, 1980.
12. Grivois H., *Le fou et le mouvement du monde*, Grasset, 1995.
13. Morin E., *Autocritique*, Le Seuil, 1959 ; *Mes démons*, Stock, 1994.
14. Roy C., Les séquestrés de la croyance, *Nouvelle revue de psychanalyse*, Gallimard, 1978, 18 : 99.
15. Baudoin E., *Eloge à la poussière*, L'Association, 1995.

UNE AUTRE MANIÈRE D'ÊTRE ?

Chapitre 1

1. Claude C., *L'enfance de l'humanité*, L'Harmattan, 1997.
2. Daraki M., *Dionysos et la déesse Terre*, Flammarion, 1994.
3. Jeanmaire H., *Dionysos*, Payot, 1985 ; Otto F., *Dionysos*, Mercure de France, 1969 ; Dionysos, le même et l'autre, *Nouvelle revue d'ethnopsychiatrie*, 1983.
4. Mahé N., *Le mythe de Bacchus*, Fayard, 1992.
5. Granet M., *La religion des Chinois*, Imago, 1989.
6. Sahlins M., *Age de pierre, âge d'abondance*, Gallimard, 1976.
7. Deveau J.-M., *Australie terre de rêve*, France-Empire, 1996.
8. Vialou D., *La préhistoire*, Gallimard, 1991.
9. Mellaert J., *Catal-Huyuk, une des premières cités du monde*, Tallandier, 1971.
10. Camps G., *La préhistoire*, Perrin, 1982.
11. Métayer M. , *Arlok l'Esquimau*, Nouvelles Editions Latines, 1965.
12. Turnbull C., *Les Iks*, Plon, 1987. (Auteur qui par ailleurs est d'un moralisme pesant ; de plus, il ignore tout de la psychose réactionnelle.)
13. Lewis R., *Pourquoi j'ai mangé mon père ?* Actes Sud, 1990.
14. Thuillier P., *La grande implosion*, Fayard, 1995
15. H. Fischer, *Histoire naturelle de l'amour*, Laffont, 1994.
16. Taylor A.-C., La nature de l'humain et l'expérience de soi dans une société amazonienne, Séminaire *Approche de l'hypnose*, I. Stengers, 1997.

Chapitre 2

1. Kramer S.-N., *L'histoire commence à Sumer*, Flammarion, 1994.
2. Daraki M., *Dionysos et la déesse Terre*, Flammarion, 1994.

3. J.-M. Deveau, *Australie, terre du rêve*, France Empire, 1996.
4. LeDoux J., *The Emotional Brain*, Simon et Schuster, New York, 1996
5. Mahé N., *Le mythe de Bacchus*, Fayard, 1992.
6. Otto F., *Dionysos*, Mercure de France, 1969
7. Daraki M., *Une religion sans Dieu*, La découverte, 1989.
8. Dewitte J., La donation première de l'apparence. De l'anti-utilitarisme dans le monde animal selon A. Portmann, MAUSS, dans *Ce que donner veut dire*, La Découverte, 1996 : 20.
9. Kazantzaki N., *Alexis Zorba*, Pocket, 1957.
10. Kazantzaki N. et Sipriot, *Entretiens*, Rocher, 1990.

Imprimé en France
Mars 1998
Imp. Durand
9, rue du Maréchal-Leclerc
BP 69 - 28600 Luisant
02 37 24 48 00